“湖南战略性新兴产业创新生态系统中的政府科技支撑研究”，基金号 17YBA141
湖南省社科基金立项课题“湖南制造业与生产性服务业协同创新的供给侧改革路径研究”（16YBA137）

◎ 何燕子 宾 厚 著

战略性新兴产业生态化发展研究

——以湖南省为例

中国原子能出版社
China Atomic Energy Press

图书在版编目（CIP）数据

战略性新兴产业生态化发展研究 ：以湖南省为例 / 何燕子，宾厚著. -- 北京 ：中国原子能出版社，2018.12

ISBN 978-7-5022-9626-1

Ⅰ. ①战… Ⅱ. ①何… ②宾… Ⅲ. ①新兴产业－产业发展－研究－湖南 Ⅳ. ① F127.64

中国版本图书馆 CIP 数据核字 (2018) 第 292813 号

内容简介

本书属于从产业结构、产业生产、技术创新、可持续发展等方面出发，研究战略性新兴产业生态化的专著。本书主要包括以下内容：产业生态化的概念和研究现状，战略性新兴产业的概念和研究现状，产业生态化的发展目标、评价指标体系、发展途径、系统构建，以及湖南省在以上方面的发展探究。

战略性新兴产业生态化发展研究——以湖南省为例

出版发行　中国原子能出版社（北京市海淀区阜成路 43 号　100048）
责任编辑　王　丹　高树超
装帧设计　河北优盛文化传播有限公司
责任校对　冯莲凤
责任印制　潘玉玲
印　　刷　定州启航印刷有限公司
开　　本　710 mm×1000 mm　1/16
印　　张　15.5
字　　数　278 千字
版　　次　2019 年 6 月第 1 版　　2019 年 6 月第 1 次印刷
书　　号　ISBN 978-7-5022-9626-1
定　　价　59.00 元

发行电话：010-68452845

前言

战略性新兴产业代表新一轮科技革命和产业变革的方向，是构建现代产业体系，培育新经济的关键。为加快发展壮大战略性新兴产业，有必要重点实施创新网络建设、新兴产业主体培育壮大、新兴产业集聚、新兴产业应用示范、新型基础设施建设、新兴产业投融资促进六大工程，助推战略性新兴产业创新、引领和集聚发展。其中，很重要的一点便是坚持市场主导、政府引导的原则，即充分发挥市场配置资源的决定性作用，强化企业在技术创新和产业发展中的主体地位，更好地发挥政府在战略性新兴产业发展中的引导和推动作用，加强潜在需求的政策引导，推进新产品新服务应用示范，培育和带动新消费新业态发展，营造公平竞争的市场环境，激发市场活力。

生态化技术创新和战略性新兴产业的契合表现在背景贴合、需求互补、目标一致三个方面，以生态化技术创新推进战略性新兴产业发展有其科学性和必然性。处理好政府与市场的关系，构建有效的政府管理体系是完善市场经济体制的核心。

目 录

第一章　产业生态化相关概念及理论分析

第一节　生态化

全球生态危机表明，以传统工业化为核心的经济发展模式忽视了经济运行的生态基础，并且由于其增长规模正明显地接近生态阈值，因而难以持续运行，所以新的发展模式必须保证经济发展的生态可持续性。为了促进经济的可持续发展，人们进行了多方面的探索和努力，如环境外部性的内部化、环境产权、资源替代、绿色价格体系等。本书试图以产业可持续发展为宗旨，以产业经济学与生态经济学相互结合为基本出发点，将生态学范式纳入一般的产业分析框架内，初步提出一种基于广义生态经济学的产业经济理论，即“产业生态化”理论。

一、生态学范式

生态学的思想在探索经济可持续发展问题上逐渐显示出强大的方法论意义。首先，由于人们日益发现生态系统的基本特性，构成了经济发展的限制因素，经济系统不过是生态系统的一个子系统；其次，生态学在现代科学中正逐渐形成某种生态学范式，就像许多学者所言，生态学正逐渐发挥出某种哲学方法论的作用，生态学的方法不断冲击着经济学的传统体系。

（一）生态学

生态学“ecology”一词来源于希腊语，eco- 表示住所或栖息地，logos 表示学问。就字面而言，生态学是研究生物栖息环境的科学。生态学最流行的定义是著名生态学家 Haceckel 给出的，他认为生态学是研究生物与其周围环境相互关系的科学。

环境包括非生物环境和生物环境。非生物环境是指光度、温度、水、营养物等物理、化学因素；生物环境是指同种和异种的其他生物。这个定义表明，生物与环境的关系是生态学研究的中心问题。生态学研究的范围很广，按照研究的生物组织水平，生态学大体可以划分为个体生态学、种群生态学、群落生态学和生态系统生态学几大部分。

生物与环境的关系是生态学研究的中心问题。在生态学中，环境是指某一特定生物个体或群体以外的空间以及直接、间接影响该生物个体或群体的一切事物的总和。这些影响因素被称为生态因子，可分为生物性生态因子和非生物性生态因子两类。一般来讲，比较重要的生态因子有五种：气候因子、土壤因子、地形因子、生物因子、人为因子。生态因子对生物生存具有限制作用，或者说生物对每一种生态因子都有耐受限度，耐受的上下限就是生物对这种生态因子的耐受范围，其中包括最适生存区。对于同一生态因子，不同生物的耐受范围会大不相同。三文鱼对温度的耐受范围是 0 ~ 30 ℃，而南极鳕的耐受范围只有 -2 ~ 2 ℃。

生态因子的限制原理对人类也是适用的。作为地球生物圈中的一种生物，人类的生存和发展必然也要受到生物圈中各种生态因子的限制。生态危机的出现正是生态因子发生作用的表现。传统经济学基本上忽视了生态因素对人类活动特别是经济活动的限制作用，新的经济学则要将这种限制作用作为出发点。

种群与群落关系是生态学研究的一个重点。在这一领域，生态学家有很多有趣而重要的发现，如各种种群数量增长模型，这些模型甚至成为人口经济学的重要理论基础，对种内关系、种间相互作用、种群进化和群落演替等问题的研究也很有意义。其中，不少概念甚至为新兴的企业理论和经济演化理论所借鉴。

生态系统概念是现代生态学研究的基础。所谓生态系统，是指在一定空间内生物的成分与非生物的成分通过物质循环和能量流动相互依赖、相互作用而构成的一个生态学功能单位。地球上最大的生态系统被称为生物圈（biosphere）。在对生态系统的研究中，最重要的发现是生态系统的物质循环和能量流动规律，即物质通过生产者、消费者、分解 / 还原者三大功能单位在生态系统中反复循环利用，而能量按照生态金字塔原理在生态系统中单向递减流动。生态系统的这种功能结构特点也受到工程师和经济学家的关注。工程师模拟生态系统的功能结构，设计出各种节约资源和减少污染的循环工艺，经济学家则考虑如何利用这种高效稳定的功能结构，提高经济系统的效率及稳定性。

生态系统在自身的负反馈机制调节下，能够趋向于一种动态平衡状态，使系统内所有成分彼此相互协调，这就是生态平衡。在平衡状态，生态系统能够依靠自我调节克服外来干扰，保持自身的稳定性。但这种自我调节是有限度的，当外来干扰超过一定限度时，生态系统的自我调节机制就会受到损害，从而引起生态系统结构和功能的失衡。全球生态危机正是人类经济活动对生物圈生态平衡的干扰超过一定限度，从而引起全球生态系统失衡的结果。

（二）生态学范式含义

“范式”是美国科学哲学家库恩提出的一个概念，其含义一般指某一科学共同体的成员所共有的价值观念、研究方法、行为规范等。每一门学科都有自身的“范式”。在科学发展史上，曾有一些科学理论的“范式”突破本学科的研究领域而对整个科学产生重要的示范作用。例如，牛顿力学在取得了巨大成功后，其概念、原理、研究方法乃至所体现的价值观念都迅速成为其他学科的“样本”，人们就曾尝试用力学术语描述、解释人体的生理现象以及复杂的社会关系。

生态学一直是作为生物学的一个分支而发展的。但是，近年来由于生态危机的加剧，这门专门研究“自然”的学科的一些基本概念、原理、研究方法乃至价值观念越来越跨越生物学的范围而深入其他领域，逐步形成了一种生态学范式。生态学范式的核心是生态学的方法和价值观念。

什么是生态学方法呢？格拉西莫夫指出：“我觉得把生态学解释为除系统方法和控制论方法外，研究自然和社会各种现象的专门的一般科学方法要正确一些。生态学方法的目的是揭示和研究某一科学研究对象和它的环境之间存在的关系。”这一观点比较简练而准确地阐述了生态学方法的基本特征，即生态学方法着重审视主体与环境之间的相互关系。那么，主体与环境之间的相互关系（或者我们可以称之为“生态关系”）具体又是指哪些内容呢？我国著名生态哲学学者余谋昌曾将生态学的规律归纳为四条：①生物适应环境的规律；②生态系统中各种因素相互作用协调发展的规律；③生态系统物质循环、转化和再生规律；④生态系统发育进化规律。据此，我们也可以对生态关系做一个不完全的归纳，所谓生态关系在生态学意义上大致包括以下关系：①生物与环境之间的适应关系；②生态系统中生物因子之间的相互作用关系，如竞争、捕食、寄生、共生关系；③物质和能量的代谢与循环再生关系；④协同进化关系。这里的生物不仅指一般的生物，还包括人和人的组织。

正像一些学者所指出的那样，生态学是唯一一门以“和谐”为研究对象的科学，其本质上是一门哲学，是以自然科学的概念、价值观念和分析方法为表现形式的现代哲学。生态学研究生物与环境之间的相互关系，从最抽象的意义上讲，要保持一个系统稳定的存在，最可能的途径就是主体与环境之间形成某种稳定和谐的关系，即主体适应环境。在生态学中，可以处处发现这种“和谐”的关系。除了像“共生”这样典型的“和谐”关系外，即使那些在一般人看来很“残酷”的动物之间的捕食，实际上也具有“互利”的和谐性质。例如，狼与鹿由捕食而引起的双方相互适应和协同进化关系。

生态学所揭示的生物与环境之间的普遍和谐关系对陷入与自然界严重冲突的工业化社会中的人类来说，具有“哥白尼式”的思想启蒙意义，它使人们认识到了，正像狼无法完全征服鹿一样，人类也无法征服自然。不论人类的力量有多大，也只不过是自然界的一员，人类一切价值的实现都应建立在尊重自然、与自然和谐相处的前提下。因此，生态价值观就是指人类应将生态因素纳入自身的行为体系中，将人类活动与生态环境的协调作为规范各种行为的一种价值观念。

二、生态化

一般地，当我们谈到“××化”时，是指某种方式超出原来的界限向其他领域的延伸，并因此形成某种趋势或发展模式。例如，“信息化”就是指信息技术超出原有的科学计算、数据传输领域而应用于社会生活各个方面。同样，生态化是生态学范式的泛化，也就是生态学方法及其价值观念向社会生活各个层面的扩展。

生态化是一种逐步形成和不断深化的社会趋势。20 世纪 80 年代初，德国学者胡伯等人在对造成全球生态危机的工业现代化进行反思的基础上，提出了生态现代化思想，其要点如下：

（1）科学技术的“双刃”作用。科学技术虽然带来了生态问题，如 DDT 的残毒、CFC 对臭氧层的破坏，但科学技术也创造治理污染和改善生态的方法。

（2）生态重建与环境改良不仅是生产者的责任，还是消费者的责任。生产者需要不断提高产品的生态品质，消费者也要重新检讨什么叫满足。

（3）实现生态现代化的前提是政府尽责，并创造有利的市场环境，以提高生态效率。

（4）环境意识及社会环保运动应促进政府的改革，而非形成利益集团的冲突。

（5）不断创新意识，加快环境治理的速度。

尽管生态现代化与生态化在内涵上有很多相近之处，但这一概念过于笼统，与一般的环境保护意识难以区分开来。特别是采用“现代化”的理念，尽管有与

"工业现代化"相对照的用意，但不十分妥当，因为"现代化"一词通常是对工业化进程的某种描述，这与生态现代化的本意显然有相悖之处。

生态化是在可持续发展的背景下提出的一种新的理念，其本质是如何通过生态学范式促进可持续发展。目前，生态化正在广泛地渗透到社会生活的各个领域，并逐渐成为可持续发展进程的一个重要特征。在技术和经济领域，以生态学方法为指导，人们创造出一系列生态化的技术和经济模式，如农业生态工程、无废化工艺、清洁生产、生态工业园、稳态经济、循环经济等。

追求人与自然和谐相处的生态价值观念日益成为影响广泛的生态主义意识形态的核心，进而推动了自然保护运动、绿党政治等新兴社会思潮的兴起。在学术领域，生态学范式不断深入许多社会科学和人文学科领域，成为新兴的生态经济学、演化经济学、企业仿生理论、工业生态学、社会代谢理论、文化生态学、生态伦理学等学科的基本依据。

生态化的价值观念对工业社会主流的生活和文化理念也产生了颠覆性的冲击，传统的"高消费"模式和机械化在高节奏的生活方式中开始受到厌弃，崇尚简单、回归自然的消费观念和生活方式越来越受推崇。人们甚至提出，要像保持物种多样性一样保持人类文化的多样性。物种的多样性保证了自然界的生态平衡和遗传信息的多样性，文化的多样性则是保证人类生活方式的多样性和精神生活"生态平衡"的前提。

第二节　产业生态化

生态化是一种内容广泛的、新的社会现象和发展趋势，是可持续发展的重要体现。在经济领域中，正在发展的产业生态化趋势是整个生态化趋势特别是经济生态化的一个重要表现。在现实经济中，产业生态化表现为一系列生态化的产业发展模式和相关产业政策，而在理论上，产业生态化体现了生态经济学与产业经济学的融合。为了阐明产业生态化的概念，我们必须先对生态经济学和产业经济学做一个简要的讨论。

一、生态经济学

研究生态学与经济学的关系是一个既具理论价值又有现实意义的课题。一个有趣而又耐人寻味的现象是，生态学与经济学在语义学上的同源关系。生态学的英文单词是“ecology”，经济学的英文单词是“economics”，两者都来源于同一个希腊语词根“eco”，该词根在希腊语中表示住所或栖息地。生态学一般被理解为研究生物与环境的关系，而经济学在一定意义上可看作研究作为一种理性动物的人或人的集合体（企业或其他经济组织）与市场环境的某种关系。经济学最初的含义是“家庭的管理”，而生态学也常常被一些生态学家理解为有关生物的经济管理的科学，有一本基础生态学教科书就称为《自然的经济学》。

集中反映经济学与生态学密切关系的学科是生态经济学。作为经济学与生态学相结合的产物，生态经济学主要研究与生态有关的经济问题，其基本的研究方法体现了生态学思想在经济学领域中的运用，因此在一定意义上可以说，生态经济学就是经济学的“生态化”。

生态经济学的思想可以追溯到1968年Kenneth Boulding发表的《一门科学——生态经济学》。在这篇论文中，Boulding提出所谓“宇宙飞船经济观”，他将地球比喻为一个小小的、在茫茫宇宙中航行的宇宙飞船，指出人类的一切经济活动都是在这个资源有限而封闭的宇宙飞船——地球生态系统中进行的，如果世界人口和经济的增长导致这个飞船上有限的资源被耗尽、环境被全部污染，人类社会就会崩溃，因此人类必须建立“循环型经济”和“储备型经济”。此后，不少经济学家开始从生态学与经济学相互结合的角度探讨现代社会一些与生态环境有关的经济问题，初步提出了一些生态经济的概念和理论，如“生态农业”理论、“工业生态学”理论、“稳态经济”理论、“循环经济”理论等。

尽管已经有了30多年的发展历史，但直到今天，生态经济学仍然不是一门概念清楚、方法明确、范围确定的相对成熟的经济学科。人们对生态经济学一些最基本的理论问题认识尚十分肤浅和模糊，这些理论问题大体分为三个方面：①生态经济学的研究对象是什么？②生态经济学的研究方法是什么？③生态经济学的学科性质是什么？目前，生态经济学界对这三个问题的认识都有模糊、肤浅和狭隘之处，因此需要重新认识。

（一）关于生态经济学的研究对象

在中国，绝大部分生态经济学者认为生态经济学的研究对象已经很明确，就是所谓的“生态经济系统”。什么是生态经济系统？马传栋认为：“生态经济系统是经济系统和生态系统结合而成的复合系统。”他指出：“生态经济学认为，生态系统和经济系统之所以能被相互结合成为生态经济系统，是由于构成生态经济系统的这两个子系统时时刻刻都存在着相互作用、相互影响和相互制约的关系。经济系统作用于生态系统的主要途径是通过人类劳动、科学技术和人类需求这三个环节进行的。”这类充满哲学术语的关于生态经济系统的定义，在中国的生态经济学著作中非常普遍，似乎很完善、很概括，但实际上经不起推敲。因为这类定义是以承认生态系统与经济系统存在概念上的交叉关系为前提的。那么，生态系统与经济系统之间是否是一种交叉关系呢？或者将这一问题进一步一般化：应如何理解经济系统与生态系统之间的相互关系？从历史上看，人类对经济活动与生态环境关系的认识有一个变化的过程。

在传统农业社会，人类主要的生产活动是种植、养殖、畜牧业等农业活动。农业活动的特点：一方面，可看作自然界已有的生态过程，如植物生长、动物繁殖的人工延续；另一方面，受自然条件（如季节、气候、地形、植被等）的影响巨大。因此，在传统农业社会中，普遍存在着朴素的经济系统从属自然生态系统的意识（图 1–1），如“天人合一”的哲学观念、自然崇拜的宗教意识等。

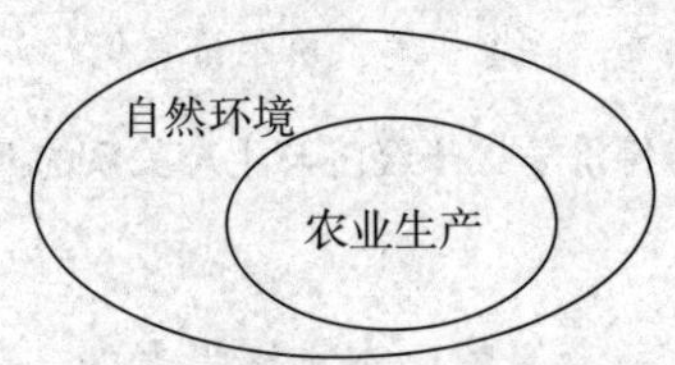

图 1–1　农业社会对经济与生态关系的朴素认识

进入工业化社会后，工业生产替代农业成为人类主要的生产活动。工业生产与农业生产不同，它的生产过程是自然界前所未有的，或者说是“完全人工”的，也很少受自然条件的影响。这在很大程度上形成了工业化社会对经济与生态关系的主流意识，即认为经济活动与自然生态之间除了资源供给关系外，不存在其他重要的联系，经济活动大体可以脱离自然生态过程而独立进行。反映在经济学中就是，在生产函数中，自然界对经济的影响或是被完全忽略，即 Q=F（K，L），或者认为生态与经济的联系仅在于生态环境向经济系统提供自然资源这一生产要素的意义上，即（K,L,R）。其中，Q 为产出，F 为生产函数，K 为资本，L 为劳动力，R 为自然资源。

资源和环境危机出现以后，忽视经济活动与自然生态关系的传统倾向受到越来越多的批评。人们开始承认经济系统与生态系统之间存在着更为密切的关系。但对这种密切关系的实质认识仍然存在巨大差异，这一点在生态经济学中尤为明显（图 1–2）。

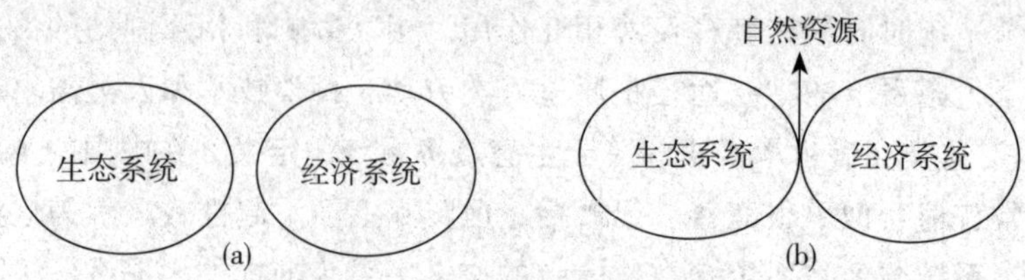

图 1-2　工业社会对生态环境与经济活动关系的认识

(a)：较极端地认为生态系统与经济系统没有任何必要联系的观点

(b)：认为生态系统与经济系统仅在提供自然资源一点上存在联系的观点

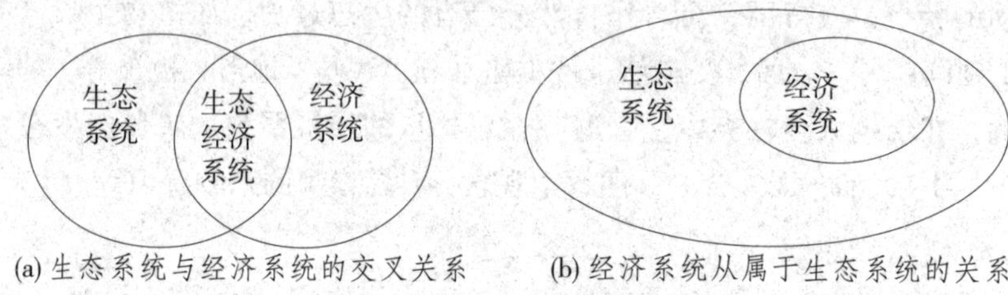

(a) 生态系统与经济系统的交叉关系　　(b) 经济系统从属于生态系统的关系

图 1-3　生态经济学关于经济与生态关系的两种认识

图 1-3(a) 代表的是目前中国大多数生态经济学者的一种看法，即认为经济系统与生态系统是互不从属的，但两者存在某种交叉重合，这种交叉重合就形成了所谓的“生态经济系统”，这个“生态经济系统”就是生态经济学的研究对象。如前所述，由这种观点可以推出这样一个结论：在整个经济系统中，除了生态经济系统外，至少还有与生态系统完全无关的其他经济系统存在。这一推论有悖于生态学事实。客观的事实是，迄今为止，人类的一切经济活动都是在地球生物圈这个生态系统中进行的，所有的经济活动都或多或少、直接或间接地与其周围的生态环境发生联系，完全脱离生态环境的经济活动是不存在的。

因此，以经济系统与生态系统是否发生相互作用作为“生态经济系统”的判定依据也就毫无意义。因为一切经济系统都要与生态系统发生相互作用，这样一切经济系统都可以视为所谓的“生态经济系统”。

笔者并不是想完全否定“生态经济系统”这一概念，但应当指出生态经济系统目前仍是一个经验性很强的、尚没有严格定义的概念。在现实中，它大体是指依据生态学原理设计的一些技术经济模式，如农业生态工程、工业共生体系等。它只是生态经济学研究的一个方向，但作为生态经济学研究的基本对象则显得过于狭窄，还不够严谨。事实上，经济活动与生态环境之间是相互联系的，而不是生态经济系统才是生态经济学的研究对象，因为对后者的研究取决于对前者的认识。

图 1–3(b) 是关于经济系统与生态系统关系的新认识，即经济系统从属于生态系统。笔者认为，这一认识应当成为生态经济学的基本观点，即人类的经济活动是生态运动的一个有机环节。

这里的“生态运动”是按照恩格斯的运动层次学说定义的，恩格斯曾将运动形式分为机械运动、物理运动、化学运动、生物运动和社会运动五种基本层次。生态运动是介于生物运动与社会运动之间的一种运动形式，是生态系统存在的基本方式。其实质是生物与环境之间的相互作用，不仅包括生物的活动，还包含着与生物活动有关的无机物质的运动变化过程，如土地的沙漠化。生态运动本身也是分层次的，微观层次的生态运动主要指个别生态系统中的生物活动与非生物环境的变化；宏观层次的生态运动是指生物圈层次的生物活动与非生物环境变化，如生物地化循环。从生态学意义上看，人类经济活动无非就是人类作为一种生物群落在生态圈中活动，与生态系统中其他生物或非生物因子相互作用，以获取生活资料的过程，是生态圈中生物地化循环的一个有机环节。因此，人类的经济活动从属于生态运动。个别的经济活动从属于某一个别生态系统的生态运动，如在森林中砍伐树木的生产活动从属于某一森林生态系统；人类整体的经济活动从属于生物圈的生态运动，如人类开采磷矿、施用磷肥从属于生物圈的磷循环。因此，在一定意义上，人类的经济活动是生态运动的一个有机环节。按照这一观点，经济学所研究的内容都必须界定在生态学的大框架内，或者说任何经济学的结论都隐含了生态学的约束条件，这一点正是我们以往所忽略的。

（二）关于生态经济学的研究方法

除了经济系统从属于生态系统这一层含义外，生态经济学的基本观点还有第二层含义，即认为作为生态系统的一个子系统，经济系统在功能结构和演化过程方面与生态系统具有内在一致性，这一论断确立了生态经济学研究的方法论基础。

全息论认为，子系统往往包含母系统的全部信息，从而子系统与母系统在结构功能、演化形态方面存在着内在一致性。现代数学的分形理论也指出，许多结构中的局部与整体存在相似性，如一棵树由干、枝、叶组成，而树上的枝的结构与整棵树极其相似，也可分解为干、枝、叶。依此推论，作为生态运动的一个有机环节，经济活动在功能结构和演化形态上必然与生态运动有着内在的一致性。

因此，可以“用生态学的方法研究经济现象”。还可以从经济学与生态学学科层次上的接近性来说明这一观点（图 1–4）。

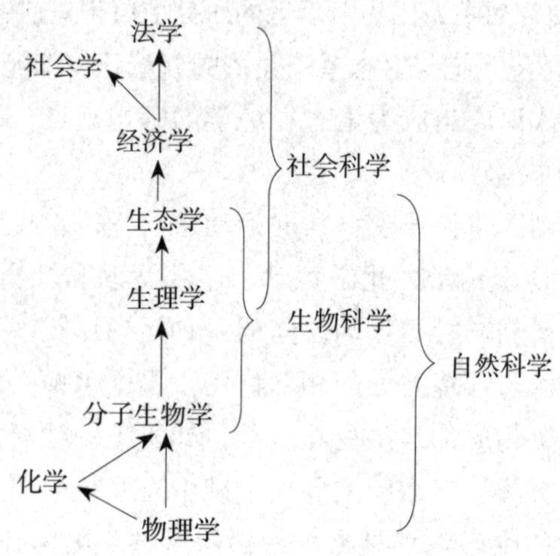

图 1–4　关于科学学科结构的一个简单排列

从图 1–4 可以看出，生物科学正好处于自然科学和社会科学两大科学体系的中间部分，在一定意义上也可以看作自然科学向社会科学的过渡区域。在生物科学体系内部，可以看到处于生物科学体系下部的分子生物学与物理学、化学等与“纯粹”自然科学相接近，因此其研究范式必然受到这些学科的深刻影响，如分子生物学的概念和研究方法多来自物理和化学。同样，处于生物科学体系顶端的生态学与作为社会科学最基础学科的经济学在学科层次上最接近，这种接近表明，两者所研究的运动形式具有非常紧密的联系，这就为生态学范式向经济学移植提供了可能。用生态学范式研究经济问题目前有两条途径。

一条是从经济发展与生态环境相互协调的角度，或者说从可持续发展的角度出发，提出了“生态农业”“生态工业”“环保产业”“循环经济”等一系列能够促进经济与环境协调发展的经济模式和理论。应该说，目前生态经济学、自然资源与环境经济学、可持续发展经济学等新兴经济学科基本是按照这一途径开展研究工作的。这一研究途径的特征是将基于生态学价值观念的可持续发展目标作为研究指南，因此这一研究途径可称为绿色可持续发展途径。

另一条是从经济仿生的角度出发，利用生态学的概念和方法研究一些经济现象，这一研究范式的思想可以追溯到英国经济学家马歇尔。尽管马歇尔利用物理学的"均衡"概念和边际分析的方法，创立了新古典学派的局部均衡分析理论。但他始终认为，经济学家的麦加在于"经济生物学"。他认为，他所创立的经济学静态分析只是一种过渡状态，最终将被基于生物学概念的真正的动态分析所取代。马歇尔指出，经济学的核心思想必须是"活的力量或运动"，生存竞争和自然选择的生物学观念同样适用于人类的风俗和习惯。

马歇尔在20世纪初的这些思想火花在20世纪末开始得到显著的发扬。企业生命周期理论借用个体生态学的生命周期概念解释企业成长和衰落的现象，而在经济演化理论中，单个企业被视为有机体，产业被视为种群，赢利性被视为适应，惯例被视为基因，创新则被视为变异。生物进化的自然选择机制和适应性学习机制被用来解释各种经济的演化行为，如企业、产业等的竞争、合作、策略行为和协同进化（Jack J. Vromen，2003）。这种以演化经济学为代表的用生态学/生物学的概念和方法类比研究经济现象的途径，可称之为"经济仿生学"途径。

上述两种途径不是相互独立的，而是互补的。生态经济学的方法论特征在于上述两种途径某种程度的综合，如"生态农业"理论，一方面以农业可持续发展作为其规范目标，另一方面以生态学为指导设计建立各种农业生态系统。"生态工业"理论也是如此。当然，生态经济学并不应局限于经济仿生学方法，其他能够促进经济可持续发展的经济学理论也应被其借鉴和吸收，但其方法论的核心应当用生态学方法研究经济现象（图1–5）。

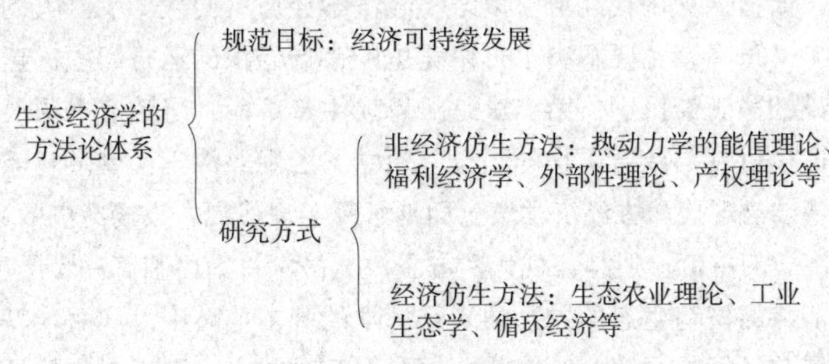

图1–5　生态经济学的方法论体系

（三）关于生态经济学的学科性质

在中国，通常将生态经济学理解为一门边缘性、应用性的经济学科。现在看来，这种关于生态经济学学科性质的界定已经过时。如上所述，生态经济学以经济活动与生态环境的关系问题为研究对象，而这一问题正在成为现代经济发展的中心问题，即可持续发展。生态经济学研究问题的中心化及其研究方法的创新性有可能使它超出一般边缘学科的局限，而对传统的主流经济学产生全面冲击。国际生态经济学会在 1987 年就提出，生态经济学应主要研究以下问题：

（1）怎样才能使经济学和生态学的模型更好地结合，以满足地区生物多样性、海洋渔业、全球气候服务等方面管理的需要？

（2）怎样平衡个人、国家、人类代际间可持续发展的关系？

（3）通过在传统经济指标（如 GDP）中增加生物物理的指标（如生态变化的印迹）和社会指标（如妇女受教育程度），能改变发展的方向吗？

（4）生态和社会系统的哪些特性对发展起限制作用，人造资本（human-producedcapital）能在多大程度上替代自然资本？

（5）现行政策怎样通过资本流动影响自然资源配置，怎样通过国家管理环境系统的能力和福利的分配来促进发展？

（6）可以在多大程度上计量出由生态系统提供的非市场化服务价值，怎样才能促进有关环境和社会价值的公众舆论？

（7）怎样将可交易的环境许可证和环境债务系统与环境税收改革结合起来？

上述七个问题涉及经济学的研究方法、经济发展、国民经济核算、资源配置效率、福利分配、经济价值、经济政策等，囊括了经济学的主要研究领域。因此，我们有理由认为生态经济学正在引发经济学发展中的一场生态主义革命。

自亚当·斯密创立现代经济学以来，经济学经历了两次影响巨大的革命。第一次是边际主义革命，主要解决了自由竞争的市场经济的运行问题，建立了以价格理论为基础的微观经济学；第二次是凯恩斯主义革命，将政府干预引入经济学中，实现了市场机制与政府干预的结合，建立了宏观经济学。以微观经济学和宏观经济学为基础的现代西方经济学较全面地解释了现代混合市场经济的运行规律，成为现代经济学的主流。但是，现代西方主流经济学目前面临着一个严重的挑战，就是它尚不能将经济与生态的关系纳入经济学的基本范畴中，从而难以从根本上解决经济发展与环境的冲突。西方的一位企业家对此有一个很深刻的见解，他认为中央计划经济崩溃于不让价格表达经济学的真理，自由市场经济则可能崩溃于不让价格表达生态学的真理。

笔者认为，生态经济学以及相近的环境与自然资源经济学、可持续发展经济学在研究对象上具有一致性，即都以经济活动与生态环境的关系为中心课题，在研究方法和内容上又具有互补性：生态经济学侧重用生态学的方法重新解释经济运行方式；环境与自然资源经济学侧重评估环境与自然资源的经济价值；可持续发展经济学侧重建立新的、与经济可持续发展观相应的发展指标评价体系。三者共同构成了一种可以称之为广义生态经济学的经济学体系。广义生态经济学的形成正在经历科学中兴起的第三次革命，这次革命以全球生态危机为历史背景，以实现经济的可持续发展为基本目标，以将生态机制和生态价值引入经济学研究为基本手段，将引导人们重新认识生产、消费、增长、财富等一些基本的经济价值观念，进一步扩展经济学的基础，使人们对经济运行机制的认识由以市场机制为主导发展为市场机制和生态机制共同发挥作用。

二、产业经济学

在中国，关于产业经济学的研究范围和学科性质一直存在争论。从背景上看，这场争论在一定意义上反映了欧美学派的产业经济学、日本学派的产业经济学与中国特有的工业经济学、部门经济学研究这三大学派之间的分歧。尽管这场争论至今没有定论，但对我们进一步认识产业经济学的本质有重要意义。由于本书的研究以产业经济学为基本框架，因此有必要对产业经济学的上述两大理论问题做若干探讨。

（一）关于产业经济学的研究范围

中国经济学界对产业经济学的研究范围大体存在三种意见。狭派以汪祥春、于立为代表，认为产业经济学就是产业组织理论。其理由是两条“国际惯例”：①在欧美国家，产业经济学等同于产业组织理论；②在欧美国家，产业结构和产业联系理论已经被纳入经济增长理论或投入产出经济学研究中。中派以杨治为代表，认为产业经济学的基本内容应包括产业结构、产业组织、产业联系和产业政策四大方面，这一见解源于日本的产业经济学，目前国内大多数学者均属此派。宽派以李悦为代表，认为除了产业结构、产业组织、产业联系、产业政策外，产业经济学还包括经济增长理论、市场机制与宏观调控等内容。

狭派以“国际惯例”为依据，显然有失严谨。首先，这里所谓的“国际惯例”无非就是“欧美惯例”，但“欧美惯例”是否就一定是“国际惯例”呢？未必如此。第一，各国产业经济学的历史渊源和背景不同。欧美国家特别是美国的产业经济学研究起源于其反垄断的国家政策背景，因此形成了以垄断与竞争关系等产业组织问题为中心的产业经济学研究特色。日本的产业经济学研究背景则是20世纪中期日本加快经济振兴，追赶发达国家的经济发展政策，产业结构政策因而成为日本产业经济研究的一个鲜明特点，并且取得了世人瞩目的成就。因此，如果说产业经济学存在“国际惯例”，笔者认为除了“欧美惯例”外，还应有个“日本惯例”，究竟依照哪一个，则见仁见智了。第二，产业经济学并不是一个已经十分成熟的学科，即使是其中发展最充分的产业组织理论，其研究领域也在不断变化，连世界著名产业组织学者法国的泰勒尔也指出：“我提到了历史进展而并未明确产业组织学的定义和强调其重要性。实际上，我想避免给这一学科下一个精确的定义，因为它的边界并不明确。”因此，现在就用并非完善的所谓的“国际惯例”限制产业经济学研究，不利于这门学科的发展。

宽派由于包含了过多的与其他学科重复的内容，反而有损产业经济学独特的研究特色，容易使产业经济学变成一个众多学科的大杂烩。但这一派研究也自有其特点：一是与中国传统的工业经济学、部门经济学、发展战略研究衔接得较好；二是反映出实际的产业经济研究确实是一个需要多学科参与的领域。

中派的观点是目前中国产业经济学研究的主流，笔者较赞同这一派的基本思路。在中派的产业经济学中，理论核心是产业组织理论和产业结构理论。产业组织理论一直处于产业经济学研究的中心地位，理论和实证研究两个方面都做得很深入。广义上，产业结构理论不仅包括“宏观”的产业结构，如三次产业结构，也包括“微观”的产业结构，即投入产出结构。由于克拉克、霍夫曼、库茨涅兹、列昂惕夫等人的工作，产业结构理论取得了一些世界公认的理论成果。但是，中派观点要想成为未来产业经济学的统一框架，就必须解决一个重要的理论问题，即产业结构与产业组织的关系问题，否则就无法使产业经济学成为一个具有内在逻辑的有机整体。

以往的产业经济研究似乎有忽略产业结构与产业组织相互关系的倾向，产业结构理论所研究的“产业”是宏观的，有具体内容的，产业组织理论所研究的“产业”则等同于微观的市场，除了在竞争或垄断特性上有区别外，在其他方面并无差异。这在一定程度上使产业结构研究与产业组织研究各自为政，缺乏有机的配合。

尽管现在在理论上还没能解释产业结构与产业组织的相互关系，但在实际研究中，两者经常结合在一起，这主要表现在对某个具体产业发展模式的研究上。一方面，我们需要研究某种产业内部的行业结构、产品结构等产业结构问题；另一方面，要研究这一产业发展中的规模经济、进退壁垒、有效竞争、技术进步等产业组织问题。因此，在传统的产业结构、产业组织、产业联系和产业政策四大领域外，产业经济学还应加上一个产业模式研究，作为产业经济学的典型研究部分。

产业模式首先具有产业结构的特征，即它从属于一定的具体产业，需要考虑产业的具体生产内容以及与其他产业的结构关系，如农产品加工业、信息产业、环保产业等；其次，产业模式具有产业组织的特征，即每个产业模式都涉及产品差异、进退壁垒、竞争与垄断、专业化、规模经济、技术进步等产业组织问题。另外，产业模式研究具有典型性、案例性、应用性和综合性的特点，它是产业结构理论和产业组织理论在某一产业发展上的具体应用。

（二）关于产业经济学的学科性质

关于产业经济学学科形成的争论，尽管不像关于研究范围的争论那么热烈，但其潜在的学术价值更大。因为学科性质在很大程度上决定了研究范围。目前，国内外大多数学者倾向将产业经济学视为应用经济学，但也有少数学者认为，产业经济学是一门理论经济学，确切地说，它是介于微观经济学和宏观经济学之间的“中观”经济学科。

笔者认为，尽管前一种观点比较符合产业经济学以往的发展历史，但后一种观点更能反映产业经济学未来的发展趋势。这一点从产业组织学的发展上可以得到验证。历史上，产业组织学确实产生于对实际经济问题，如垄断与竞争关系的研究，采用的研究方法也是有经验的，如案例分析、回归分析等。但近年来，随着一些新的方法特别是博弈论的引入，产业组织学理论化的趋势日益明显，所以从发展角度看，产业经济学有从应用经济学转变为理论经济学的趋势。

更能说明产业经济学理论学科性质的是产业经济学与微观经济学、宏观经济学的关系。与现实经济活动相对照，有两类活动没有被微观经济学或宏观经济学进行深入研究。一类是企业内部的管理活动，对企业管理问题的研究最终形成了有别于经济学的管理学；另一类是介于微观单个经济主体和宏观经济总量之间的产业活动。

微观经济学以价格理论为核心，采用“个量分析”方法，研究“个体经济行为”，即单个消费者、单个企业的经济行为。但在经济中，除了个体经济行为外，还有一类“集合经济行为”，也可用生态学语言称为“种群经济行为”，这类行为涉及同类的不同经济个体之间和经济个体的不同类别之间的某些特定关系。因此，在“个体分析”之外，还需要有“集合/种群分析”。在产业组织意义上，产业的含义之一就是具有相同属性的企业的集合，因此有别于“个体分析”的“集合/种群分析”是产业经济学的理论研究特色之一。

宏观经济学以国民收入理论为核心，以总量分析为研究方法，研究总产出、就业、价格水平、国际收支等国民经济总量的相互关系，以解释通货膨胀、失业、经济周期等宏观经济现象。但实际上，单纯利用总量分析无法解释很多宏观经济现象，如按照总量分析所得出的菲利浦斯曲线，通货膨胀、经济增长与失业率之间一般呈负相关。但在目前的中国，一方面经济持续高速增长和物价水平相对稳定，另一方面失业问题严重。这一现象是总量分析无法解释的，因为中国的失业问题是一种“结构性失业”，与产业结构调整、国有经济布局调整等密切相关。因此，要合理解释众多的宏观经济现象，除了“总量分析”之外，还需要进行“结构分析”。而国民经济结构的一个主要形式就是产业结构。有别于“总量分析”的“结构分析”是产业经济学的又一理论特色。由于采用了“集合/种群分析”和“结构分析”的方法，产业经济学填补了微观经济学与宏观经济学之间的理论空白地带，因此它有希望成为解决“宏观经济学的微观结构”等理论难题的主要手段，这正是其理论价值所在。当然，目前产业经济学理论化的程度还不够，大体还是一门兼具应用性和理论性且理论化程度不断提高的经济学科。

三、产业生态化

通过以上讨论，现在可以提出“产业生态化”这一本书的核心概念了。按照生态化的含义，产业生态化显然就是生态学范式在产业经济活动中的运用，但这一简单定义不足以说明产业生态化的丰富内涵。对于产业生态化，需要从现象和理论两个方面去把握。

从现象上看，产业生态化是对产业经济正在出现的越来越多的“生态化”现象和发展趋势的概括。这类“生态化”的现象或趋势主要体现在两个方面：①生态因素正在成为产业活动中一种越来越重要的影响因素。例如，出于保护环境、节约资源的意识，生态消费、环境标志和绿色壁垒等价值观念和市场规则日益盛行，成为影响市场环境一类新的因素。②在促进产业可持续发展的过程中，生态学方法的运用越来越广泛，出现了一系列基于生态学范式的技术和经济模式，如“无废工艺”“清洁生产”“生态农业”“工业生态园”和“循环经济”等。

从理论上看，产业生态化理论是依据生态经济学的基本思想，以产业经济学与生态经济学相结合为基点，研究、分析生态因素与产业经济活动之间的相互关系，以推动经济与生态相互协调的可持续发展。依据这一思想，本书对产业生态化理论的探讨采取了以下研究框架：

首先，在对全球生态危机与传统工业化、生态学范式、生态经济学与产业经济学等问题的理论分析基础上，提出产业生态化的概念，并将此作为本书研究的指导思想。

其次，以产业经济学的三大理论领域为基本框架，研究产业生态化在各个领域中的表现。在产业结构方面，在分析传统产业结构理论的基础上，依据生态学范式，提出一种“生态化的产业结构”。这一产业结构模型是本书研究的一条主线，在产业组织、产业联系和产业政策方面都需要依赖这一模型。在产业组织方面，可采取将 SCP 范式与产业模式研究相结合的研究思路，在分析市场结构生态化取向的基础上，重点探讨生态农业、生态工业和环保产业等“生态化产业模式”中的产业组织问题；在产业联系方面，我们在介绍、分析一些资源 / 环境型投入产出模型的基础上，初步设计了一种基于生态化产业结构的生态经济型投入产出表。

最后，探讨产业生态化与可持续发展的关系，并着重指出产业生态化是推动经济可持续发展的基本产业政策。

以上几个方面基本上涵盖了产业经济学的主要领域。因此，产业生态化理论可以说是在生态经济学思想指导下，对产业经济基本问题的一种新的探讨。

第三节　生态化的产业组织

一、生态化趋向

市场结构是产业组织理论特别是 SCP 分析框架中的一个基本概念和研究主题，它一般是指产业内企业之间以及企业与消费者之间关系的特征和形式，中心内容是竞争与垄断的关系。对一个企业而言，市场结构无疑是其外部竞争的市场“生态环境”。

全球生态问题的出现对市场竞争环境产生了一些新的影响，这些影响因素包括以下内容：消费者的偏好发生了新的变化，生态消费正在对传统工业化社会的高消费观念产生冲击；受生态消费运动的影响，出于保护资源、环境和人的健康考虑，政府以及一些行业组织开始制定严格的制度，这一制度不仅影响了企业外部竞争（产品差别化），还对企业内部的生产管理具有规范作用；环境标志制度对国际贸易产生了深远影响，这是全球经济一体化过程中出现的以绿色壁垒为代表的新贸易保护主义。上述影响形成了一种新的市场结构现象，即基于生态因素的市场竞争在决定市场结构演变趋向上的作用日益显著，这就是所谓市场结构的生态化趋向，市场结构这种新的变化使环境问题的市场效应变得更加复杂。

（一）生态消费

消费者偏好是影响市场环境的一个重要因素，它导致企业选择各种产品差别化战略。过去，我们通常强调消费者偏好中差异性的一面，即强调每个消费者都有不同的消费偏好，却相对忽视了消费者偏好中的趋同性一面，即在一定时期或特定人群中，消费者偏好有趋向一致的现象，这就是所谓的“流行”和“时尚”。消费者偏好中的趋同性有不同层次，最基本的层次是社会消费观念，它是指在一定社会经济条件下所形成的主流的、长期的、关于消费的基本价值观念，相当于通常所说的消费观。

在传统农业社会，生产力水平低下，短缺经济是社会的常态，因此“节制消费”的观念一直是社会消费文化的主流。进入工业社会后，生产力水平显著提高，“过剩经济”成为社会经济的常态，人们所忧虑的不是商品的短缺，而是商品的相对过剩，或者说企业生产的产品卖不出去所产生的一系列经济危机问题，如企业大量倒闭、普遍性失业等。

为什么会出现经济危机？经济学家的解释各不相同，占主流地位的是凯恩斯的解释，他认为经济危机的实质是有效需求不足，为了解决经济危机，政府应当采取各种措施刺激有效需求，其中一个重要内容就是刺激消费。因此，凯恩斯反对“节俭”的传统观念，他认为存在某种“节俭”的悖论：节俭会导致总产出水平的下降，从而导致国民收入水平的下降，进而导致人民生活水平的普遍下降。为了使总产出始终保持在高水平以及刺激经济增长，人们应当尽量保持一种“高消费”的偏好。

凯恩斯的理论成为西方工业化社会“高消费”观念的理论基础。“高消费”是传统工业化社会的主流社会消费观念，它大体有以下特点：

（1）物质主义。拥有更多的物质财富，是人们社会地位和生活幸福的主要标志。物质主义盛行一时，不断地追求金钱和满足物欲成为社会生活的中心内容。住房、汽车、家用电器、时装、化妆品……五光十色，令人眩目的消费产品使物质主义空前膨胀。人们不由自主地受着物质时尚的牵引和强制，不断地追逐一个又一个物质目标，消费热点频频形成，并以惊人的速度更新换代。

（2）短期消费。典型例子就是一次性筷子、一次性塑料袋、一次性相机等“用完就扔”的商品大量出现，商品的耐用性受到故意的忽视，而这正是厂商所欢迎的。

（3）数量主义。拥有两辆轿车的人显然要比只有一辆轿车的人幸福，尽管多出的一辆轿车并没有什么用处。

（4）自我中心主义。人们在消费时只考虑自己现实的感受，而不考虑这种消费对社会、环境的影响。例如，人们购买裘皮大衣，而不考虑对野生动物的过度捕猎。

（5）奢侈主义。炫耀性消费、奢侈性消费不但不受到社会舆论的谴责，反而时常成为人们竞相攀比的对象。

（6）线性消费。产品被消费后直接进入垃圾堆，缺乏回收利用的观念。

（7）手段主义。“高消费”的核心问题不在于消费水平的高低，而在于在“高消费”的价值观中，消费不再是生产的目的，降低成为刺激生产的一种手段，或者说，我们不是为了满足消费而生产，而是为满足生产而消费。这正是工业化文明“高消费”价值观的荒谬之处。

以消费为手段的高消费观念的谬误性根源在于凯恩斯理论的局限性。尽管现在还无法全面揭示凯恩斯理论的局限性，但至少可以指出作为传统工业化社会的主流经济学，凯恩斯理论忽视了生态环境与经济运行的密切关系。在凯恩斯的宏观经济框架中，经济系统只是由作为生产者的企业、作为消费者和生产要素提供者的居民、政府及对外贸易四个部门组成，资源在这个与生态环境无关的封闭系统中流动，财富在这个封闭的系统中无限制地增长。而全球生态危机的出现表明经济系统的增长是有“极限”的，这个极限就是生态环境的阈值。在生态阈值的限制作用下，用高消费刺激经济无限增长的做法是难以持续的。

在全球生态危机和可持续发展思想的双重影响下，生态消费观念越来越受到广泛的关注和推崇，并对传统高消费观念产生了强烈的冲击。生态消费观是生态化思想在消费领域的体现，是对传统工业化社会中高消费观念的深刻否定，它大致包括以下特点：

（1）健康消费。产品的使用不应当对使用者本身或他人的健康构成危害，这实际上是要求产品具有良好的生态品质。例如，在市场上那些没有施用过农药、化肥的无公害“绿色食品”尽管价格较高，但仍然受到人们的青睐；环保服装非常注意减少服装对人体健康的潜在危害，一般原料选用天然纤维，印染使用无害于人体的化学剂、色素，严格控制有害物质。

（2）环保意识。不但产品的使用不能产生不良的环境影响，而且进一步追溯到产品生产的过程，要求产品从设计、生产到废物回收的全过程都不能产生过度的污染和资源破坏。消费领域中环保意识的兴起甚至影响到与消费直接相关的许多服务业的运作模式，如生态旅游，它要求人们的旅游活动尽量减少对大自然的人为影响："除了脚印什么也不留下，除了照片什么也不带走。"这一新的旅游模式反对在以自然景观为主体的旅游区域，为吸引游客而建立过多的人为游乐设施，反对在旅游区域内随意丢弃垃圾，也反对在珍稀物种保留地开展旅游活动。它鼓励通过旅游活动培养人们爱护自然的环保意识。

（3）适度消费。拥有物质商品越多越好的数量主义消费观念受到摒弃，人们对物质财富的需要从"多多益善"转向"够用就行"。

（4）简单主义。"简单生活"成为一种新的时尚，它促使人们从过多的生活欲望中解脱出来，更加注重生活的质量，即生活的安宁、和谐与充实。

（5）生态伦理。人们希望在消费时能以一种更友善、更文明的方式对待自然和其他生命。例如，中国广东一带一直盛行活吃野味的饮食文化，但近年来随着生态伦理意识的增强和保护野生动物的呼声日益高涨，这种饮食习惯正在受到越来越多的批评和抵制。

（6）循环经济。循环经济的基本原则是"3R"：reduce（减量化）、recycle（再循环）、reuse（再利用）。在消费活动中推行循环经济，就是要求人们更多地使用耐用性好的商品，减少使用一次性商品，同时要求商品在使用后成为再生资源得以重新利用。

（7）精神消费。汽车、住房、家用电器等资源消耗大的物质性消费不再成为消费的热点，人们的消费偏好越来越转向旅游、健身、学习等精神性消费。

生态消费促使企业的商业运作更加注重"绿色营销"。所谓"绿色营销"，是指企业在营销活动的各个环节中都着重突出其良好的生态品质和环境意识，在消费者心目中树立产品和企业的"绿色形象"。在产品策略上，企业更加注重产品的无公害或可回收的生态品质，并以此使消费者认同由于环保成本可能带来的价格提高。在促销方面，企业以产品的生态品质为市场诉求点；在公共关系方面，企业通过开展各种公益性环保活动，如电池企业主动回收废旧电池，在公众中建立良好的环保形象，以此增加企业的商誉价值。有人将环境标志和绿色营销理解为一种新的"生态商业"模式。

目前，绿色消费已成为一股全球性的潮流。据联合国统计署统计，1999 年全球绿色消费的总量达 3 000 亿美元，84 % 的荷兰人、89 % 的美国人、90 % 的德国人都表示在购物时考虑了消费品的环保标准。

（二）环境标志

生态消费推动了环境标志制度的建立，这对市场竞争的结构和方式产生了新的影响。所谓环境标志，是指产品的一种证明性商标，由政府部门或权威组织依据一定环境标准授予有关厂商，以证明其产品生产、使用以及回收处理的整个过程符合特定的环保要求。ISO 14020《环境标志和声明通用原则》中对环境标志做了定性阐述："环境标志是用来表述产品或服务环境因素的声明，其形式可以是张贴在产品或包装物上的标签，也可以是置于产品文字资料、技术公告、广告或出版物内，与其他信息相伴随的告白、符号或图形。"

德国于1978年就开始使用"蓝色天使"标志，这是世界上最早的环境标志，是一个蓝色橄榄枝环绕一个张开双臂的儿童的图案。德国曾对75类近4 000种产品授予环境标志，这些产品按环境影响的不同分为7个类型（表1–1）。

表1–1　德国环境标志产品的7个类型

产品的环境影响	可回收利用型	低毒低害型	低排放型	低噪声型	节水型	节能型	可生物降解型
举例	激光打印机使用的再处理硒鼓	耗能低不含 CFC_s 的电冰箱	具有尾气控制的机动车辆	低噪声的公共汽车	节水型阀门	太阳能系统	快速生物降解的润滑油

在德国之后，其他国家也积极推行环境标志制度，如加拿大的"环境的选择"、美国的"绿色签章"、日本的"生态标志"以及北欧四国的"白天鹅"等。中国的环境标志制度包括三种类型：①Ⅰ型环标认证。即十环认证，其对产品从设计生产、使用到废弃物处理全程进行控制，不仅要求产品尽可能地把污染消除在生产阶段，还要最大限度地减少产品在使用及处置过程中对环境的危害程度。②Ⅱ型环标认证。即企业可根据自身的产品特点，在N个方面（可堆肥、可降解、可拆解设计、延长产品寿命、使用回收能量、可再循环、再循环含量、节能、节约资源、节水、可重复使用和充装、减少废物量）选择一个或多个方面做自我环境声明，如卫生陶瓷的"节水"或一次性餐具的"可降解"等。③Ⅲ型环标认证。即以设定的参数为依据，为消费者提供经第三方确认的信息。

环境标志制度也从农业和制造业推广到了服务业。为了推动生态旅游，世界最大的旅游行业组织——世界旅行旅游理事会从20世纪90年代开始，倡导在旅游业推行“绿色环球21”环境标志认证。这一认证体系已得到许多国际权威机构和行业部门的承认，成为国际公认的旅游业唯一的环境质量可持续管理的认证品牌。

虽然目前各国环境标志制定的方法和内容不尽相同，但仍有很多的共同点：①根据产品类别进行生命周期考察，制定申报标准；②自愿参加；③由利益无关的组织（包括政府）主持；④受法律保护的图形和标志；⑤对所有国家的申请者开放；⑥在大多数国家都需得到政府的认可或批准；⑦制定的标准尺度能够促进产品开发向环境危害最小化方向进行；⑧定期回顾，根据产品和市场变化，重新修订标准。

环境标志有很多类型，在 ISO 14024 标准中将它们划分为三种：①批准印记型，这种环境标志由企业自愿申报，由第三方按照一定标准进行认证，比较强调对产品生命周期的考虑；②自我声明型，这种环境标志由企业对产品的生态品质做出自我声明，并可以图案、产品说明册、广告等形式表示，无须第三方认证；③单项性能认证，这种环境标志与类型①有相似之处，都需要第三方认证，不同之处是类型①注重考察产品全部生命周期对环境的影响，类型③则主要考虑产品的单项环境性能，如可循环性、节能性、节水性等。目前，大多数环境标志属于类型①，同时厂商对类型③兴趣在不断增加，在 ISO 14000 标准中，还专门为此制定了 ISO 14025 标准。相比之下，类型②由于类似自我宣传的广告，可信度不高，不太为人们所接受，这里对环境标志的分析主要侧重类型①和③。

在 SCP 的产业组织分析范式中，决定市场结构的因素主要有三类：市场集中度、产品差异化和进退障碍。环境标志显然是一种产品差异化因素，更准确地说是一种纵向差异化因素。所谓纵向差异化，是指在其他条件一致的情况下，绝大多数消费者都偏好产品的某一特征，希望它“越多越好”，这体现了人们消费偏好的某种一致性，如汽车的节油性能就是一种纵向差异化，大多数人都希望汽车节油性能越高越好。服装颜色则不是纵向差异化，而是属于横向差异化，因为在颜色上人们并没有形成一致性偏好。在生态消费偏好上，人们具有一致性的趋向。也就是说，绝大多数消费者都希望所购买商品中含有的对环境或健康有害的成分越少越好，即该商品的生态品质越高越好。拥有环境标志表明，一种商品较之同类无环境标志商品能更好地满足消费者的生态消费偏好，形成纵向差异化的竞争优势。

环境标志具有自愿性，这与一般强制性的环境标准不同，这样环境标志就构成了可供企业选择的一种竞争战略。虽然一般来说，企业都希望自己的产品拥有环境标志，但达到相应的环境标准需要企业付出一定的努力，如采用清洁生产工艺和标准化的环境管理体系，在一般情况下，这都会增加企业生产的边际成本，从而使环境标志商品的价格一般高于同类非环境标志型商品。而市场到底更欢迎哪一类商品，则取决于消费者在价格偏好和生态消费偏好两个方面的权衡，以及政府推动生态消费的政策。

（三）绿色壁垒

除了作为企业产品差异化的一种战略行为，在日益兴起的市场“绿色竞争”中发挥重要作用外，环境标志对市场结构的另一个重要影响就是促进一种新的市场进入障碍的形成。这一点在国际贸易中表现得最为明显，这就是日益盛行的“绿色壁垒”。

“绿色壁垒”又称环境壁垒，它是一种非关税性贸易壁垒，是发达国家以保护环境、保障人体健康和安全为理由，通过制定严格的强制性技术标准，以限制不符合环保标准的国外产品进入国内市场，是环境保护运动与贸易保护主义相互结合的产物。“绿色壁垒”的技术标准主要有两类：一类是要求产品在使用过程中不对消费者的健康产生不利的影响；另一类要求产品从设计生产到报废回收的全过程不能产生超过标准的生态负面影响。概括地说，“绿色壁垒”技术标准就是要求产品具有良好的生态品质。大致以 1995 年世贸组织专门成立贸易与环境委员会为标志，绿色贸易壁垒日趋全球化，并呈加快发展的态势，其具体形式有绿色技术标准、绿色市场准入、环境卫生检疫制度、绿色反补贴、绿色包装、环境贸易制裁、推行国内 PPM 标准及其他标准、强制性绿色标志、强制要求 ISO 14000 认证等。

“绿色壁垒”是在当今全球经济一体化趋势下，新贸易保护主义的一种重要表现形式。在 WTO 全球贸易自由化体系中，以关税壁垒为主要手段的传统贸易保护主义发挥作用的空间已明显减弱。于是，各国的贸易保护措施转向寻求建立非关税壁垒，绿色壁垒就是其中重要的一种，并成为今天全球经济一体化趋势下新贸易保护主义的一种重要表现形式。WTO 的《技术性贸易壁垒协议》中规定：“任何国家都可以在其认为适当的范围内采取必要措施保护环境，只要这些措施不致被认为在具有同等条件的国家之间造成任何不合理的歧视，或成为对国际贸易产生隐蔽限制的一种手段。”这就意味着“绿色壁垒”的设置具有合法性，各成员方有权根据本国的环保水平制定同时适合来自其他各国进口品的环境标准和措施，其条件仅限于“不造成不必要的障碍”，这使“绿色壁垒”具有了更大的隐蔽性。

20世纪90年代以来，发达国家陆续制定了一系列“绿色标准”，如《欧盟生态纺织品标准》，它要求组成服装产品的每一个部件（包括纽扣、拉链）都要通过有关检测和认证。各国制定的环保法规也越来越多，如德国就制定了1 800多项环保法律、法规和管理规章。对于食品进口，在1991年就有32个国家和地区对427种农药在食品中的残留量制定了标准。对不符合规定者，发达国家纷纷采取禁止、限制进口等种种限制和惩罚性措施。仅1996年，欧盟国家禁止进口的非绿色产品价值就达220亿美元，其中发展中国家提供的产品占90 %。

生态消费在发达国家的兴起是“绿色壁垒”产生的一大背景。生态消费观念极大地改变了人们传统的消费倾向，商品的生态品质越来越为人们所重视，是否具有生态标志已经成为影响产品销售的重要因素。环境保护在各国政府政策制定中的影响日益深刻，这也促使了“绿色壁垒”的产生。例如，美国禁止从墨西哥进口金枪鱼，因为墨西哥渔民违反了美国关于限制捕杀海豚的《海洋哺乳动物法案》。

在绿色贸易壁垒问题上，发达国家与发展中国家之间一直进行着激烈的争论。作为“绿色壁垒”主要实施者的发达国家认为，“绿色壁垒”无论从环保还是从经济角度看都是合情合理的。从环保角度看，“绿色壁垒”一方面体现了国民对高生态品质产品的需求，另一方面遏制了发展中国家生态品质低劣产品的出口，有利于促使这些国家尽快采取符合较高环保要求的生产方式；从经济角度看，即便“绿色壁垒”体现了一种贸易保护主义倾向，这种贸易保护主义要求也是合理的。他们认为，与传统贸易保护主义不同，“绿色壁垒”不是保护本国幼稚、落后和低效率的产业，而是保护本国环境成本内部化程度高的企业免于与国外环境成本内部化程度低的同类企业间的不公平竞争。发达国家的环境标准一般高于发展中国家，这就使发达国家的企业用于环境保护方面的成本高于发展中国家的同类企业。这样，发达国家产品的市场价格通常就高于发展中国家的同类产品，从而产生了非经济因素引起的不公平竞争。“绿色壁垒”以提高进口商品的环保标准为手段，有助于消除这类不公平竞争。

发展中国家则对发达国家实施“绿色壁垒”的环保和贸易理由进行了质疑。首先，发展中国家认为发达国家以保护本国和世界生态环境为理由，建立绿色贸易壁垒是片面甚至是虚伪的。发展中国家目前之所以大量出口对生态破坏严重的初级资源产品和污染严重的某些传统工业品，恰恰是发达国家为了保护本国环境不惜向落后国家转嫁，资源 / 环境代价的结果。所谓资源 / 环境代价转嫁是指在开放经济条件下，发达国家利用更自由的贸易和资本流动条件，从发展中国家大量进口自然资源和向发展中国家转移污染的现象，有人称之为“环境殖民主义”，大致包括以下几种情况：

（1）间接的资源掠夺。即发达国家利用产业结构的差异向发展中国家出口高附加值的工业制品，进口大量廉价的初级资源产品，从而构成实质上的对发展中国家环境资源的掠夺。在现有的国际收支平衡表中，由于初级资源的出口一直被列为经常项目，因而被许多发展中国家视为重要的外汇收入来源。实际上，从可持续发展角度看，当初级资源的出口是在减少一国自然资源存量时，就应当视为自然资本的出口，因而应列入资本项目而不是经常项目。现有的国际收支制度在一定意义上掩盖了国际的资源掠夺现象。

（2）垃圾出口。发达国家以资源再生利用为名，将危险废弃物转移至发展中国家处理，在中国被称为“洋垃圾”。“洋垃圾”（如核废料、化学废料）会对发展中国家的生态环境构成巨大威胁。

（3）转移污染产业。发达国家为了最大限度地利用发展中国家廉价的环境资本，利用发展中国家急需外资的政策，将大量高消耗、高污染的夕阳产业转移到发展中国家。

发达国家一方面用各种环境殖民主义的手段向发展中国家转嫁资源/环境代价，另一方面积极构筑“绿色壁垒”，限制发展中国家不符合环境标准的产品进入本国市场，甚至以此为手段实施贸易歧视，从而破坏了贸易自由化原则。发展中国家认为，在表面环保动机之下的贸易动机才是发达国家构筑“绿色壁垒”的真正意图。

理论上，欧盟的指令是“一视同仁”的，对欧盟国家和非欧盟国家都是同样的标准和要求，但由于欧盟国家的相关企业目前基本上已经不用含偶氮染料，而对欧盟有大量纺织品和服装出口的中国企业有相当部分仍在继续使用含偶氮染料，所以新标准对中国的纺织品出口影响最大。中国每年向欧盟出口的纺织品和服装的价值在100亿美元左右。欧盟禁令付诸实施对中国纺织服装企业的打击和影响是不言而喻的。

在承认欧盟的禁令确实有环保和保护消费者健康这一合理性因素的同时，人们也注意到欧盟的禁令会让欧洲一些生产环保型活性染料的企业（如德国巴斯夫公司）受益匪浅。虽然中国有数百家生产染料的企业，但环保型的活性染料市场有六成以上被德国巴斯夫等国外大公司所控制，其产品价格是国内企业的好几倍。更让人担忧的是，尽管中国有不少企业也生产不含偶氮的染料，但由于技术水平所限，生产的染料性能不够稳定。这样，纺织品出口企业为了保住欧盟市场，必然花高价进口染料，一旦用进口染料，中国纺织品的原有价格优势就岌岌可危。

发达国家推行“绿色壁垒”的理由是在环境成本内部化前提下实现贸易公平，这也就要求国际贸易要以包含生态成本的商品“生态价格”为基础。但是，现实中发达国家自身没有真正做到这一点。例如，发达国家可能以保护环境为理由，禁止进口产自发展中国家热带雨林的木材，也就是要求发展中国家不要再砍伐热带雨林。如果发展中国家停止砍伐热带雨林而转向保护森林，由此将增加热带雨林的生态服务（如对世界气候的调节、生物多样性的维护）。发达国家作为这种全球性生态服务的受益者应当支付一定的“生态价格”，即对发展中国家给予必要的经济援助，这种经济援助不应被理解为“施舍”或“无偿援助”。但在现实中，发达国家一方面以保护环境为理由禁止进口热带雨林的木材，另一方面却不愿支付同样出于环保考虑的生态服务价格。由此可见，发达国家的某些“绿色壁垒”实际上隐含着双重环境标准。

更有甚者，发达国家的某些“绿色壁垒”完全是在环保幌子下的一种赤裸裸的贸易歧视。中国著名的龙井茶所遭受的“绿色壁垒”即是一例。在中国加入WTO前，国外对出口的中国龙井茶一般只查六七种农药含量，而中国加入 WTO 后要检测 134 种。同时，对茶叶中药残含量检测标准的严格程度也提高了 10 ~ 200 倍。

对于“绿色壁垒”，简单地赞同或反对都无助于问题的真正解决。对于发达国家来说，如果真正从环境保护角度考虑，就不应一味借助“绿色壁垒”搞贸易保护，而应积极对发展中国家施以经济和技术援助，帮助这些国家摆脱某些过于依赖资源消耗和环境破坏严重的生产方式，这才是解决环境问题的真正出路。即使是从贸易保护角度出发，也应看到无论是传统的贸易保护主义，还是以“绿色壁垒”为代表的新贸易保护主义，从长远看都不利于本国经济的发展。一方面，各国经济的相互依存性已经很显著，“以邻为壑”实行贸易保护，如果真使其他国家经济因此而衰退，也会使本国产品失去一些重要市场。同时，对于发达国家的“绿色壁垒”，发展中国家也必然会“以其人之道还治其人之身”，同样根据本国利益制定若干环境或技术等标准进行报复。长此以往，WTO 的多边自由贸易体系就会遭到破坏。

对于发展中国家而言，应该认识到“绿色壁垒”虽有阻碍贸易自由化发展、限制发展中国家出口的消极性一面，但也反映了消费者对绿色产品的消费趋向和生产商、经销商对全球掀起的绿色浪潮的积极回应。在世贸规则中，它是受到允许的，因此必须主动适应，通过立法，制定与国际接轨的各类标准，设立专业权威的国家检测机构，构筑自己的绿色保障机制。更为重要的是，应积极开发和采用各种绿色原料，改进生产工艺，实行清洁生产，以“绿色产品”突破“绿色壁垒”。

从本质上看，“绿色壁垒”起源于各国环境标准的不同。因此，“绿色壁垒”问题的最终解决可能有赖于建立各国公认的环境标准，这种新的环境标准既要考虑到发达国家较高的环保要求，也要考虑到发展中国家的实际经济发展水平，也就是要在两者之间取得某种平衡。因此，在WTO自由贸易体系框架内，制定一套为各参与国基本认同的、关于国际贸易的环境标准体系，是阻止新贸易保护主义，推行贸易自由化的关键步骤之一。

二、生态农业

农业是人类经济活动中最古老的产业之一，也是维持人类生存和发展的基础产业。从概念上讲，农业是指人类利用生物的生长过程获取各种生活资料和生产资料的经济活动，不仅包括种植业、养殖业、畜牧业，还包括狩猎业、渔业、林业等，这是对农业的广义理解，而对农业的狭义理解仅指种植业和养殖业。

在生态化产业结构中，农业是主要的资源产业部门。将农业明确定位于资源产业具有重要的政策含义。在农业文明社会，农业是最重要的产业部门，社会所需要的绝大部分资源和产品（如食物、服装、燃料、建筑材料、交通动力等）都来自农业。由于农业提供的是可更新的生物资源，这也就决定了农业文明有相当程度的生态可持续性。传统工业化社会区别于农业社会的一个主要标志就是，大部分能源与原材料供应由可更新的生物资源转向不可更新的矿产资源。资源产业生态化政策的一个主要目标就是，促使生物资源重新取代不可更新资源而成为资源产业的主体。

在这一节中，我们以生态农业特别是中国的生态农业为典型模式，探讨资源产业生态化问题，重点探讨生态农业与农业产业化经营的关系。之所以如此选择，一是因为农业在资源产业中越来越重要的地位，二是因为生态农业是目前资源产业生态化的一种相对成熟的产业模式；三是因为在中国生态农业发展中，产业化经营等产业组织问题越来越成为决定其发展的关键因素。

（一）从工业化农业到西方生态农业

世界农业的发展经历了刀耕火种的原始农业、长达几千年的自给自足的传统有机农业，而现代农业的主流是工业化农业。与自给自足的传统有机农业相比，现代工业化农业有两个特征：

第一，大量依赖不可更新资源特别是石油及其产品（如化肥、农药）的投入。

第二，广泛采取机械化、集约化等工业化生产方式。

正是基于这两个特点，现代农业被称为“石油农业”或“工业化农业”。由于大量利用现代工业技术成果，如农业机械、化肥、农药，工业化农业的生产效率较传统农业有了显著的提高；由于采用了工业的集约化、规模化生产方式以及市场导向的经营理念，工业化农业的规模效益、产出水平和商品化率与传统农业已不可同日而语，工业化农业适应了工业化进程对农产品不断增加的需求。但是，随着全球生态危机的日益严重，人们逐渐发现工业化农业存在诸多负面效应，特别是其生态上的不可持续性。这些负面效应主要包括以下几方面：

（1）高能源消耗。工业化农业实质是通过高能源投入特别是石油的投入换取高农产品产出，这不仅加剧了能源短缺状况，还使这种农业在持续性和抗御能源危机方面比较脆弱。美国近 40 年来投入农业的能源增长了近 80 倍，每生产 1 千焦能量的水果和蔬菜需要投入 2 千焦的石油能量，生产 1 千焦的动物蛋白质需要投入 20 ~ 30 千焦的石油能量。依此计算，如果全世界都采用美国的农业生产方式，则目前探明的全球石油储量只够全世界使用 10 年。

（2）生态破坏。工业化农业在广泛推行机械化、集约化生产方式的同时，相对忽视了这些生产方式对农业生态系统的影响，常常导致对土地的掠夺式开发，造成水土流失、土壤肥力下降、土地沙化的生态恶果。工业化农业的生产方式简化了大多数农业环境的生态系统结构，以较少量的栽培作物和家畜品种取代了自然界的多样化。据统计，在发达国家的农业生态系统中，主要农业品种只有粮食品种 12 个、蔬菜品种 23 个以及大约 35 个水果和坚果品种，在大约 14.4 亿公顷的土地上仅分布着不超过 70 个植物品种。生物物种的单一化容易引发各种病虫害，也使人们越来越担心这种农业的持久性和稳定性。

（3）污染。工业化农业的污染有逐渐深化的趋势。人们通常所了解的农业污染是指大量使用化肥、农药造成对土壤严重污染，以及导致农产品的生态品质急剧下降。据统计，全世界每年大约使用 250 万吨农药，其中 90 % 进入农田生态系统（化肥有 70 % 进入农田生态系统），造成每年 100 万人农药中毒。此外，工业化农业的运作方式还产生了一些新的更可怕的污染。

工业化农业所引发的资源和环境问题、食品生态安全问题促使各种注重农业环境保护和农产品生态安全的替代农业模式在西方国家纷纷出现，如有机农业、生物农业、生物动力农业、持久农业等，由于这些农业模式都以生态学为基本指导思想，因此常统称为西方生态农业。

美国农业部对生态农业的定义：一种完全不用或基本不用人工合成的化肥、农药、动植物生长调节剂和饲料添加剂的生产体系。生态农业在可行范围内尽量依靠作物轮作、秸秆、牲畜粪肥、豆科作物、绿肥、场外有机废料、含有矿物养分的矿石补偿养分，利用生物和人工技术防治病虫害。英国农学家 M. Worthington 对西方生态农业有一个定义："生态上能自我维持、低输入、经济上有生命力，在环境、伦理和审美等方面可接受的小型农业。"

德国比较重视发展生态农业。德国的生态农业标准很严格，在德国作为生态农业必须具备以下条件：①不使用化学合成的除虫剂、除草剂，使用有益天敌或机械除草方法；②不使用易溶的化学肥料，而使用有机肥和长效肥；③利用腐殖质保持土壤肥力；④采用轮作或间作等方式种植；⑤不使用化学合成的植物生长调节剂；⑥控制牧场载畜量；⑦动物饲养采用天然饲料；⑧不使用抗生素；⑨不使用转基因技术。

德国生态农业协会（AGOEL）还规定，其成员企业的产品必须 95 % 以上的附加料是生态的，才能称为生态产品。一个企业欲加入 AGOEL，将其产品作为生态产品销售，需经过 3 年的调整。在这 3 年间，该企业需要提供以下资料：其产品是在哪块地以何种方式生产的，整个生产过程及生产所需设备、原料、附加料等都需记录在案。国家授权的检测中心对申请企业要定期和不定期地抽查，不合格者要延长调整期。成为 AGOEL 成员的农业企业，其产品容易获得政府统一规定的生态印章，成为生态食品。在如今绿色消费盛行的时代，生态食品在市场上更受欢迎，这也是许多农业企业愿意成为生态农业企业的重要动机。

由于不使用化肥和农药，这些企业的农产品产量有所下降，但由于生态农产品的价格较一般农产品有大幅度提高，因此企业总利润仍高于常规农业企业。由于采用了生态化的农业生产方式，提高了土壤肥力，从长远看，生态农业企业的产量较之常规农业企业更加稳定持久，其产品的市场占有率也在不断提高。

除了资源和环境问题外，西方生态农业发展的另一个重要背景是发达国家农产品市场过剩而造成的经济不稳定，为了保证农业的稳定，西方国家政府不得不每年给予农业大量补贴。产品过剩已经成为西方国家的经济包袱，采取这样的生态农业模式虽然减少了农业产量，但对农业的稳定更有利。

尽管西方生态农业有着良好的生态效果，并且近年来发展较快，但总体上看，它尚没有显露出取代常规工业化农业主导地位的发展迹象，即使在发达国家，其推广面积也仅占耕地总面积的 0.3 %，仅有 1 % 的农民从事生态农业。影响西方生态农业发展的因素有很多，如在有机物资源能否完全取代化肥投入、生态农业能否降低能耗等方面仍存在争议，而生态农业产量低、价格高的特点也在一定程度上影响了其经济效益。此外，生态农业缺乏完善的技术支持体系，其价值观念与常规农业生产观念的强烈反差也使其难以被更多的农民所接受。

（二）中国的生态农业

在中国，生态农业的发展呈现出与西方明显不同的特点：一是不像西方生态农业那样极端排斥工业化常规农业的技术和生产模式；二是政府支持力度很大，这使生态农业在中国的推广普及面较广。中国生态农业的这些发展特色与中国农业独特的发展背景有关。

首先，在从传统农业走向现代农业的进程中，中国与发达国家一样面临着农业生态环境日趋恶化的生态困境。近年来，中国水土流失面积已达 367 万平方千米，约占国土面积的 38 %，每年耕地表土损失量超过 50 亿吨，损失的氮、磷、钾约 1 000 万吨，相当于我国化肥年生产量中所含的全部营养量。全国荒漠化面积达 262 万平方千米，占国土面积的 27.3%，荒漠化导致我国沙尘暴灾害频繁爆发，1 300 万公顷农田、近 1 亿公顷草地、800 多千米铁路和数千千米公路遭受风沙危害。我国已有 15% ~ 20% 的动植物种类受到威胁，高于世界 10% ~ 15% 的平均水平。由于乡镇企业和其他工矿企业“三废”的排放以及不合理使用农药和化肥，全国 78% 的淡水污染超标，50% 的地下水被污染，大部分湖泊富营养化严重，受污染的耕地面积约占耕地总面积的 20%。

其次，中国农业发展存在一些西方农业所没有的经济难题，包括三方面：①小农经济成分依然很大，农业规模化、市场化程度低。随着市场经济的发展，小农生产的劳动生产率低、抗御市场风险能力差、收入效益差等缺陷日益显露；②地少人多，农业劳动力严重过剩；③人口多，农产品需求大，粮食生产始终存在潜在的短缺压力。但是，中国农业也有自身的优势，如有着悠久的精耕细作传统。

从生态方面考虑，由于工业化农业的许多生态弊病在中国农业发展中已经很严重，为了保证中国农业的可持续发展，中国不可能完全模仿西方传统的高能源投入、低劳动力投入、高产出、高污染的工业化农业模式；从经济方面考虑，现有基于家庭生产的低投入、低产出的小农经济模式和片面排斥常规工业化技术的西方生态农业模式都不符合中国农业规模化、商品化发展的要求。针对中国的具体国情，中国农业的可持续发展必须解决三个问题：一是产出低与需求大的矛盾；

二是劳动力过剩问题；三是防止农业生态环境的进一步恶化。中国的生态农业正是在试图解决上述问题的过程中不断发展和完善的，它大致可看作是一种介于工业化农业和西方生态农业之间的一种可持续农业模式，由于比较适合中国农业和农村发展现状，因此推广较快，并得到了政府的积极支持，成了促进中国农业可持续发展的有效途径。（表 1–2）

表 1–2 各种农业模式的比较

	传统有机农业	工业化农业	西方有机农业	中国生态农业
资本投入	低	高，大量使用化肥、农药	低，抵制化肥、农药的使用	不排斥资本高投入，适度使用化肥、农药
劳动力投入	高	低	低	高
产出水平	低	高	低	较高
环境负面影响	低	高	低	低
市场化程度	低	高	高	逐步提高
集约化程度	低	高	高	逐步提高
政府政策	无	大量补贴	支持性政策在加强	积极鼓励

中国生态农业的发展大致体现为三个层次，即技术层次的生态农业、经营层次的生态农业和政策层次的生态农业。

技术层次的生态农业是指生态农业各种具体技术模式，即农业生态技术，它涉及不同地区、不同层次农业生态系统的设计和管理方案，常见的提法有“生态农业技术”“农业生态系统”“农业生态工程”。农业生态技术模式的确定一方面要利用生态学的一些基本理论，如食物链理论、生态位理论、资源稀缺性序列替代理论等；另一方面，要结合各地特有的自然生态条件和区域经济特征。

总体而言，中国生态农业的技术特点表现为三个方面：①在传统农业与现代农业技术关系上，既要充分发挥我国精耕细作、用地与养地相结合的有机农业传统，又要强调发挥现代农业技术的优势，并努力促使二者有机地结合起来。著名生态农业专家孙鸿良将中国生态农业定义：运用生态学原理和系统科学方法，把现代科学成果与传统农业技术精华相结合而建立起来的具有生态合理性、功能良性循环的一种农业体系。②充分利用生态学原理设计各种生态农业技术系统，在改善农业生态环境的同时，关注如何设计农业生态系统，以获得较高的产出。③根据我国地少人多的特点，偏重发展土地集约型和劳动密集型的农业生态技术。参照孙鸿良等人的研究，我们对中国较普及的农业生态技术做了一个不完全的归纳，如表 1-3 所示。

表 1-3　中国若干典型农业生态技术

基本特点 技术类型	依据的生态学原理	典型模式	生态经济效益
立体种养技术	生态位原理	多层农业群落、复合农业群落、农业群落的带状组合	土地集约化：获得单位面积上的稳定高产；劳动力密集型：充分利用劳动力丰富的优势
有机物多层次利用技术	食物链原理	桑基鱼塘	合理利用农业资源，提高资源利用率
物种互惠共生技术	生物种群相生相克关系	稻田养鱼、多种动物群落混合饲养	改善生态环境，防治病虫害，提高产量
生态优化植保技术	生态时空错位理论、生物多样化促进生态平衡原理	轮作与间作、增加天敌丰度、种植诱集植物	防治病虫害，保持农业生态平衡
生态环境治理技术	生态平衡原理	土地持续利用技术、水土流失治理技术、农业环境污染治理技术	防洪，防止水土流失；养育资源，涵养水分；消除污染，美化环境
再生能源技术	生态系统能量流动原理	沼气发酵技术、太阳能利用技术	节约能源，减少环境污染，提高淡季农产品产量

政策层次的生态农业主要指政府推动生态农业的产业政策。在中国，政府最初通过示范性效应来推动生态农业的发展，典型方法是基层政府通过一定政策措施，在乡村推广某一农业生态技术，如沼气技术，从而形成所谓的“生态农业村”或“生态村”。更能体现生态农业政策的是“生态农业县”的建设。县是中国基本的行政区域，一般而言，一个县具有自己独特的自然生态和经济地理特点，这样，县级政府就可以根据本地区的生态、地理和经济特点，进行生态农业规划，制定、实施相关生态农业政策，这些政策主要包括两个方面：一是改善当地农业生态环境，如小流域改造、防治水土流失、关闭农业污染严重的小乡镇企业；二是推广

农业生态技术。此外，还有些地区提出的“生态市”“生态省”等也属于政策层次的生态农业。

经营层次的生态农业是我们研究的重点。目前，关于技术和政策层次生态农业的理论研究较多，对经营层次生态农业的研究则不够充分。而生态农业的经营问题，特别是如何处理生态农业与农业产业化经营的关系，恰恰是决定未来中国生态农业发展模式的一个关键问题。经营层次的生态农业涉及生态农业的产业组织效率。

生态农业的经营模式受制于两方面因素：一是农业的市场化程度；二是土地制度。从发展阶段看，中国农业处于传统农业向现代农业过渡的时期，一些发达地区已基本实现农业的商品化生产，但大部分地区农业商品化程度还很低，自给自足的小农意识浓厚。在土地制度方面，改革开放以来，中国农村普遍建立了家庭土地承包制度，在这种制度下，名义上土地的所有者是政府或集体，但实际的控制者是农民，由于政府严格控制土地转让，因此形成了一种较稳定的以家庭为单位的土地制度。

西方生态农业的经营模式主要是规模化、市场化程度较高的“生态农场”。在中国，受市场化水平和现行土地制度的制约，长期以来形成了以分散化经营的家庭生态农业为主导的生态农业经营模式，即所谓的“生态农业户”。它是指农户采用农业生态技术，充分利用现有生产条件和自然资源进行生产，以取得较好的经济效益。生态农业户投入少，技术实施条件简单，且能充分利用各种农业资源，有利于改善农村生态环境，吸收农村剩余劳动力，比较适应以家庭联产承包为主的农业经营体制，因而普及较快。总体来看，“生态农业户”基本属于一种细小型的家庭生态农业，其技术水平、市场化程度都较低。随着社会主义市场经济的发展，以生态农业户为主导的分散化生态农业经营模式的局限性日益显露，主要表现在以下几个方面。

（1）分散化经营，规模小。生态农业户大多为自给性生产与小商品生产相结合的细小型家庭农业，缺乏有效的产业衔接，规模小，产出低。随着农业生产平均成本的不断提高、农产品市场的日益开放，农产品整体价格有不断走低的趋势，这都使细小型家庭农业的发展空间日益萎缩。客观上要求扩大农业生产规模，强化产业协同，以降低经营成本，提高农业利润率。

（2）缺乏市场竞争力。特别是加入 WTO 后，生态农业户在及时掌握市场信息、树立绿色品牌、产业协同和打破国外农产品绿色贸易壁垒等方面竞争弱势明显暴露。

（3）技术和管理水平落后。由于经营规模有限以及经营者自身素质较低，生态农业户往往只能吸收利用一些简单的生态农业技术，而对一些高科技型生态技术和先进的管理模式难以接受，这就造成许多生态农业户技术和经营管理水平提高缓慢，经营实力长期在低水平徘徊。

（4）生态改善能力弱。生态农业户对农业生态环境的改善作用往往局限在小范围内，如自家庭院或承包的农田、山地，而在小流域治理、水土保持、农村污染治理等规模较大、较复杂的生态改善活动方面作用不大。

实际上，生态农业户的上述局限也是分散化经营的家庭农业模式的共同缺陷，要克服家庭农业规模小、市场竞争力弱、技术进步慢的缺点，就必须改变这种分散化农业经营模式，建立以一体化为特征的农业产业化经营模式。中国的农业产业化经营模式可以概括为一个公式：龙头组织 + 农户。其具体组织模式有三种：公司企业模式、合作社模式和合同生产模式。核心是龙头企业。农业产业化通过股份制、合同制等形式，在公司与农户之间形成利益共享、风险共担的组织形式和经营机制，具有区域化布局、规模化生产、一体化经营、社会化服务、企业化管理的产业组织特征，是提高我国农业集约化、市场化程度的主要产业组织手段。

从一体化程度角度分析，中国的农业产业化经营模式是介于分散化的家庭农业与完全企业化的资本主义大农场之间的一种产业组织模式。与家庭农业相比，农业产业化经营具有横向规模经济和纵向一体化的经营优势。龙头企业通过合同制或股份制将分散的农户组织起来，在企业和农户之间实现明确的专业化分工，农户负责农产品生产，企业负责市场销售、技术服务和重要生产资料的统一采购。这样就节约了农户搜寻市场信息、先进技术和高产品种以及购买农业生产资料的成本，从而降低了平均生产成本，实现了横向规模经济效应。从纵向看，农业产业化经营通过产权关系的纵向一体化或长期合同关系的纵向限制，将原来由市场交易完成的产前、产中和产后各环节纳入同一农业联合体的内部安排中，节约了交易费用。

农业产业化经营虽然具有横向规模经济和纵向一体化等企业化经营特点，但它又与完全企业化的西方大农场模式有所区别。中国的具体国情决定了作为中国农业基础的家庭土地承包制度将长期保持不变，土地的自由转让受到严格限制，这样以土地集中为前提的资本主义大农场模式不会成为中国农业发展的主体。农业产业化经营在保持现有土地制度的前提下，又在相当程度上实现了农业的企业化经营，适应了中国农业规模化、集约化、市场化的发展要求，因此在中国得到迅速发展。农业产业化也促进了中国生态农业经营模式的创新，即产生了区别于生态农业户分散化经营模式的生态农业产业化经营模式，其具体组织形式、经营机制与一般的农业产业化经营模式一致，我们统称为“生态农业联合体”。生态农业联合体的出现提出了一个新课题：是分散化经营的生态农业户还是产业化经营的生态农业联合体更适应新形势下中国生态农业的建设和发展。

从积极的方面分析，生态农业联合体由于具有企业化经营的优势，因此在以下几个方面比“生态农业户”更能促进生态农业的发展。

（1）适应市场竞争环境的生态化方面。具有绿色品牌的无公害农产品的市场需求日渐旺盛，农产品的环境标志已构成产品差别化和市场进入壁垒的重要因素。一般来说，生态农业户缺乏技术开发、经营规模和市场推广方面的必要实力，很难树立和维护自己的绿色品牌，而产业化经营的农业联合体具备这方面的能力，因此在适应市场竞争生态化方面，农业联合体更具有优势，特别是对应对加入 WTO 后国际农产品市场普遍兴起的“绿色壁垒”，农业联合体在取得环境标志、处理贸易纠纷、进行国际市场竞争等方面具有绝对优势。

（2）完善农业生态经济结构方面。生态农业户受经营规模和能力的限制，通常只能在农业内部种植——养殖业之间建立农业生态系统，生产链短，产品附加值低。而农业联合体大多具有较强的农产品加工能力，因此可以在更广泛的种——养——加工产业结构之间建立农业生态系统，最大限度地延长生产链和价值链，从而使农业生态系统的产业结构更加多样化，资源利用效率和产品附加值程度更高。农业联合体内部由于形成了明确而稳定的分工协作关系，因此能在更大范围内进行生态经济协作和资源综合利用，从而使农业联合体生态经济结构的规模经济性和范围经济性都明显高于一般的生态农业户。

（3）推动农业生态技术进步方面。大多数生态农业户受知识素质和经营规模所限，只能接受一些简单易行的生态农业技术，对规模要求高、集约化程度强的生态农业技术缺乏吸收能力。此外，生态农业户进行农业生态技术创新和推广先进生态农业技术的能力和内部激励也较弱。而在农业产业化经营组织中，无论合作性质的农业生产协作组织还是龙头企业，一般都有专业化的技术开发服务部门，这就使农业产业化经营组织比一般生态农业户在开发推广先进生态农业技术方面更具备健全的组织基础以及在人才、资金和信息等方面的优势。特别是由于在农业联合体内部龙头企业与农户之间形成了利益共享、风险共担的利益机制，由龙头企业开发推广生态农业技术比政府部门的农技推广体系更具内在激励。

（4）改善农业生态环境方面。生态农业户经营规模一般较小，其所产生的生态效益一般局限于自己所经营的小块土地上，对所在地区生态环境的改善效果往往不够明显；农业产业化经营组织经营规模大，所具有的生态经济结构覆盖面广，因此对所在地区生态环境的改善效果更明显。此外，农业产业化经营组织经济实力和社会影响力较强，它对所在地区生态环境的干预能力要远远超过生态农业户，如当出现严重的农业污染时，由农业联合体出面与政府或污染企业进行磋商谈判，比单个农户的上访诉讼更容易产生效果。

（5）争取政府给予生态农业的政策支持方面。生态农业户由于数量众多，且不好界定，因此增加了政府制定实施生态农业政策的难度；农业联合体数量有限，且经营规范，便于政府落实有针对性的生态农业支持政策。

三、生态工业

工业化是工业生产占据经济主导地位的过程，但工业本身是一个看似简单但又非常含混的概念。在英语中，工业与产业的单词一样，都是“industry”。在现实的产业分类中，对于哪些部门属于工业人们的看法也不一致，如建筑业是否属于工业部门。也许是为了避免此类歧义，一些权威的产业分类方法（如联合国国际标准产业分类法）就没有采用“工业”一词，而采用了“制造业”（manufacture）的概念。

大致出于同样的考虑，我们在生态化的产业结构中采用了“广义制造产业”的概念，这一概念与工业非常类似，很多情况下二者可以通用。需要注意的是，与一般的工业概念不同，广义制造产业是一个从产业生态经济功能角度明确界定的概念：在生态化的产业结构中，广义制造产业是指对初级资源产品进行多种层次加工的产业，其生态经济功能相当于生态系统中的消费者，即将各种初级资源产品加工制造成能够满足人类多方面需求的次级产品。按照这一定义，煤炭和石油开采、风力发电、城市污水处理厂等通常人们认为是工业的部门就不属于广义制造产业的范围，而分别属于资源产业和还原产业。当然，由于产业连续性现象的存在，这些产业在生态经济功能上属于其他产业，而在生产方式上与广义制造产业相似。

从产业生态化意义上讲，广义制造产业的生态化主要是建立生态化的工业生产方式——“生态工业”，或联合国环境规划署所称的“生态可持续的工业发展模式”。

（一）工业生态学

对生态工业或工业生态系统的研究主要来自一门非常新颖的学科——工业生态学。与生态农业理论相比，工业生态学概念的出现要晚得多。1977 年，美国地球化学家 Preston Cloud 在一篇学术报告中最先（或至少首批之一）使用了“工业生态学”一词。真正使生态工业观念产生广泛影响的是，1989 年 9 月《科学美国人》上发表的一篇题为《可持续工业发展战略》的文章，作者是曾在通用汽车公司工作过的 Robert Frosch 和 Nicolas Gallopoulos。在这篇文章中，他们提出了“工业生态系统”的概念，“在传统的工业体系中，每一道制造工序都独立于其他工序，消耗原料，产出将销售的产品和将堆积起来的废料，我们完全可以运用一种更为一体化的生产方式来代替这种过于简单化的传统生产方式，这就是工业生态系统。一个工业系统完全可以像一个生物生态系统那样循环运行：植物吸取养分，合成枝叶，供食草动物享用，食草动物本身又为食肉动物捕食，而它们的排泄物和尸体成为其他生物的食物。当然，也许人们永远达不到一个完美的工业生态体系的境界，但企业家与消费者完全可以改变他们的习惯，如果他们愿意保持或提高生活水准而又不去破坏环境的话。”10 年之后，瑞士生态经济学家 Suren Erkman 发表了世界上第一本影响广泛的生态工业专著——《工业生态学》。

将“工业”与“生态”联系起来比“农业”与“生态”的结合要令人难以接受得多，正如 Suren Erkman 所说，这容易使人们联想到“明亮的黑暗”“滚烫的冰块”之类矛盾的修辞，因为工业在传统观念上一直被认为是纯粹人工的过程。尽管现在“生态工业”的观念逐渐被人们所接纳，但它在绝大多数学者的思想中仍然是一个只具有类比意义的概念。

生态工业观念的最初提出可能是采取了类比或技术仿生学的方式，但这一思想的最终确立并不只是一种简单的类比或仿生学所能合理解释的。从生态经济学基本观点出发，可以比较合理地解释生态工业现象。如果我们承认生态经济学的基本观点，即人类经济活动是生物圈生态运动的有机组成部分，那么就能很自然地推论出这样一个结论：工业活动作为人类经济活动一部分也必然从属于生态运动。事实的确如此，无论多么复杂的、看上去似乎远离自然的工业生产过程，本质上都是直接或间接加工来自自然生态环境的某种资源，其产生物无论经过多么曲折的过程，最终仍要回到自然生态环境中。

作为自然生态系统的一个子系统，经济系统可以建立一般生态系统的功能结构，如农业生态系统。那么，工业系统是否也可以建立一般生态系统的功能结构呢？这个问题是理解生态工业思想的关键。

传统意义的工业系统是一个资源——加工——产品的线性开放系统，并不具备生态系统的一般功能特征。那么，具有一般生态系统功能结构的工业生态系统是如何在传统工业系统基础上发展起来的呢？工业进化思想对这一问题做出了初步的解释。

所谓工业进化思想包含着这样一个基本的含义：既然工业生产是生态运动的一个有机环节，作为全球生态系统的生物圈又是一个长期进化的结果，那么就应该承认工业系统也应当有一个与生物进化相似的进化过程。

工业生态学者 Braden R. Allenby 指出，在生命的进化过程中，生态系统大致经历了三种形式：在地球生命的最初阶段，可利用的资源几乎是无限的，而有机生物非常少，以致它们的生存对资源的影响可以忽略，在这一时期的生态系统中，物质流动是相互独立进行的，资源的利用和废料的产生都不受任何限制，生命因此可以长期保障其发展的条件。生命的运动也由无氧发酵逐渐发展为有氧发酵和光合作用，地球生命最初阶段的这种生态系统形式被称为一级生态系统。

在随后的进化过程中，资源变得有限了。在这种情况下，生命随之变得日益相互依赖并组成了复杂的网络系统。生态系统内部的物质循环变得极为重要，资源和废料的进出量都受到资源数量和环境接受废料能力的制约，这一类型的生态系统被称为二级生态系统。与一级生态系统比较，二级生态系统的资源利用效率虽然有了很大的提高，但仍然不能长期维持下去，因为物质和能量的流动仍然是单向的，而废料不可避免地持续增加。

要成为真正可持续的形态，生态系统必须进化成以完全循环的形式运行，这就是三级生态系统形式。在这一级生态系统中，无法区分资源和废料，对一个有机体来说是废料，对其他有机体来说则是资源。生态系统的诸多循环在太阳能的动力支持下既可独立进行，又可互联进行。

上述生态系统的进化与今天工业系统的演化过程很相似。传统的依赖化石资源的工业系统基本属于一级生态系统的范畴，在随后的资源和环境压力下，工业系统通过各种污染治理和提高资源利用效率的措施向半循环的二级生态系统转变，这是今天工业生产模式的主流。但是，真正生态可持续的工业系统应当是一种三级生态系统模式，也就是生态工业模式中近乎完全循环、与自然生态兼容的工业模式。Erkman 认为，工业生态学的主旨就是促使现代工业体系向三级生态系统转化。转化的战略包括四个方面：将废料作为资源重新利用；封闭物质循环系统和尽量减少消耗性材料的使用；工业产品与经济活动的非物质化；能源的脱碳。

生态工业的出现对产业生态化理论的提出具有重要意义。当只有生态农业这一种生态化产业模式时，我们还无法提出产业生态化的思想，而在生态工业出现以后，产业生态化的概念就具备了基本的雏形。工业生态学也促使生态经济学重新确立自己的理论地位，在此之前，生态经济学的研究基本上只限于农业。生态工业的理论和实践开始使生态经济学的范式迅速扩展到其他经济领域，生态经济学逐渐由一门边缘经济学科走向主流经济学科。

（二）清洁生产

虽然理论上可以把生态工业系统设想为一种非常完美的三级生态系统，但在实践意义上更为现实的做法是，将生态工业理解为工业系统不断完善并向成熟工业生态系统转变的过程，即工业生态化过程，这一过程最初开始于目前在工业和环境界广受批评的末端治理方法。

人们对工业污染的认识和治理有一个过程。最初是将污染视为在工业生产过程末端产生的各种有害废弃物，解决工业污染的思路集中在如何处理这些在生产过程末端已经产生的污染物方面，这就形成了所谓过程末端治理的工业污染治理模式。末端治理的方式大致有两种：一种是“谁污染，谁治理”的方式，即在企业内部设置末端治理部门或设备；另一种是“谁污染，谁付费”的方式，即企业通过市场交易将污染交给专业化的污染治理企业进行处理，并付给其相应的治理费用。采取哪一种方式在经济上更合理，取决于企业技术工艺的特点和污染物规模。从目前大多数企业的情况看，“谁污染、谁治理”的自我治理方式比“谁污染，谁付费”的专业化治理方式成本要高。高成本主要来自：①企业不熟悉污染治理技术，缺乏专业化的分工效率；②企业需要购置昂贵的污染治理设备，设置专门的污染治理部门，增加了生产和管理成本；③由于单个企业产生的污染有限，可能使污染治理流程达不到规模经济的要求。

末端治理至今仍然是处理工业污染的一个重要模式，但它也存在诸多缺陷：容易造成二次污染；随着环境标准的提高，污染治理成本有不断提高的趋势；不提供全面解决问题的框架——末端治理引出越来越多的技术标准，这些标准往往只是“头痛医头，脚痛医脚”的污染局部解决方案，无法提供全面的污染解决框架。另外，由于将污染治理费用（表现为污染治理企业的产值）列为国民收入，可能会形成污染越多、国民收入越高的荒谬现象。

与末端治理不同，清洁生产的基本思路是在生产开始之前及其进行过程中就消除可能产生污染的各种因素，这一思路被概括为预防污染。尽管国际上在清洁生产相关术语的使用上不尽一致，如采用“废物最小化”“源削减”“污染预防”“无废工艺”等，但对清洁生产的要点基本形成了共识，即认为清洁生产大致强调三个要点。

（1）清洁的资源：常规能源的合理利用；尽量利用再生能源；开发新能源；开发节能、节约原材料等资源节约技术和管理方法；尽量少用、不用有毒有害的原材料。

（2）清洁的生产过程：减少有毒有害中间产品的产生；减少生产过程中高温、高压、噪音、易燃、易爆等高风险因素；采用高效率设备；改进操作步骤；回收利用废弃物；改善生产管理。

（3）清洁的产品：减少从原材料提炼到产品最终处置的产品生命周期中可能产生的对环境和人体健康的不利影响；产品设计应遵循易于回收、减少不必要功能、延长使用寿命的原则。

从产业组织方面解决工业生态系统稳定性与市场竞争效率的矛盾，还可考虑采取分包型的生态工业园模式。这种模式借鉴了日本的分包制经验：在日本，某些大企业常将一些非主营业务（如零配件生产）承包给一些中小企业，这样，在一个大企业周围就集中了许多为其主营业务服务的小企业。

在分包型的生态工业园模式中，居于生态工业园核心的是一个或少数几个大企业，大企业将废料循环利用业务承包给周围的中小企业，大企业与从事专业化废料处理的小企业间就通过承包合同关系实现了废料有偿交换。分包型模式主要利用小企业专业化较强和经营的灵活性（较低的进入和退出成本）来解决工业生态联系的刚性问题。当大企业由于技术和产品结构的调整使废料产生减少或废料性质发生改变时，小企业由于退出成本较小，可及时调整经营方向，这样就保证了整个工业生态网络具有较大的弹性。尽管现实中还没有明确出现一个分包型生态工业园，但一些城市的工业园区正在自发地形成这种模式。

生态工业园具有减少资源浪费和降低工业污染的特点，这使它在中国成为实现区域清洁生产和建立循环经济体系的重要模式，各级政府在发展生态工业园方面热情很高。但应当注意绝不能简单地把生态工业园理解为划出一块地，迁几个企业进去搞废料交换。发展生态工业园实际上意味着政府的区域经济政策、产业结构和产业组织政策都需要按照工业可持续发展的目标做出重大调整。从目前的情况看，应重点推行三方面的政策。

（1）集中生产。生态工业园所具有的区域性特点要求政府在推进生态工业园战略时，先要采取集中生产的城市工业发展政策，即将城市内的主要工业企业尽可能地集中在划定的工业区内进行集中生产，工业区应当是相对封闭的，与商业区和生活区隔离开。集中生产的优点：第一，它会使工业区内产业结构日趋多样性，这就容易使园区内企业间建立废料交换关系；第二，正如生物多样化会提高生态系统稳定性一样，产业的多样性也会增加工业系统抵御市场风险的能力；第三，地理上的接近为企业实现废料交换方面的技术和经济合作提供了便利条件，有助于提高废料交换的分工效率和降低交易成本；第四，有助于避免工业污染向工业区外的扩散。

（2）园区改造。即主要通过对现有工业区进行生态化改造来发展生态工业园。现在各地都已建立了数量众多的经济开发区、工业园区、高新技术园区等工业生产集中区域，这些园区为生态工业园区的建设奠定了良好的基础。因此，生态工业园区应立足于现有园区的改造，而不是大量建立新园区。在现有工业园区的基础上，对园区内有技术经济联系的企业按照工业生态学原则进行重新整合，或引进若干能够建立工业共生关系的企业，就可以将现有工业区改造成为生态工业园。这样做，既有利于现有工业园区的发展，又可以节省大量投资。

（3）统一规划与政策扶持。生态工业园由于牵涉到众多企业的相互合作和政府的区域经济政策，因此很难自发形成，需要进行科学的规划。但是，规划不应成为政府独断，而应是在相关企业沟通意见、自愿合作的基础上，政府进行相应的协调。政府的协调不仅表现在园区规划方面，还应体现在为了鼓励企业进入园区和建立各种工业共生关系而给予一定的政策扶持，如减免税费、土地租赁转让方面的优惠措施等。

第四节　产业生态化的学理依据

产业生态化发展理论源于经济生态思想，继而由产业生态理论、产业发展理论和生态学理论相互碰撞、融合而成，并在可持续发展观和科学发展观的促进下，不断向前发展。目前，产业生态化理论尚未形成完整统一的科学体系，属于多学科相互交叉又相互渗透的边缘性理论。因此，可以将产业生态化理论追溯为多种理论的交汇融合。除前面阐述的产业生态学以外，科学发展观、资源环境经济学理论、生态经济学、循环经济学、产业结构理论也是产业生态化发展最基本的理论支撑。只有充分把握以上理论，才能深刻理解产业生态化的基本内涵，系统建构产业生态化发展模式。本节将对产业生态化发展的理论基础进行整合，为产业生态化发展构建完整缜密的基础理论体系。

一、习近平生态文明观

在阐述生态文明建设方面，习近平引用古代的治理思想“生态兴则文明兴，生态衰则文明衰”来表达他的生态文明观。这是习近平在多年的理论与实践探索中，结合历史发展、现实国情形成的对生态与文明关系的科学的辩证总结。习近平的生态文明观立足我国现阶段的生态现实，是对我国传统文化的吸收与借鉴，也是对马克思主义生态文明观的继承与发展。

习近平生态文明观是以马克思主义生态观为重要的理论支撑与依据。人与自然之间的发展关系是马克思主义思想中重点阐述的内容。马克思主义认为，人类作为社会生产生活的主体，不仅具有社会属性，更具有自然属性。人是自然的产物，而自然是其赖以生存的环境。自然界可以说是人的无机身体，没有自然界，人是不可能存在的。而人在自然界中肆意地发展导致了对生态环境的破坏，对此，恩格斯在《自然辩证法》中指出人不应该为战胜自然而感到自喜，因为每一次的获胜，自然界都会对人进行报复。

习近平生态文明观不仅是对中华民族传统文化的继承，更是对马克思主义生态观点的继承和发展，是具有中国特色社会主义的生态观念，是在人与自然和谐相处理论原则指导下形成的。习近平生态文明观以我国当前社会发展现实为基础，是对我国的生态环境困境具体实践调查所得的结论；习近平生态文明观坚持人与自然共同发展的理念，以科学发展观为导向，以实现社会群众最大幸福为发展动力，对改善我国的社会生态环境、转变生态治理的思维方式和经济发展方式具有划时代的创新意义。

（一）习近平生态文明观的基本内涵

1.“绿水青山就是金山银山”的生态经济观

对于一个地区来说，良好的生态环境能够保障该地区在竞争中立于不败之地。习近平指明了生产力与自然环境（经济与生态系统）之间的深刻联系，认为发展经济究其根本是为了提高人民的生活质量和幸福指数，不能本末倒置。他提出，要严格遵循科学原则，在对自然资源加以利用的过程中大力发展循环经济，尊重自然发展的客观规律。

2.“满足人民群众对良好生态环境新期待”的生态政治观

党的十八大提出了“美丽中国”影响未来中国生态文明发展的美好愿景，这引起了全国人民广泛的共鸣。“人民对美好生活的向往，就是我们的奋斗目标”“满足人民群众对良好生态环境的新期待”就是当下解民生之忧、谋民生之利的政治目标。我国的资源环境承载能力已经接近上限，“守住环境安全底线是利剑高悬、重过千钧”。生态环境问题成了全面建成小康社会的突出短板。生态文明意味着保住生态安全底线，让人民群众免于生态环境的担忧，这就是“很大的政治”。

3.“人、自然、社会和谐共生”的生态社会观

马克思基于人类发展的视角提出了生态社会观理念，认为人与人的关系具有决定性作用，它对人与自然的关系产生深远的影响。因此，人与人之间必须构建起和谐的关系。只有这样，才能够保障生态文明的可持续性发展。建设生态文明是属于全社会的公共事业，在落实具体生态建设工作的过程中，要充分调动社会各领域的力量，无论组织单位还是社会个体，都应该在思想上深刻地认识到生态文明建设与每一个人都息息相关，它不仅是单纯意义上的政府所需要完成的任务，还是社会上每一个个体都需要完成的任务。

4.“生态兴则文明兴”的生态文化观

当前，生态文明建设的主要任务是构建社会主义生态文化，要在全民中宣传生态文化，提高我国民众的生态意识，只有把生态文化扎根于我国社会文化当中，才能彻底改变我国生态文明建设落后的现状。习近平指出，构建与弘扬社会主义生态文化，政府和媒体要充分发挥自身作用，要对绿色 GDP 观念进行宣传普及，要在全社会形成一种正面积极的舆论导向，要让生态文化扎根群众心中，构建尊重、保护、顺应自然的思想，形成主流的生态文明意识。在生活中，应该践行节约、环保的生活方式，形成低碳消费思想与模式。

5.“最严格制度、最严密法治”的生态制度观

在落实具体工作的过程中，一旦发现损害生态环境的做法，必须严格追究相关部门与人员的责任。发挥法治的作用就是要运用法律约束社会主体的行为，发挥法律的强制性、教育性和引导性作用。生态文明与法治思维紧密关联，要将法律思维与理念融入生态文明系统建设之中，并且落实到每一个细节之处，真正体现生态建设法治化。

（二）习近平生态文明观是产业生态化发展的理论指南

习近平生态文明观推动了我国生态文明发展的进程。人类社会的发展走向生

态文明是必然趋势。习近平提出的生态文明观符合社会历史的发展规律。习近平生态文明观将我国当下的人口、资源、环境等诸多因素纳入社会发展考虑范畴内，从整体上进行宏观调控，可以说这是我党对生态文明建设规律认识的深化与发展。习近平基于多重视角阐述了生态文明观的内容，提出了诸多新思想、新观点，其中包括生态文明建设的目标要求、思想理念及其发展路径等。这不仅具有科学理论价值，在方法上更具有指导性、全局性，是建设美丽中国、实现中国梦的行动指南。

本书的产业生态化强调产业经济发展中注重追求经济、自然和社会发展的协同，注重通过产业发展，全面推进经济、政治、文化、社会及生态文明建设，它既是一种产业发展理念，又是一种产业发展新模式，既是一种产业发展状态，又是一种产业发展过程，但它归根结底是一种追求产业同自然及社会协调发展的产业生态化发展观。毫无疑问，习近平生态文明观必然是产业生态化的根本指导思想和理论指南，要加快转变经济发展方式，有效促进产业经济、自然及社会的协调发展，就必须把习近平生态文明观内在要求全方位贯彻到产业生态化发展的理论研究和实践活动中去。

二、经济学相关理论是产业生态化的理论支撑

经济学以资源的稀缺性与人类需求的无限性之间的矛盾为研究起点，主要为了解决稀缺资源的有效配置问题，以最大限度地满足人类的需求。经济学中的原理与方法论都涉及资源优化配置、环境成本内部化问题，对于解决产业生态化发展面临的资源环境约束问题具有非常重要的理论指导作用。

首先，产业生态化发展有着根本经济属性，需要用经济学相关理论来指导。产业生态化理论由产业生态理论演化而来，而产业生态理论主要是认识和优化产业生产活动与资源环境之间的关系，通过对企业的工艺流程设计和产品设计以及企业间共生系统的建构，达到在产业生产过程中资源利用最大化、废弃物产出最小化的目的，从而实现产业生产活动的高效性和持续性。其本质也是优化资源生产率，有着根本经济属性。无论是产品生态设计、产品生命周期分析，还是企业间的物能流分析，企业间的共生系统建构的每个环节都以优化资源利用率、减小环境污染为目的，都离不开资源环境经济学、生态经济学、循环经济学的理论指导和支撑。

其次，解决产业生态化发展中的资源环境约束问题需要运用经济学相关理论。

一方面，资源环境经济学的增长极理论、环境库兹涅茨曲线理论有助于我们认识资源环境问题的本质、掌握环境问题的阶段性演化规律，为制定产业生态化发展的产业财税政策、法律法规提供理论指导；另一方面，外部性理论、公共物品理论及科斯定理与产权理论可以为我们探寻产业生态化路径提供具体的经济方法论指导。同时，在市场经济条件下，如何通过供求机制、价格机制和竞争机制的共同作用对产业生态化发展中各个环节的资源进行优化配置，需要经济学理论的指导。另外，我们研究产业生态化发展，在探讨建构闭路循环产业链时，需要遵循生态经济学和循环经济学的一些基本原则以及运用它们的基本原理。

三、产业分类理论

产业生态化发展涉及产业分类、产业结构、产业布局、产业政策等领域。出于理论探索与实践研究的相关性考虑，笔者认为产业结构理论体系中的产业分类理论、产业结构演进理论及产业结构调整理论对产业生态化发展研究具有重要的指导作用，是本书的核心基础理论。

产业分类理论是研究产业结构及产业发展的前提。产业分类可形成多层次、多类型的产业概念，是建立产业结构概念和进行结构研究的基础。产业发展研究离不开产业的正确分类，因为要想正确理解产业发展的内涵和特征，把握产业发展的方向，必须先解决产业分类问题，合理的产业分类是产业及其发展研究的首要任务。

（一）三次产业分类法

1935 年，新西兰经济学家费歇尔较为系统地提出了三次产业分类方法和三次产业分类依据。后来，英国经济学家克拉克在费歇尔研究的基础上，对三次产业做了详细的划分，并总结出了三次产业结构的演进规律，从而开创了产业结构演进理论。三次产业分类法的核心就是把全部经济活动划分为三类：第一次产业、第二次产业和第三次产业。第一次产业包括种植业、林业、畜牧业和渔业；第二次产业包括采矿业、制造业、电力、建筑业、燃气及水的生产和供给业；第三次产业指除第一产业、第二产业之外的一切产业，包括为生产和生产服务的行业、为提高科学文化水平和居民素质服务的各行业、为社会公共需要服务的行业。需要注意的是，在计算国民生产总值和第三产业产值时，只包括为生产和生产服务的行业、为提高科学文化水平和居民素质服务的各行业，而不包括为社会公共需要服务的政府、军队等。目前，这种分类方法是研究产业结构中最普遍的分类法。

三次产业结构理论较好地反映了经济发展过程中资源在不同产业间的配置状况，强调了经济活动的阶段性。

众所周知，由于三次产业分类法中的第三产业定义及其囊括的范围过于宽泛和笼统，不能解释一些新兴产业的功能和地位，削弱了整个理论体系解释新经济现象和指导新经济实践的能力。这种分类法在理论和实践中逐渐显现出它的局限性。但是，由于原有的传统产业经济理论基本上是建立在三次产业划分基础上的，全盘推翻三次产业分类法显然是不合实际的。因此，鉴于三次产业分类原有的理论贡献和理论基础，最好的办法是在此分类理论基础上加以拓展，在分析产业结构的变化、资源配置的优化、投入产出的关联时，辅之以其他较为合理又能反映时代特征的分类方法。

（二）标准产业分类法

国家标准产业分类法是一国（或地区）政府为了统一该国（或该地区）产业经济研究和统计口径，根据该国（或该地区）的实际而编制和颁布的划分产业的一种国家标准。国际标准产业分类法依据的是联合国于 1971 年编制和颁布的《全部经济活动的国际标准产业分类索引》，它将全部产业活动分为十大类，每类下面分出若干中类，中类下分出小类，小类下再分细项，并分别配以统计代码，其中十大类如下：①农业、狩猎业、林业和渔业；②矿业和采矿业；③制造业；④电力、煤气、供水业；⑤建筑业；⑥批发与零售业、餐馆与旅店业；⑦运输业、仓储业和邮电业：⑧金融、不动产业、保险及商业性服务业；⑨社会团体、社会性及个人服务活动；⑩不能分类的其他活动。我国的国家产业标准来源于《国民经济行业分类与代码》，它把我国全部的国民经济划分为 20 个门类、98 个大类、400 多个中类和更多的小类。

（三）生产产品分类法

生产产品分类法是从马克思的三种生产理论得到启发，从产业生产活动满足人类三种层次需求的视角对产业进行分类的方法。这种分类方法建立在马克思唯物史观的立场上，通过对产业内在本质的把握，按照产业生产产品的不同，将全部生产部门划分为生产自然物质产品的产业、生产社会关系产品的产业以及生产人文精神产品的产业三大部类。

生产产品分类法把产业划分为自然物质产品、社会关系产品和人文精神产品，揭示了产业与自然及社会关系的本质特征，是一个动态地认识事物的方法，有利于全面地认识产业及其发展。经济学意义上的产业划分则是对事物现象的静态描述，不能及时地反映新出现的产业现象。同时，这种分类把产业部类和产业生产的自然属性、社会属性和精神属性联系起来，不仅可以较为客观地反映一国或某区域的经济发展水平，还可以较为清晰地反映一国或某一地区的社会发展水平、生态发展水平及人的全面发展水平。而且，这样的划分对我们理解当前的产业发展趋势、调整我国产业结构及社会主义生态文明建设均有重大的理论意义和现实意义。但是，这种分类法毕竟还处于理论探索阶段，其理论意义需要实践来证明，而且其运用于实证分析缺乏复杂的统计数据和计量算法，距离统计实践仍有很长的路要走。此外，它也存在一定的局限性：一是与经济学衔接不好，特别是产业经济学的产业结构调整升级中主要提到的新兴产业、高新技术产业、信息产业等在该分类中所属行业体现不明；二是在服务业产业的划分归属还存在一些争议。例如，由于有些服务业有生产社会关系产品的明显特征，而有些服务业又有生产精神产品的属性，特别是娱乐、生态修复、心理咨询、健康咨询等服务业，它们归属生产社会关系产品的产业还是归属生产精神产品的产业不好确定。

（四）生产结构分类法

生产结构分类法主要包括两大部类分类法、农轻重产业分类法、霍夫曼分类法等。两大部类分类法是马克思在研究资本主义简单再生产与扩大再生产时提出的，他把社会的总生产分为两大部类，即生产生产资料的部门（第Ⅰ部类）与生产消费资料的部门（第Ⅱ部类）。两大部类分类法是对社会再生产过程的高度概括，但用来分析产业结构有较大的局限性。

农轻重产业分类法源于苏联，它将物质经济活动分成农业、轻工业、重工业三个产业大类。其中，农业包括种植业、畜牧业、林业和渔业等，轻工业包括食品、印刷、纺织、服装、制革等工业部门，重工业包括电力、机械、化工等工业部门。但该分类法没有把非物质经济生产部门包括进来，不能对产业经济问题进行全面系统的研究，无法适用于工业化程度较高的产业发展阶段的研究。

霍夫曼分类法是德国学者霍夫曼在对工业化过程进行分析和考察时，于1931年在《工业化的阶段和类型》一书中提出的。他将工业分为消费资料工业、资本资料工业与其他工业三类，其主要目的在于研究不同工业化阶段的消费资料工业与资本资料工业的比例关系的变化。

（五）生产要素分类法

任何一类经济活动都要投入一定的生产要素。根据产业在生产过程中需要投入的劳动、资本、知识等生产要素比例的不同以及对生产要素的不同依赖程度，可将全部经济部门划分为劳动密集型、资本密集型和知识密集型三大类产业。生产要素分类法能较好地体现一个国家或地区的产业结构水平，同时有利于揭示区域资源禀赋形成的生产优势。但是，这种分类法也有其局限性，由于它的划分标准较为模糊，在经济研究中容易受到研究者主观因素的影响。

产业分类法还有很多，如把产业部门划分为高新技术产业和传统产业的技术性分类法，划分为基础产业、主导产业、支柱产业、衰退产业的地位功能型分类法，等等。通过以上对产业划分理论的分析，我们可以了解到各种产业分类法各有其理论优势，也各有其理论短板。由于每种分类理论都是在不同的研究视角上产生的，所以结构经济学里没有遵循固定的产业分类标准。对于理论研究者来说，最好的办法是选择一种主要的产业分类理论，辅之以其他分类理论来研究。至于具体选择哪种产业划分理论为主，需要根据具体的研究内容和研究目的来判断。

四、产业结构理论是产业生态化的理论依据

产业结构是影响产业运行状态和决定产业发展方向的决定性因素，因此研究产业生态化发展的核心内容，就是研究产业结构生态化，而产业结构理论可以为研究我国产业结构及产业结构生态化提供理论依据。

其实，产业生态化发展的过程就是对产业结构、产业生产模式、产业内外部环境等方面进行调整和优化，以实现产业生态化发展目标的过程。其中，产业结构生态化调整正是本书产业生态化的实现路径之一，也是本书的一个创新点所在。本产业结构生态化涉及我国产业发展阶段判断、产业结构失衡现状分析、产业结构生态化调整策略等方面，都需运用产业结构理论来分析和指导。

首先，全面了解产业分类理论有助于我们了解各种产业分类理论的理论优势和理论短板，并结合本书的研究内容和研究目的，找到一种既能反映新兴产业特色又适合本书研究的产业分类方法；其次，产业结构理论有助于我们把握产业发展的一般趋势以及产业结构优化升级的前提条件和经济机制，为我们在产业生态化发展研究中做出优先发展哪些产业的战略选择提供理论依据；最后，产业结构演进理论和产业结构调整理论对研究我国产业结构现状及提出产业结构生态化调整对策很有帮助。一方面，产业结构演进理论有助于我们全面把握产业系统的整体运行机制，深入了解产业结构的合理性、协调性及其演进的一般规律，为判断我国产业发展阶段以及分析我国产业结构失衡现状提供必要的理论基础；另一方

面，产业结构演进理论和产业结构调整理论有助于我们正确把握产业系统内部之间互动联系的规律、产业生产要素在不同产业之间和区域产业之间转移流动的规律，为我们及时调整产业发展战略及产业政策，集中有限的资源投入某些亟待发展的行业和区域，使有限资源促进经济增长效用最大化提供可靠的理论依据。

第二章　产业生态化

第一节　产业生态化的国内外研究现状

产业生态化是一个崭新的研究领域，从国内外相关文献查阅情况来看，目前学界从过程论、系统论、目的论等角度研究产业生态化的成果较多，但从科学发展观视角研究我国产业生态化的成果尚处于空白状态。现将围绕产业生态化的国内外相关研究成果分类评述如下。

一、国外研究现状

（一）关于产业生态化思想的起源

如果追根溯源，产业生态化的思想最早起源于马克思的生态经济思想。当然，在当时的现实背景下，马克思没有明确使用生态经济、产业生态学或循环经济这些概念，但马克思在《资本论》《经济学批判大纲》和《反杜林论》等著作中多次采用了“物质代谢”来说明人类劳动、生产和商品交换等社会经济问题，认为劳动过程（产业生产过程）“是人和自然之间的过程，是人以自身的活动来引起、调整和控制人和自然之间的物质变换的过程”，并提出了“社会化的人、联合起来的生产者将合理地调节他们和自然之间的物质变换，把它置于他们的共同控制之下，而不让它作为盲目的力量来统治自己；靠消耗最小的力量，在最无愧于和最适合于他们的人类本性的条件下来进行这种物质变换”的观点。马克思的这些生态经济思想高度体现了他对产业活动本质的认识。他开创性地将物质代谢这个生物学概念运用于人类社会领域，认为产业生产是人与自然、社会与自然之间的一个物质循环的双向交流过程。不仅如此，他还开创性地将循环这一概念运用于产业，并指出："我们指的是生产排泄物，即所谓的生产废料再转化为同一个产业部门或另一个产业部门的新的生产要素，通过这个过程，这种所谓的排泄物就再回到生产从而消费的循环中。""这些废料本身才重新成为商业的对象，从而成为新的生产要素。"同时，马克思指出，用先进的科学技术处理及循环利用工业废料，既可以节约资源，又可以减少废料对自然环境的污染。"化学工业提供了废物利用的最显著的例子。它不仅发现新的方法来利用本工业的废料，还利用其他工业各种各样的废料。例如，把以前几乎毫无用处的煤焦油变为苯胺染料、茜红染料（茜素），近来甚至把它变成药品。"在马克思看来，人工产业生态系统的建构实质是资源再生和废物利用，这与后来的产业生产模式生态化主张资源循环再生利用的思想具有内在一致性。

20 世纪以来，现代科学技术进步所产生的巨大生产力在创造了大量物质财富、改善人们生活的同时，使自然资源日益短缺，自然环境不断恶化。针对这些问题，一些学者从"物质循环"角度进行了反思。1966 年，受冯·贝塔朗菲提出的开放系统理论的启发，美国经济学家肯尼斯·博尔丁提出了"宇宙飞船经济"理论。他指出，当今的世界经济系统是一个宇宙飞船式的封闭循环系统，"从物质的观点看，我们发现经过生产过程，物体由非经济集合进入经济集合，同时发现当物体逐渐失去价值时，它们又脱离了经济集合。因此，我们既把经济圈看成关于发现和开采矿物燃料、矿石等的物质过程，又把它看成将系统的废弃物排入非经济区（如大气和海洋）的过程"。博尔丁认为，经济发展不能超出自然的承载阈值，合理的发展模式应是对自然物质进行循环使用并使有限的资源得到合理和持续的利用。人类经济系统是否可持续发展取决于能否成功地组织和管理地球这个宇宙飞船上的物质流动，使之像自然生态系统那样，在以太阳能这样的外来能量的推动下，按循环的方式实现有限物质的无限利用。正如他指出的那样："对于未来的知识或技术，我们不可能做出任何详细的预测。不过，有一件事情是清楚的，不论未来社会如何，它将不得不生活于一个资源极其有限的'宇宙飞船地球'之中，它不得不开发出一个循环的或者说闭环的物质经济。""这个循环生态系统能够通过消耗能量而不断地进行物质再生产。"从此，循环经济思想初现雏形。

（二）产业生态学的理论研究和应用研究

产业生态学在自然生态环境恶化的形势下诞生，这门学科概念的提出虽然已有几十年的时间，但对它展开广泛的研究只是近十几年的事情，其完整的学科体系尚未真正建立起来。国外学者虽然还没有对产业生态化发展这一过程和概念进行单独研究，但开展了对产业生态问题和产业生态学理论及方法的研究和实践探索，并取得了一定成果。

1. 产业生态学理论研究

真正意义上的产业生态思想是由美国科学家罗伯特·弗罗什和尼古拉斯·盖洛普在模拟生物新陈代谢和生态系统再生过程中提出的。1989 年，他们在美国科普月刊《科学美国人》上发表的《可持续工业发展战略》一文中指出："工业可以运用新的生产方式来大大减少对环境的影响。"同时，他们提出了"产业生态系统"（Industrial Ecosystem）这一概念，认为它是研究社会生产活动中自然资源"源—流—汇"的整个代谢过程，包括组织管理体系以及生产、消费、调控行为的动力学机制，并阐述把自然界的物质循环、能量层递消耗、可持续的太阳能等生态系统原理应用到产业系统中，从而使产业系统更具可持续性。从此，产业生态学研究进入蓬勃发展阶段。

1991 年，美国国家科学院将产业生态学定义为"对各种产业活动及其产品与环境之间相互关系的跨学科研究"。耶鲁大学的 Thomas Graedle 在《产业生态学》中揭示了生态学中的生态系统与产业中的企业组织的相似性，重点从企业与环境的协调发展描述了产业生态学的学科性质及研究内容等。他认为，产业生态学"是从产业生态系统的角度评估和降低产业活动的环境影响的科学"。格雷德尔和阿伦比提出了产业生态系统的三级进化理论。他们认为，一级产业生态系统是线性模型，系统各部分索取资源和排放废物各不相干，无限资源恒等于无限废料；二级产业生态系统是不完全循环模型，各组成部分相互依存，系统内部资源和废物的进出量受到资源数量与环境承载力的共同制约；三级产业生态系统是闭路循环模型，一个生产过程的代谢废物是另一个生产过程的资源，整个生态系统的持续维系依靠吸取太阳能。另外，他们还提出一个成熟的产业系统包括资源开采、资料生产、消费和废料处理四类主要行为。

1995 年，国际机电与电子工程师协会（IEEE）在《可持续发展与产业生态学白皮书》中指出：产业生态学理论是一门研究产业系统与自然系统相互关系的交叉学科，其研究范围涉及经济学、管理科学、生态学、资源环境学、新能源新材料科学等。1997 年，耶鲁大学和 MIT 合作创办了《产业生态》杂志。在该杂志上，瑞士著名产业生态学专访记者 S.Erkman 对产业生态学进行了精辟而简洁的评价，认为这是一个比污染控制和清洁生产更有价值的概念。实际上，产业生态学包含这两个概念，并将它们结合起来形成了一种新的实践活动。他在《产业生态学》一书中进一步指出，产业生态研究产业系统如何运作以及其与自然界间的相互作用，并基于我们对自然生态系统的认知来决策如何进行产业调整，以使它与自然协调发展。Hardin B.C.Tibbs（1992）认为，“产业生态学是按照自然系统来塑造产业系统，一家企业的产出成为另一家企业的投入，并使每一个过程的效益最大化。这样，可把若干个相互作用的公司和企业视为产业生态系统”。Micah D.Lowenthal（1998）等人的研究则认为，产业生态这一术语是从生态学中借鉴一系列工具、原则和视角，应用于产业系统的分析，包括系统物质、能量和信息流动对社会和环境的影响。随后，Desrchers、Andrews 等学者提出了产业共生概念，认为产业生态学研究必须发挥价值规律、市场机制的作用，将研究视角从生态产业园扩展到者更大范围。该观点一经提出就得到了学界的广泛认同，并开始将产业生态研究的范围扩展到其他地区和行业。自此以后，产业生态学研究领域不断拓展，为现在的产业生态化理论发展奠定了坚实的基础。

2. 产业生态学应用研究

产业生态系统及产业生态学的理论研究表明，人类要化解生态危机，实现经济的可持续发展，必须实现产业生态系统与自然生态系统的协同进化。但产业生态系统毕竟是“人造生态系统”，如何将其逐步优化和完善，还有许多实际问题需要逐一解决。20 世纪 90 年代，在可持续发展思想日益普及的背景下，产业界、环境学界、生态学界纷纷开展产业生态化的实际应用和实践方法探索。Cabezash 等人认为，产业和环境和谐发展不能只停留在理论的提出阶段，还要在实践中予以实现。为此，他们进行了模拟生态与技术实验，并进一步指出产业生态系统是一个复杂的可持续系统，人类社会活动的工业、农业与自然生物之间构成了复杂的“广义食物网”。1990 年，国际环境毒理学与化学学会首次提出“生命周期评价”，认为生命周期是全面地审视一种工艺或产品“从摇篮到坟墓”整个生命周期有关的环境影响。美国环保局（EPA）还提出了“生态设计”理念，其目的是帮助企业在设计产品和改进工艺时更多考虑环境因素，使产品的经济效益与环境效益达到最优结合。此外，Arun J.Basu，Dirk J.A.Van Zyl 等人进一步把产业生态学理论与洁净生产理论结合在一起，指出洁净生产的程度取决于产业生态化的程度。后来，加拿大生态学教授 Willian E.Rees 提出了“生态足迹”的概念。他指出，生态足迹是在一定的经济技术水平条件下，能够维系一定数量人口消耗的所有资源以及能够吸纳他们所排放的所有废物而需要的具有生物生产力的土地的总面积。生态足迹估算基于两个基本原理：一是可以估算出一定数量人口消费的大部分资源以及其产生的大部分废弃物；二是这些资源和废弃物可以转换成生产这些资源和吸收这些废弃物所需要的生物生产性土地的面积。如果某一区域的生态足迹超过了该区域的生态承载能力，就说明该地区存在生态赤字，其发展是不可持续的。反之，则存在生态盈余，说明该地区的发展是可持续的。

20 世纪 90 年代初，以美国康奈尔大学 Lowe 和 Warren 等为首的一些学者提出了生态工业园区的概念，认为生态工业园的本质特征在于企业间的合作以及企业与自然环境的互动。合作和互动是自愿甚至是自发的，成员有着较高的积极性，能保证生态工业园的效率。Lowe 和 Moran 等学者指出，生态工业园成员之间的废物流动本质上是一种在市场机制调节下的供需关系。由于生态工业园的基础在于资源的高效利用与回收，因此每一个生态工业园都应有一整套资源再生体系作为园区运转的支撑。此后，产业生态学的应用研究主要集中于生态产业园建设方面，内容包括生态产业园的物质循环、能量传递和协同机制、生态产业网络模型、生态产业园的设计与操作、生态案例研究等。

二、国内研究现状

自产业生态理论被引入国内后，国内学术界将这一术语动词化，提出了“产业生态化”的概念，并在研究产业生态学理论及产业生态系统理论的基础上，展开了对产业生态化这一过程和概念的单独研究和实践探索。

（一）产业生态学、产业生态化理论研究

西方产业生态学理论于 20 世纪 90 年代初被引入我国后，受到了学术界的高度关注，并逐步形成一股产业生态化研究热潮。“产业生态化”一词较早由刘则渊等人在《产业生态化与我国经济的可持续发展道路》一文中提出。他们认为，产业生态化就是把作为物质生产过程主要内容的产业活动纳入大生态系统中，把产业活动对自然资源的消耗和对环境的影响置于大生态系统物质、能源的总交换过程中，实现大生态系统的良性循环与持续发展。同时，他们指出，产业生态化包括农业生态化、工业生态化、第三产业生态化三个方面，其本质目标是在人类生存和发展的自然生态环境可再生的基础上，达到人与社会、人与自然之间的协调持续发展。

我国著名生态环境学学者王如松从“社会—经济—自然复合生态系统”的理论出发，认为生态产业是按生态经济原理和知识经济规律组织起来的，基于生态

系统承载能力、具有高效的经济过程及和谐的生态功能的网络型进化型产业。而产业生态学是一门研究社会生产活动中自然资源“源—流—汇”的全代谢过程、组织管理体制以及生产、消费、调控行为的动力学机制、控制论方法及其与生命支持系统相互关系的系统科学。同时，他指出产业生态管理涉及五种方法：一是产品的生命周期评价；二是产品的生态设计；三是生态产业孵化；四是生态产业园规划；五是生态管理。

厉无畏从生态化目的的角度指出：“生态化是指产业依据自然生态的有机循环原理建立发展模式，使不同的工业企业、不同类别的产业之间形成类似自然生态链的关系，从而达到充分利用资源减少废物排放物质循环利用消除环境破坏、提高经济发展规模和质量的目的。”彭福扬、刘红玉将产业生态化的内涵进行了深度拓展，认为产业生态化蕴含着两层含义：一是整个社会产业系统的生态化，即各类产业之间的协调发展，这种协调发展以自然物质产品、社会关系产品、人文精神产品的总需求和总供给保持平衡为标志；二是指各类产业内部的生态化，包括不同行业的产业之间的协调发展和同一行业内产业链的有序运行。黄志斌指出，产业生态化是促进我国经济发展方式由粗放型向集约型转变，实现经济、社会、生态可持续发展的重要途径，并认为在我国产业生态化过程中面临不少问题：一是市场失灵导致资源配置无法达到最优化；二是资源及环境的低价或无价，弱化了企业开发高效、低耗、低污染绿色产品的动力。为此，他提出了应用科斯定理使环境资本产权化，用财税政策谋求环境系统无害化的解决对策。樊海林等人从两个方面对产业生态概念进行界定：一是广义的产业生态，主要是指理念与原则层面上的产业生态，这一层面的产业生态可以用“优化资源生产率”来加以概括。二是狭义的产业生态，主要是指通过师法自然生态，通过产业系统中不同产业流程和不同行业之间的横向与纵向共生，以及不同企业或工艺流程间的横向耦合及资源共享，使产业系统内能量和物质的利用得以优化，废弃物的产出被最小化。这种产业生态的通常表现形式是产业工业园，且这一层面的产业生态一般只适用于产业生态园区中的成员企业。

彭少麟、陆宏芳等人以广东区域产业生态系统为研究对象，根据产业生态系统的经济性、开放性、区域性、闭路循环性等特征，沿着产业“生命周期”链，对产业生态系统的资源消耗、内部循环、产出交换、废弃排放等经济界面进行了实证分析，构建了区域产业生态系统能值分析指标体系。孟祥林则认为，产业生态化的本质并不是单纯求得生态环境保护，而是寻找经济发展与生态环境之间的平衡，并指出了生态产业发展存在的误区：①重生态保护轻经济发展；②重政府行为轻民间参与；③重经济惩罚轻制度规范；④重局部利益轻区域协调。陈柳钦则认为，产业生态化作为获取和维持可持续发展的一种实践手段，旨在倡导一种全新的、一体化的循环模式。张文龙等指出："产业生态化是依据生态经济原理，运用生态规律、经济规律和系统工程的方法来经营和管理传统产业，以实现产业的社会经济效益最大、资源高效利用、环境污染最小和废弃物循环利用的目的。"他们还进一步分析了产业共生网络对实现区域产业生态化的路径导向作用，指出构建区域产业共生网络是区域产业生态化的路径选择。杨忠直也在《企业生态学引论》一书中指出："可用系统论的方法构造以企业为主要经济单元的商业生态系统，并研究其物质交换规律及其稳定性与进化。"王倩和鲍雁辛从产业结构角度理解产业生态化，认为产业生态化是，指通过对人类产业生产系统与自然生产系统结构和功能上的整合，建立一个能促进物质和能量在自然—经济大系统内高效循环利用的生产体系。吴松强则从产业集聚角度研究产业生态化，提出了集群生态化的概念，进而分析了集群生态化平衡的条件，并结合循环经济要求探讨了政府在产业集群生态化发展过程中可能采取的策略。在产业生态化发展路径方面，耿焜通过分析苏南地区产业集群的现状，指出产业集群生态化需要政府、企业及行业协会等各方共同努力来构建产业共生网络。郭莉等人指出，产业生态化正在沿着两条路径发展：一是建设生态产业园；二是实现区域范围内的副产品交换。他们从经济效益和环境效益及管理手段三个维度，分别对两条路径进行比较分析，认为产业生态化最优的实现路径是将区域副产品交换和生态工业园建设结合起来建立产业生态网络。

（二）产业生态学、产业生态化应用研究

我国学术界和业界在对产业生态学理论及产业生态化概念和内涵进行研究的同时，也进行着产业生态学和产业生态化的应用研究及具体实践。比如，王纯新、于渤等从方法论入手，为企业实现产业生态化提供了科学可行的工业生态工程的分析工具。叶民强等人指出，实现产业系统的生态化不能仅停留在理论层面的探讨上，需要有可操作性的思路，并提出了产业生态化运营概念。他们认为，产业生态化运营是指在政府和公众等各种力量的推动下，从可持续发展要求出发，遵循自然生态系统的物质能量代谢原理，对产业系统内产业种群和群落进行生态食物链（网）组合，探索高生态效率的产业技术和运行机制，生产符合生态功能的产品，将产业发展的环境影响控制在地球承载能力范围内，使产业系统耗散结构

通过人类有计划地对系统熵值进行控制，实现系统动态平衡。吴群英、汪少华以温州水头镇的制革业为例，分析了该镇制革业的生态化发展现状，提出了实现制革业生态化发展的具体模式，并在制度层面提出了实现制革产业集群生态化模式的具体路径。张福庆、胡海胜则以鄱阳湖生态区经济为对象，构建了区域经济产业生态化耦合评价模型及其指标体系。他们把区域产业生态化的耦合程度的评价分为耦合度的评价和耦合协调度的评价两个部分，并建立了具体的指标评价体系，确定了指标权重和序参量上下限，为区域可持续发展提供了相关借鉴。类似的应用研究还有很多，如空间、数量、结构和序理层次上的生态工艺设计和生态系统耦合的工程生态学。还有学者运用生态学理念在企业间构建生态化供应链、生态化信息网络及生态化知识管理链等。自党的十六届三中全会提出建设生态文明以来，我国加快了产业生态化的实践探索。产业生态化发展理念贯穿于宏观层次国家产业发展战略的选择、管理立法，中观层次区域产业园区的建设、布局以及微观层面企业生产的技术改造和清洁生产实践中，并取得了良好的社会综合效益。产业生态化思想对我国现有产业实现生态转型，促进生态资产与经济资产、生态基础设施与生产基础设施、生态服务功能与社会服务功能的平衡与协调发展，发挥了重大指导作用。

第二节　产业系统的生态学审视及产业生态化的基本内涵

一、产业系统的生态学审视

随着人类科学范式实现由主客二分本体论向现代有机整体论的转换，如何从系统的角度审视产业，如何用生态系统隐喻方法来分析产业系统及其发展演变规律，乃至如何运用生态学理论对传统发展观指导下的产业系统失衡进行生态调适，重新实现产业的稳定、有序、可持续发展，已经成为研究者关注的热点问题。

（一）产业系统生态学分析

生态系统是生态学中最重要的一个概念，也是自然界最重要的功能单位。一般来说，生态系统是指在一定时间和空间范围内，由生物群落及其环境组成的一个整体。该系统具有一定的大小和结构，各成员借助能量流动、物质循环和信息传递而相互联系、相互影响、相互依存，并形成具有自组织和自调节功能的复合体。产业系统是不同产业通过一定的兼容方式相互匹配耦合而成的。它与环境相互作用组成的整体具有与生态系统一样的组成成分，同样具有能量流动、物质循环和信息传递功能，同样要经历一个从简单到复杂、从不成熟到成熟、从低级到高级的进化过程。

从系统生态学视角来分析，任何一个产业系统，不论简单还是复杂，我们都可以把它视为一个在一定时间和空间范围内，由生产者、消费者、分解者与其支撑环境组成的一个生态系统。系统的各组成成分通过物质流、能量流进行营养传递，在相互之间及其与自然社会之间的物质循环和能量流动中，发挥着各自的特定作用，并形成了整体功能，使整个产业生态系统可以正常、有序地运行。产业支撑环境由产业赖以生存和发展的外部环境组成，其涵盖的范围很广，不仅包括影响各种产业及产业个体生存与发展的政治环境、经济环境、社会环境、文化环境、自然环境等宏观要素，还包括影响产业及产业个体的一系列微观环境，如关联产业、消费者、政府部门、科研机构、市场中介等。与自然生态系统类似，产业生态环境与产业系统存在相互影响、相互作用的关系。产业系统中的各种产业及产业个体必须与其所处的环境相适应，否则就会被环境所淘汰。生产者是产业生态系统的重要组成部分，也是整个产业生态系统正常演化的基础。它是位于产业链上游，直接利用基本环境要素生产初级产品，为产业链下游的消费者提供各种加工原料和能源的企业，如采矿厂、冶炼厂、石油化工厂、化肥厂等。产业系统的消费者由处于产业链中游、下游的各种类型的企业和最终消费者组成。消费者利用生产者或上一级别消费者的产品而生产出具有更高附加值的产品和服务，包括初级消费者、次级消费者、三级消费者……最终消费者等。在产业生态系统中，分解者也称还原者，主要包括废品收购站、废品加工厂、垃圾处理厂。还原者的主要功能是将消费者产生的废弃物进行技术处理使其成为消费者需要的各种生产原料，由于还原者的特殊功能，其在产业生态系统的物质循环中具有重要的意义，是产业可持续发展不可或缺的组成部分。如上所述，在产业生态系统中，生产者、消费者、还原者、环境之间通过物质流、能量流、资金流和信息流为纽带相互联系、相互依赖和相互促进，形成了一个非常完整的闭环系统。

从组织生态学视角来分析，我们可以把产业系统及其生存环境视为一个由产业个体、产业种群、产业群落三个层次构成的，具有特定功能的复杂的人工生态系统。系统内部各种产业生态要素相互关联、互促互利，动态地呈现出协调共生与竞争发展的状态。同时，产业系统与自然环境、社会环境之间形成了一种相互影响、相互制约、协同进化的生态关系。

（二）产业系统的生态特征

与自然生态系统一样，产业生态系统除具有一般系统所具备的整体性、层次性、结构性、功能性等性质外，还具备生态系统的一般特征。

1. 生态关联性

世界上不存在孤立的事物，任何事物都存在于世界的普遍联系之中。产业生态系统中的各种生态要素也一样，是普遍联系和相互作用的。系统中各产业既影响和制约相关产业，又受到其他产业的影响和制约。美国学者 B. 科莫涅尔认为，“一切事物与一切事物有关”是生态学最重要的规律，生态学研究一切事物与其他事物的关系。无论从区域，还是从要素之间的关系来看，产业生态系统都是一个具有整体关联性的系统，其生态关联性具体表现在以下几个方面：

第一，产业系统与自然系统及社会系统的生态关联。产业作为经济、自然、社会大系统中的一个层次，它与社会政治、经济、科技、文化等一样，都是人类社会系统中的子系统，产业以外的社会因素及自然因素都可称之为与产业发展息息相关的环境。按照生态学观点，任何生态因子总要与周围环境处于不断的相互交换之中。因此，产业与自然及社会也一定存在物质、能量和信息的交换，产业与它们之间是一种相互作用、相互适应的关系，自然及社会环境的变化会对产业系统产生影响，并制约着其内部结构的变化。

第二，各产业之间及产业个体的生态关联。美国经济学家里昂惕夫认为，产业系统中各产业之间存在着广泛的、复杂的和密切的技术经济联系。而且，每个产业都处在由位于同一层级的产业共同组成的某一相对的系统之中，其中任何一个产业都不可能随便脱离其他产业而无限制地发展。三次产业的演进形象地体现了这一机理：缘于经济社会发展及技术的进步，三次产业虽然出现了此消彼长的现象，但是在世界范围内，它们在第三次技术革命背景下基本达成了一种平衡，并且各产业的整体水平在相互促进、相互带动的作用下得到了质的提高。另外，系统中的核心要素——产业个体为了生存与发展，相互间也存在着各种竞争、共生、合作的生态关系，它们彼此作用、协同进化。

第三，区域产业之间的生态关联。首先，空间离散的产业链环由于产业之间存在的耦合关联，迫使要素和价值跨区域流动和传递，要求区域产业之间进行产业合作，形成了区域产业关联的基础；其次，随着市场经济的发展及交通日益便利，国内市场一体化趋势不可逆转，区域间的竞争与合作导致产业的各种生产要素、产品和服务交流日趋频繁，区域产业经济联系也日益紧密，从而形成了区域产业经济的相互依赖和相互作用。

2. 生态平衡性

生态平衡是指在一定时间内，生态系统中的生物和环境之间、各生物种群之间通过能量流动、物质循环和信息交换，达到高度适应、协调统一的状态。一个相对有序、稳定的生态系统中，生态平衡是其主要特征。需要注意的是，生态平衡不是指数量意义上的平衡，而是指哲学意义上的平衡，是一种相对的、动态的平衡。这种动态平衡集中表现在生态系统的演化中：生物与环境之间、不同生物之间不断地由平衡到失衡再到新的平衡并循环往复，经历着由彼此的平衡到失衡再到新的平衡的动态发展过程。

生态平衡性是生态系统所具有的特征，产业生态系统亦是如此。产业系统内部产业间、产业系统与自然及社会环境间处于一种动态平衡状态。首先，产业系统与环境系统存在适应性平衡。产业生态系统中，就产业系统与环境来说，它们之间的作用是相互的。产业不只是被动地受制于社会各因素的发展，也要根据社会现状及未来发展趋势及时调整自身的内部结构，积极主动地适应和推动社会的发展。其次，产业系统内部各种产业形式之间的比例关系变化清晰地反映了产业系统的动态平衡性。例如，在社会发展的不同阶段，三次产业合理的比例关系是稳定系统平衡的重要因素。一般来说，在社会发展水平较低的时期，社会对第二产业、第三产业的要求不高，农业主导着整个产业生态系统的平衡。在经济高速发展时期，社会对第二、第三产业有了新的要求，人们对各类制成品的需求日益旺盛，对教育、文化、艺术等服务需求也不断提高。相应地，产业系统内的制造业得到了蓬勃发展，服务业比例也不断提高，系统在一种新的水平下维持着动态平衡。总之，在不同的社会经济发展条件下，有不同的产业内部结构，反映出了产业系统随外部环境条件的变化而变化，正是这种变化维持了其内在的生态平衡。这种平衡只能是相对的，不断地随社会环境的发展而改变，不断地再建立一种新的平衡。

总之，产业系统的稳定与生态平衡只是相对于一定的时空条件而言的，产业系统生态结构必然随着产业系统成长环境的变化而变化。因为，根据生态适应性原理，与各种环境条件相协调的产业生态系统的存在才是合理的。因此只有建立在与各种自然环境、社会环境相适应基础上的产业系统，才能称之为一个协调、平衡的生态系统。

3. 生态开放性

从系统与环境关系分析，系统分为孤立系统、封闭系统和开放系统。孤立系统抑或封闭系统由于缺乏与外界的物质、能量、信息的交换，难以产生发展的动力。开放性是生态系统的首要条件，系统只有充分开放，才能与环境进行物质、能量和信息的交换。产业生态系统与其他生态系统一样是开放性的系统，通过各种直接与间接的方式，与自然环境及社会环境发生着千丝万缕的联系。

产业生态系统的开放性表现在对内开放和对外开放两个方面。对内开放是指产业生态系统内的企业之间相互开放，不断进行着产品、信息、技术、劳动力和资本的交流。对外开放分为两个方面：一是指对自然生态系统及社会系统开放，即产业生态系统从自然环境中获取生产所需物质和能源，生产出最终产品供社会消费，同时向自然环境输出废弃物；二是从全球或区域角度而言，指一定时空的产业系统对周围其他产业系统的开放，与周边的社会经济环境进行产业联系。从我国区域产业系统来看，它隶属于国家产业系统，是区域产业经济一体化网络的一个组成环节；从全球范围来看，我国产业系统是全球产业网络的一个子系统。

产业系统的开放程度一般与自身资源拥有量及市场经济水平相对应。经济发展水平越高，其开放程度越高；自身资源拥有量越短缺，系统要求开放程度就越高。受经济全球化趋势的影响，各国产业系统在受到地域性资源、政治、文化等因素影响的同时，开放性日益明显。

4. 生态适应性

自然界中不存在完全孤立的生物，任何生物都生存在与其他生物的相互作用及与环境的相互影响之中。生态系统的适应性是指生物有机体对其生存环境的适应，既包括生态主体通过自身的结构和功能的完善，通过改变环境，使环境有利于自身生存的层面，也包括有机体通过自身结构、生活习性、防卫机制等各个方面的改变而达到适合环境条件的层面。生态系统中有机体与环境适应和互动的过程也是自身的大小、形态、功能等方面不断发生改变的过程。

在产业生态系统中，由于产业生态主体本身就是多层次的，所以适应性也是多层面的，包括产业系统对其赖以生存与发展的外部环境（自然及社会环境）的适应，产业及企业对周围生态环境的适应，这些都是产业生态系统进化过程中的自适应表现。具体而言，主要表现在两个方面：一方面，当系统中的一种或多种产业由于渐变或突变而发生进化时，其他与之相关的产业必须针对其变化做出反应，以使产业生态内的不同产业处于最佳匹配状态。否则，进化了的产业可能变得不再适应原有的匹配关系，从而产业系统内部不同产业间会产生摩擦和紊乱，使产业生态在运行中整体经济效益下降。另一方面，由于每种产业都生存在特定的生境中，对于产业系统或某个产业而言，环境就是一种生境，什么样的生境决定适合发展什么样的产业。某个产业或企业的生境不仅包括外部环境（外生态）中的自然禀赋、社会文化、产业政策等要素，还包括其他科研机构、社会团体、学校等组织。由于产业的生境总是处于变动不居的状态，这就要求产业必须适应生境的变化。当产业赖以生存的环境发生较大的改变时，我们必须对产业生境的变化做出积极的回应，或调整产业规模，或转变发展方式，以适应生境的变化。

根据产业生态系统的适应性特征，在建构人工产业生态系统过程中，为了使整个产业生态系统处于良性、有序的运行状态，产业系统必须在产业体系、产业发展目标和产业内容等方面进行系统性改革。对于国家而言，必须根据我国社会经济水平和阶段、资源环境约束、全球产业结构调整等环境变化及经济发展趋势，进行产业结构优化升级，对今后的主导产业、支柱产业、淘汰产业等进行产业选择。对于企业而言，必须根据国家产业政策、市场变化等，对自身发展规模、速度、方向等方面做出战略调整，同时不断地感知、预测产业系统中其他企业的变化，并不断地改变、拓展、创新自己的生态位，以求得生存和发展。

综上所述，与自然生态系统一样，产业生态系统除具有生态系统的物质循环、能量流动、信息传递等三大功能、特点外，系统内各产业之间及其与环境之间还具有相互作用、相互影响的生态性。因此，我们可以把产业系统与其生存发展环境视为产业生态系统。但严格来说，产业系统是一个人工生态系统，是一种可控生态系统。因此，在人工建构的过程中，必须从整体上把握产业系统内部产业之间、产业系统与环境之间的关系，以生态化思维方式，从多角度分析系统中各要素以及各要素之间的相互作用，重点关注产业生态系统环境状况，处理好系统中个体、种群、群落的进化以及它们之间的动态平衡关系，并找出它们的发展演化规律。

二、产业生态化的基本内涵

长期以来，人们对产业生态化存在一种误解，认为产业生态化仅指模仿自然生态系统闭路循环的模式构建产业生态系统，其生态化过程就是进行产品生态设计，实施清洁生产、循环生产的过程。事实上，这种产业生态化的实质仅是转变产业生产方式，是一种主要依靠技术的狭义的产业生态化。

20 世纪 90 年代以来，虽然产业生态化发展受到了世界范围内的广泛关注，但是产业生态化的研究和实践并没有真正解决世界资源环境问题。随着世界工业化进程的不断加快，生态危机不仅没有得到有效遏制，反而日趋恶化。在人类追求全面协调、和谐共生的可持续发展背景下，生态化理念与思维方式日益受到重视，用生态化理念来观照经济发展，特别是产业的发展，已成为一种研究产业发展的新视野和新思路。同时，本书综合考虑产业系统发展所体现的丰富生态属性，产业发展应对自然资源环境约束、产业内部过度竞争、市场需求快速转变等方面的挑战以及科学发展观对产业生态化发展提出的新要求（人的全面发展对产业发展的要求及社会生态和谐对产业发展的要求），认为产业生态化的概念应该与时俱进，有更广、更新的内涵，单从产业与环境协调发展方面阐述产业生态化已显得不够完善和全面，应站在更高的生态层面来审视产业生态系统，把产业内部各部分间的协调发展、产业与社会发展的互动和相互影响视为一个辩证统一、相互作用的生态整合过程。

那么，到底何谓产业生态化呢？笔者认为，产业生态化就是产业系统内部各子系统、产业系统与自然系统及社会系统的和谐共存、协调发展的状态和过程。从社会建构的意义上来理解，就是基于产业系统的生态属性，以生态化理念观照产业的发展，遵循生态学原理和经济规律来指导产业实践，使产业结构合理构建，产业生产低碳循环，建立起一种产业之间高度耦合、产业与自然发展动态平衡、产业与社会发展需求协调的新型产业发展模式，实现产业系统健康、和谐、可持续发展的过程。

从产业生态化的概念中，我们可以对产业生态化内涵进行以下解读。

（1）以生态化理念来观照产业发展。通过前文对生态化理念的解读可知，“生态化”既是一种系统观、整体观、和谐观，又是一种强调协调统筹的方法论体系。它既注重系统结构组合又重视系统功能效用，既注重系统与环境的有序循环、动态平衡又重视要素的主体地位以及个体间的交互作用、协同整合。以生态化理念来审视产业发展，用生态化思维范式来思考产业发展问题，用生态化方法论来解决产业发展中出现的经济增长的资源环境约束强化、三次产业发展失衡、区域产业发展失衡、国内产业恶性竞争及国际竞争力持续弱化等产业逆生态发展问题。这既符合时代发展潮流，又符合产业生态化的文本释义，还契合了科学发展观对产业发展实践提出的以人为本、全面协调可持续的新要求，是经济领域全面贯彻科学发展观的具体表现。

（2）产业系统具有生态系统的属性。产业发展走生态化道路是产业生态属性的客观体现。产业系统是一个人工建构的系统，从宏观上来看，它属于社会生态系统里的生态经济子系统；从产业结构来看，不同形式的产业按照社会发展的需求和自身禀赋要素能力合理分工，各自在整个产业系统中占据着不同的生态位，以一定的比例关系和组织方式保持协同进化；从某一产业的内部环境来看，其行业规模和组织结构、资源条件、行业规则等产业生态要素共同构成产业个体的生态情境，影响产业个体的运行，而产业个体的行为模式又改变着现实的行业环境，影响其他个体的成长与发育；从整个产业系统与外部环境的关系来看，它不断地与政治、文化、科技、自然等外界环境因子进行物质、能量和信息交换。一方面，它从外部环境中不断吸收物质、能量、信息等发展要素，用以保证系统的正常运行；另一方面，它为社会不断输出新产品与新服务，满足人们日益增长的物质文化需求。

由此可见，产业系统和自然生态系统之间有着一致的质态属性和相似的内在运行机理。它除了具有一般系统所具备的整体性、关联性、层次性等特性外，还具有自然生态系统所具备的生态适应性、生态平衡性、生态协同性、输入输出的开放性等生态属性。正是产业系统这种生态属性决定了产业发展应该遵循生态化发展规律，走生态化发展的道路。

（3）运用生态学原理与经济规律来指导产业发展。客观事物的发展运行规律在客观上控制支配着现实中一切事物的演变发展。同理，产业生态化也有其自身的运行发展规律。毋庸置疑，产业系统是经济系统的主体部分，是经济系统的子系统，如果产业生态化不按照经济发展规律办事，就难以取得好的经济效率，就会使经济效益与生态效益之间产生矛盾，进而产业个体就会丧失朝生态化方向发展的动力。可见，产业生态化应该既关心资源综合循环利用和生态环境的保护，又重视经济增量和质量。在生态承载能力的范围内，遵循经济发展规律，实现经济利益最大化，推动经济社会发展。由于产业系统是一个特定的人工生态系统，诸多子系统要素是人为运作和干预的产物，在这种人为控制的过程中，如果背离系统规律和生态学原理，产业系统要素配置不合理，要素之间不能形成稳定、协调的结构，那么要素互动整合的生态机制就不可能形成，就会出现系统功能缺损或失灵的问题，甚至造成系统反生态运行，从失序到失衡，最终走向崩溃。反之，如果我们用生态化思维范式思考产业发展问题，自觉遵照生态学原理与生态系统论法则来考虑系统的要素配置与结构设计控制，那么产业系统各要素之间及其与外界环境之间就会发生共振效应，自动整合互动，协同进化，从而使系统成为一个活的有机组织，最终高效而有序地可持续运行。因此，产业生态化发展必须既符合经济运行规律又遵循生态学原理。

（4）产业结构合理构建，产业生产低碳循环是其核心。以往的产业生态化只是简单地模拟生态系统的功能，在产业系统内部建立起类似生态系统的“生产者、消费者、还原者”的产业生态链，以低消耗、低污染、高效率来实现经济增长与生态环境协调发展。本书所指的产业生态化是使产业资源要素优化配置、产业结构合理构建、产业生产低碳循环的新型产业发展模式，是一个从宏观层面到微观层面生态化的过程。在这个生态化过程中，需要处理好“四种关系”：单个产业内部之间的关系、产业与产业的关系、产业与社会的广西、产业与自然生态的关系；需要协调好“三种因素”：市场因素、环境因素、政策因素；需要优化好三个基本环境：产业外部的社会宏观环境、各种不同产业层次和形式的产业横向耦合而形成的中观环境、单个产业内部各产业组织纵向闭合组成的微观环境；需要构建好三个循环平台：微观层面的单个企业清洁生产平台、中观层面的以产业生态园为依托的产业共生网络平台、宏观层面的以区域产业耦合的循环经济发展平台（虚拟产业生态园）。

（5）从生态失衡到生态整合的动态演进过程。产业生态化不是一蹴而就的，是产业系统的反生态性日趋削弱、生态性逐渐加强的渐进过程，是一个从发展理念、需求理念、消费理念生态化转变到产业技术创新生态化、产业结构生态化、产业生产生态化的过程。如同人类文明演进的道路一样，产业的生态化发展是产业生态系统按产业发展规律从无序到有序、从简单到复杂、从低级到高级的不断发展完善过程，是产业与自然、社会及人的发展不断协调的过程。具体而言，产业生态化发展是一个产业系统各部门的比例协调、生产结构与需求结构基本一致、资源能够合理有效配置、不断变化的市场需求能得到较好满足的过程；是一个对自然资源等“硬要素”的依赖程度不断降低，对信息、服务、技术和知识等“软要素”的依赖程度不断加深的过程；是一个第三产业比重逐步增大，第一产业、第二产业比重逐步降低，直至三次产业结构比例合理协调的过程；是一个生产物质产品产业比重不断下降，生产文化精神产品产业比重不断上升，最后达到相互平衡的过程；是一个淘汰落后产能，知识技术密集型产业比重日益上升，高新技术产业不断出现，朝阳产业逐渐取代夕阳产业的可持续发展过程。

（6）合目的性与合规律性的统一。马克思主义发展理论认为，合目的性与合规律性是发展的两个方面，良性的发展是合目的性与和合规律性的统一。只有合目的性与合规律性相统一的社会实践，才能最终促进社会发展。产业生态化发展是人有目的、有意识的活动的结果，它把科学发展观以人为本的核心作为产业发展的导向，把不断满足人们的物质文化需求作为产业生态化发展的宗旨，体现了发展的目的性。同时，产业生态化发展有合规律性的一面，具有其自身固有的、不以人的主观意志为转移的客观规律。产业生态化依据生态学原理和经济学规律，指导产业生态化的发展实践，从产业结构调整升级、产业组织合理优化到循环生产体系构建无不包含着和谐共生、合作共赢、协同进化的生态化思想，体现了产业生态化发展的合规律性。总之，产业生态化既要求产业发展契合人的发展需求，又要求产业发展与自然、社会发展协调，这充分体现了产业生态化是以人为本的、全面可持续的发展，符合科学发展观的本质要求，是合目的性与合规律性的统一。

通过对产业生态化内涵的解析可以发现，产业生态化是现实的经济与自然、社会协调发展的过程，也是一种强调和谐共生、协同进化的产业发展理念，还是产业经济活动物质化和非物质化结合、资源节约和综合利用、生产要素的合理配置以及产业结构协调优化相统一的产业发展模式。产业生态化的本质并不是单纯寻求生态环境保护，而是为实现产业系统自身协调以及寻求产业系统与社会、自然之间发展的动态平衡、产业内部的关联及系统要素或子系统间的互相协作与耦合、产业生产同人的全面发展需求的统一与协调。一方面，它追求产业内部要素组合关联的平衡，各子系统间相互依存、相互影响的协同；另一方面，它强调产业生态系统和自然生态系统及社会生态系统的内在关联性，寻求产业生态系统和自然生态系统及社会生态系统的相互依存、协同进化。

第三节　产业生态化的特征

产业生态化作为一种产业发展的高级形态，既具备产业发展的一般共性，又在发展目标、发展内容、发展过程、运行模式等方面有其自身特性。在前文关于生态化理念及产业生态化内涵解析的基础上，通过对产业生态化发展与传统的产业发展之间的比较，结合科学发展观对产业发展的新要求，可以得出其所具有的不同于传统的产业发展的新特征。

一、发展的人本性

发展的人本性即发展要以人为本。产业生态化发展的以人为本就是指人的全面发展全方位体现在产业生态化活动的实践中。这既是科学发展观对产业生态化发展提出的新要求，又是产业生态化发展的本质所在。马克思主义认为，发展不是目的，而是手段，社会发展与进步才是目的，而人又是社会发展的目的，所以社会发展归根到底是人的发展。从建设和发展社会主义的根本目的来看，“以人为本”的“本”标志着全体人民共同享有经济社会发展成果，体现了人的自由、全面发展与人的彻底解放这一马克思主义的终极价值。传统的产业发展模式主要是产业经济学层面的发展模式，是用经济理性来关注产业如何推动经济发展和实现GDP的增长，其突出的是“以物为本”，唯“经济理性”。具体表现为“只见物不见人”，导致在发展过程中出现了环境日益恶化、区域经济发展失衡等问题，严重损害了人民群众的利益，制约了经济可持续发展。产业生态化作为贯彻科学发展观最重要的实践形式，把促进产业发展与促进经济社会发展及促进人的全面发展结合起来，从经济发展、环境保护、公共产品服务等方面推动产业与人的协调发展。首先，产业生态化不是单纯地追求产业经济数量的增长，而是把实现最广大人民群众的根本利益作为发展的出发点和归宿点，追求经济质量的提高和持续增长，以不断满足人们生存和发展所需的合理的物质需求。其次，产业生态化发展切实尊重民众的主体地位，严格保障民众的生态权利，不断扩大民众的公共服务享有权利。一方面，它注重清洁生产、循环生产体系建构，从而节约资源，减少污染，维系自然生态平衡，以满足人在发展过程中对优美、舒适的自然生态环境的需求；另一方面，通过培育和扩展与公共服务产品相关联的产业来扩大公共服务的领域，以满足民众日益增长的公共服务需求，提高民众的幸福指数。再次，它坚持公平正义，以大多数人的利益为本，关注产业主体之间利用资源要素和承担保护环境义务的公平性；关注发展的公平性，强调区域产业的均衡协调发展，解决区域发展不平衡，缩小贫富差距，使产业发展成果由全体民众共享；关注扩大就业，以满足人全面发展所需的生态和谐的社会环境。最后，在产业生态化发展的过程中，收获的不只是物质成果，也收获了人自身的发展。产业生态化发展注重增加知识经济的比重，注重从产业发展上提高人的综合素质，突出知识的作用和地位，发掘人的潜能，使人在生产过程中自身素质得以提高，社会关系得以丰富，从而推动人自身全面的发展。总之，产业生态化把人的全面发展当作产业发展的最高价值目标，强调人是产业发展的目的，产业发展的一切都是为了满足人的生存和全面发展的各种需要。这体现了马克思主义关于人的自由、全面发展与人的彻底解放这一理论归宿，契合了科学发展观以人为本的核心思想，因而产业生态化发展是以人为本的产业发展。

二、发展的全面性

产业生态化发展的全面性体现在其发展目标的多重性和发展内容的综合性上。首先，产业生态化发展具有发展目标的多重性特征。传统的产业发展以经济增长为唯一目标，这导致了经济理性的滥用和社会理性的缺失。产业主体为减少生产成本，实现利益最大化，有意回避发展的社会成本和生态成本，造成了自然生态失衡、社会生态无序的不良后果，不利于经济、社会的可持续发展。产业生态化目标系统是一个多层次的紧密相连、不可分割的多目标复合系统。合理配置资源，实现产业系统自身协调发展，是产业生态化发展的基本目标；保护生态环境，追求产业系统与自然生态的平衡，是产业生态化发展的重要目标；以人为本，科学规划、合理布局，推进产业经济与社会政治、文化的协同发展，是产业生态化发展的根本目标。目标的多样性引导产业类型、层次和结构的多维性以及实现路径的多元性，在多目标系统的引导下，产业生态化活动将逐渐实现产业与经济持续增长、自然生态平衡、社会生态和谐及人的全面发展的有机统一。其次，产业生态化发展具有发展内容的综合性特征。根据生态学多样性原理，生态系统是一个相互联系的有机整体，系统的生物多样性和复杂性是其保持平衡和稳定发展的基础。对于构成生态系统的每一个生命或非生命存在物来说，它们在长期的自然演化过程中、在维持生态系统的整体平衡和稳定发展中都发挥着不可替代的作用。为确保产业生态系统健康、可持续地发展，产业生态化从本质上追求产业生态网络的稳定和成熟，把多样性原理贯穿于产业生态系统建设的各个环节和要素中，如发展新兴产业提高产业种类的多样性，拓展产业价值链，分离产业生态位，提高产业种群的多样性，扩充产业集群内不同产业类别企业，建构更为稳定复杂的生态网络，在区域范围内根据资源环境禀赋选择多个产业集群等。同时，在产业的创新与变革方面，产业生态化也不是针对某个单一产业领域的创新与变革，而是寻求在众多产业领域里进行技术创新，以提升整个产业生态系统的产业素质与层次。不仅注重新兴产业的培育和发展，还注重运用新兴产业先进技术改造传统产业，实现新兴产业与传统产业的融合互动。这些都充分显示了产业生态化发展的高度综合性。但是，发展的全面性并不是指凡是现有产业系统内存在的产业都应得到发展，而是要求那些符合经济社会发展要求的产业都得到发展，对不符合经济社会发展要求的“三高”产业则要予以限制或淘汰。可见，产业生态化发展不但要不断满足人民群众日益增长的物质文化需要，让经济发展的成果惠及全体人民，而且要在以产业发展为中心的过程中全面推进经济、政治、文化发展，实现经济与自然协调发展、社会全面进步。发展目标的多重性和发展内容的综合性是产业生态化与传统产业发展的根本区别所在，它诠释了现代经济社会和谐发展对产业的新要求。

三、发展的协调性

协调发展是产业生态化的基本特征，协调性是科学发展观、协调发展思想在产业发展实践过程中的具体化。众所周知，自然界、人类社会都是一个普遍联系的世界，任何事物的发展必然与其他事物相互联系、相互制约。只有协调好各方面的关系，才能实现健康、可持续发展。否则，只能是畸形的、不可持续的发展。从发展的协调性上讲，协调表明各子系统或各系统因素之间、系统各功能之间、结构或目标之间处于和谐、融合的状态。在传统发展视域中，产业主体专注于自身单纯的经济增长，割裂了各个产业之间的内在关联及其与自然、社会发展之间的联系，造成了我国产业系统的生态失衡：产业系统内部不和谐，产业发展与自然、社会发展及人的全面发展不协调。事实上，产业经济系统中各子系统之间，产业经济系统与社会系统、自然生态系统之间是密不可分的。忽略它们之间的关系，必然造成产业发展过程的不协调。产业生态化从自然、经济、社会这一复合大系统出发，关注系统与环境之间及系统组成要素之间在发展演化过程中的和谐共生、相互促进。产业系统是一个由许多要素有机联系所组成的系统，要使这个系统的功能发挥到最佳程度，就必须考虑到系统的结构合理与均衡、产业组织的共生共赢，必须关注系统与环境在发展演化过程中的相互影响和相互制约。首先，产业生态化以一种合理的产业结构比例关系，实现产业系统能动的、协调的发展。从一国范围来讲，整个产业系统是一个复杂的有机整体，各个产业之间存在着极为密切的联系，并保持着一定数量的比例关系。产业生态化发展根据产业经济发展规律和生态学种群密度调节理论，在产业生产与再生产过程中，注意保持各个部门和行业之间、每个部门和行业内部各环节之间、同类产品生产的各部门和行业之间合理的内在联系和比例关系。同时，产业生态化注重通过产业空间结构调整来实现区域的协调发展，根据区域自然禀赋条件，调整区际产业结构，通过区域经济优势互补，解决产品过剩与短缺并存、产业过度竞争等产业结构区际矛盾，使生产要素从区域内合理配置转向全国范围内合理配置，从而提高全要素生产率，在全国范围内使各种经济资源的配置达到“帕累托最优”，实现经济效益、社会效益、生态效益的统一。再次，产业生态化建构循环的产业生产体系，在微观企业层面实施清洁生产，在中观层面建设生态产业园，在社会上倡导循环经济，以达到资源节约与循环利用的目的，使环境污染最小化，实现经济与自然的和谐发展。最后，产业生态化关注现有产业经济有效供给不足的矛盾，注重人需求的多样性和丰富性，通过延长产业链挖掘产品生产的差异性，以快速响应人们需求的变化。同时，通过培育和发展新兴产业及公共产品生产产业等手段，来不断满足人们日益增长的需求，从而实现经济与社会发展需求及人的全面发展需求的协调。总之，产业生态化将生态化理念中的协调思维融于产业发展的结构调整、组织方式的改善优化、清洁循环生产模式的建构、产业政策的创新安排等各个环节中，以解决产业经济发展中出现的有效供给不足、国内恶性竞争、国际竞争力减弱、区域发展差距扩大等产业发展生态失衡问题，从而促进发展速度、发展效益相协调，经济、资源环境相协调，生产、消费相协调，区域发展相协调。由此可见，产业生态化是统筹经济效益、生态效益、社会效益的发展，是协调的发展。注重发展的协调性既是产业系统发展生态属性的客观体现，又是生态化思维范式在产业系统人工生态建构中的生动反映。

四、发展的可持续性

发展的可持续性是指发展既满足当代人的需要，又不损害后代人满足其需要的能力。产业是人与自然交往的主要形式，人通过产业活动不断地与自然系统发生物质流、能量流及信息流的交换。产业可持续发展离不开自然资源和自然环境要素的支撑。长期以来，以工业化为核心的产业发展以 GDP 为衡量标准，遵循投入—产出的经济模型，是一种典型的线性发展模式。在这种模式中，产业主体为了自身的发展，千方百计地增加投入，最大限度地把资源转变为产品，以实现利益的最大化。其结果是资源的耗费加速，资源短缺和环境污染不可避免。这种单个产业主体追求利益的最大化必然导致社会的整体利益走向最小化。因此，这种产业发展模式是反生态的、不可持续的。产业生态化坚持发展速度、结构、质量和效益相统一，要求从人、社会、自然生态系统的整体平衡出发，统筹区域发展、统筹经济社会发展、统筹人与自然和谐发展，谋求经济发展同自然生态平衡、社会生态和谐的良性互动、协同共进。一方面，它不仅强调依据生态学及系统科学的基本原理来建构闭路循环的资源利用模式，强调产业系统中不同层次和形式的产业，按照社会发展的需求和自身要素能力合理分工，以一定的结合方式和比例关系均衡发展、协同进化，还注重人的生存发展需求的全面性和合理性的辩证统一。另一方面，在资源和环境的约束条件下，它不仅注重物质产品生产，还注重较少物质消耗和环境污染的人文精神产品生产，把人们物质生活的提高、自我价值的实现、精神的丰富及生态环境的改善结合起来统筹产业发展。可见，产业生态化将产业活动与自然、社会及人的全面发展联系起来指导产业的发展，既追求经济的增量和质量，注重产业内部系统的生态协调，也追求产业经济发展与自然、社会和人的发展的协同进化，是一种可持续的发展。

第四节 产业生态化发展目标

通常我们所说的目标是指在一定条件和环境下，在预测的基础上，人们行为活动所期望达到的结果。目的性和意识性是人类活动的基本特征之一。人类通过自身有目的、有意识的活动，不仅能够认识自身与他人、自然与社会，还能够凭借所获得的认识，为自己的活动设定目标。在经济社会科学发展的背景下，产业生态化作为人类建设生态文明、实现社会和谐、推动社会发展的重要活动之一，也具有目的性。这种目的性是由人类活动的目的性和意识性决定的。

所谓产业生态化发展目标，就是指产业生态化发展要达到的预期结果，它反映了产业生态化在发展过程中的努力方向，体现着产业生态化的本质特征和内在要求。产业生态化发展的目的到底是什么？对此问题的不同回答会导致不同的产业生态化发展模式，进而产生不同的经济社会效果。由于明确产业生态化发展目标是决定产业生态化发展方向的前提条件，只有对产业生态化发展目标进行科学合理的定位，产业生态化才有存在的基础和发展的空间。基于这种状况，本书对产业生态化发展目标的相关问题逐一论述，以期对我国产业生态化理论与实践的健康发展有所裨益。

从宏观上而言，产业生态化目标体系是由一系列相互联系的总目标组成的整体，通常称之为价值目标，具有高度的概括性和抽象性。长期以来，在产业发展的研究和实践中，产业发展的价值问题并未得到足够的重视，仅被视为产业经济发展的一个剩余范畴，从而割裂了经济增长与生态、文化、政治、社会的联系，导致产业发展价值功能的功利化和发展结果的片面化。当今世界，尤其是发展中国家，环境污染、贫富差距、社会失序等问题日趋严重，已经成为经济社会进一步发展的巨大障碍。正是在这种经济社会背景下，产业生态化发展及其发展目标被提出并引发了人们的关注。

通过前文对产业生态化内涵的解析可知，产业生态化是运用生态学原理与经济规律，通过对产业的发展规模、发展内容、结构体系、生产方式等进行调整，以适应自然资源环境约束、国际竞争环境变化及社会发展需求，从而达到产业（产业系统）自身协调发展、产业与自然和谐发展及产业与社会协调发展的目的。可见，产业生态化的目标是一个由产业（产业系统）自身协调发展、产业与自然和谐发展及产业与社会协调发展三个价值目标构成的紧密相联、不可分割的多目标复合系统，各目标之间相互支持、相互补充、相互影响。

由于产业生态化发展是一个循序渐进、逐步完善、动态的发展过程，存在着发展的阶段性、动态性、演化性特征，因此产业生态化发展的三大发展目标的内涵不是一个常数，难以通过数字具体衡量，也不是一种可以固化的状态，而是随着经济社会的发展而变化的。这也是三大目标没有量化标准，只是被称之为价值目标的原因。但这并不是说产业生态化发展目标只是个虚幻的目标，没有任何具体实质性内容和具体表现。相反，产业系统自身协调发展、产业与自然协调发展、产业与社会的协调发展有着明显的演化路径具体表现。因此，本书重点具体分析产业生态化的三大价值目标内涵及其在产业生态化发展中的具体表现。

一、产业内部的协调发展目标

系统理论告诉我们，系统组成部分之间及系统与环境之间只有相互协调，才能获得良好的整体功能。赫希曼的联系效应理论也指出，产业系统中各产业要素是相互联系、彼此作用的。如果割裂它们的联系，就会导致整体效能的弱化和缺失。因此，产业系统内部要素的协调关系到产业系统整体功能的发挥。只有产业系统内各种生态要素关系融洽与协调，各子系统相互促进、相互配合，不发生摩擦和内耗，整个产业系统才会稳定、和谐、有序地运行，才能促使产业系统朝着更好的方向发展，从而实现产业系统结构不断优化，产业系统总体水平不断提高。毫无疑问，产业系统自身协调发展是产业系统经济效益实现的前提，是保证产业发展与自然及社会发展协调的基础，是产业生态化发展目标的应有之义。一般来说，产业系统内部协调发展是指产业不同层面、不同要素、不同区域的相互适应、有机配合、优势互补与彼此促进，具体表现在以下几个方面。

（一）系统内部产业间协调发展

产业系统内部产业间的协调发展体现了产业之间、产业子系统之间、子系统各要素之间的协调统一、耦合共生，是产业系统在不同层次整合力的作用下不断升华的结果。不同产业子系统内在与外在关系的不断协调既是整个产业系统存在的最佳状态，也是产业系统进化的最佳途径。具体而言，产业系统内部协调发展主要包括以下几个方面：

一是各种产业比例搭配协调。任何社会，只要存在社会化大生产，在客观上都要求按比例分配社会劳动。对一国来讲，整个产业系统是一个复杂的有机整体，系统的各组成部分之间存在着千丝万缕的经济技术联系，并存在一定的量比关系。量比关系不同，产业系统的稳定性与功能都会不同。要想实现整个产业系统的可持续性进化，就必须保持各部门、各环节之间的比例关系合理。产业比例恰当的具体体现是，系统内每个产业所需的要素投入都能够得到充分满足，而且每个上游产业的产出恰好能满足其下游产业的投入和最终消费需求，不存在所谓的产能过剩。产业比例恰当的基本要求是，系统产业部门该多则多，当少则少。例如，有些产业在一定时期有其存在的合理性，但随着经济社会的发展会逐渐衰退，难以与其他产业及产业系统环境实现功能耦合，甚至可能瓦解整个系统内部各产业之间相互依存、相互作用的生态稳定性，引起系统内部的摩擦和紊乱，导致系统整体功能的削弱。这类产业就是产业系统里的淘汰对象，要尽可能降低其比重，降低它与其他产业及系统的关联度，必要时甚至可对一些产业个体进行清理去除，如高污染、高消耗及危害人类健康的相关企业。

二是系统中的产业各得其所，相互影响并相互促进。显然，产业间比例恰当、各得其所是达成相互影响并相互促进的前提。很难设想一个结构失衡、主辅产业错位的产业系统可以协同运行。要想真正使产业系统内各产业出现协同效应，除了产业间比例恰当外，还必须使系统中的产业各得其所，相互影响并相互促进。在产业生态系统里，不同的产业占据不同的生态位，每个产业都各得其所，发挥自己不同的功能，与其他行业有机关联，优势互补，形成相互竞争与耦合的局面。这样，就会形成发展的协同效应，增强整个产业系统的功能与竞争力，整个系统就会表现出高度的生命力和有序性。而如果各产业间彼此过度竞争和内耗，或者各不相干，没有形成优势互补、功能耦合的状态，就会出现资源闲置和浪费，从而降低产业系统的产出功能和整体实力。另外，系统内各产业的增长速度也必须协调，要使高增长产业、减速增长产业和潜在增长产业的增长速率差距相对合理，否则社会再生产过程中就会出现结构性滞差。

（二）各产业的演化幅度与产业系统整体变化相协调

在产业系统的发展演化中，各产业因自身生产要素变动及外界环境的变化而发展变化。如果该产业发展速度与规模适当，就会促进系统整体及其他产业的发展，但如果产业的发展超过系统稳定性的承载阈值，就会引起各产业之间的矛盾和摩擦，甚至导致整个产业系统的瓦解和崩溃，这种情况需要尽力避免。例如，对自然有超级破坏力的产业技术创新可能衍生导致资源迅速耗竭的新产业，我们就要尽量抑制其发展。在整个系统的演化发展中，如果某些产业抵制系统进化而力图保持自身原有的属性，也会引起各产业间的摩擦和冲突，削弱系统的整体功能，这种情况也要尽力避免。例如，原有的高污染、高消耗、高投入产业在产业生态化发展中将会被逐渐淘汰出局，或者被生态化技术改造。

（三）产业系统在区域空间上的协调

产业系统自身协调发展的第三个表现就是区域产业发展协调。在一个开放的经济体系中，一个地区的经济增长已经不再只依靠其内在因素，而是越来越受到周边地区经济增长的关联带动。作为国家领土的一部分，区域有大有小，彼此联系，区域之间或区域内部各组成部分之间不可避免地会发生各种经济关系。如何协调区域产业系统之间的关系影响着一个国家产业系统整体水平的提高和整体功能的放大。一般来说，区域产业协调发展具体体现在两个方面：

第一，区域之间经济总量均衡发展——产业经济发展差距缩小。区域产业协调发展，先应使每个区域的经济得到发展。无论经济发达地区还是经济欠发达地区，其经济都应得到发展，这是区域之间经济协调发展的前提和基础。因为经济总量大小如何是衡量区域之间产业经济发展水平高低的一个最直观的指标。对于中国这样一个人口众多、幅员辽阔、资源分布不均、各地区基础条件千差万别的大国来说，区域之间经济发展水平存在一定的差距是不可避免的。但如果区域之间的经济发展差距扩大到一定程度，就会引发许多经济和社会问题，从而阻碍整个国民经济的进一步发展。因此，在发展产业经济的过程中，不仅要扩大每个区域的经济总量，还要注重区域之间经济总量的协调发展。总而言之，要不断缩小区际经济发展差距。

第二，区域之间产业合理分工——产业经济发展摩擦减少。根据产业区域分工理论，区域系统中的每个节点区域都有各自的区域禀赋优势和发展潜力，都会在自身与其他区域的关系网络中不断调整区域行为。如果区域间经济形成彼此分工合理、特色明显、优势互补、功能耦合的产业结构，就会产生相互协同进化效应，对区域产业经济起到积极的推动作用，从而达到“1+1>2”的效果。如果区域产业经济差距过大，区域产业经济结构趋同，不但无法发挥各地区的比较优势，会降低全国产业结构整体效率，而且还会阻碍生产要素在各地区之间的顺畅流动，阻碍全国统一市场体系的形成，产生消极的摩擦和冲突，引发彼此间的恶性竞争。另外，还会导致一系列社会问题，影响社会的和谐、稳定，从而影响产业经济的发展，结果往往是“1+1<2”。

二、产业与自然和谐发展目标

自然是人类赖以生存和发展的基础和前提，也是产业可持续发展的基础和保障。首先，人类的物质财富是人类劳动和自然资源的共同组合。威廉·配第说过：“劳动是财富之父，土地是财富之母。”恩格斯也指出，“政治经济学家说：‘劳动是一切财富的源泉。’其实，劳动和自然界一起才是一切财富的源泉，自然界为劳动提供材料，劳动把材料变成财富”。其次，人类精神财富是人类对自然感觉思维抽象的反映。亚里士多德讲过：“谁不感觉，谁就什么也不认识，什么也不理解。”他所指的感觉就是对周围感性世界的认识，就是对周围自然的认识，也就是说自然是人类一切思维抽象的源头。由此可见，大自然不仅为产业发展提供物质及能量，还是人类精神皈依的源泉，是人类创造精神财富的源头活水。由此观之，产业发展不在自然发展之外而在自然发展之中。如果产业发展是以牺牲自然生态价值为代价的发展，这样的发展就是无根的发展，如建大厦于流沙，最后只会走向泯灭。因此，产业与自然和谐发展既是人类对自身生存和发展的关切，也是人类在发展中必须保证的基本目标。也就是说，产业生态化发展既要满足当代人的需要，又不能对后人满足其需要的能力构成危害。其发展进程应是连续的、持久的，即必须坚持走“生产发展、生活富裕、生态良好”的文明发展道路。

产业系统与自然系统的协调发展要求人们重新认识生态自然对人类的存在价值，解决人类自身发展、产业发展与自然资源环境承载能力之间的矛盾，从产业发展角度来开辟人与自然和谐发展的新局面。它强调产业发展不能以过度消耗自然资源和破坏自然环境为代价，要求产业发展中物质生产规模适度，生产模式低碳循环，不能超过自然的承载能力。只有既重视经济增长指标，又重视资源环境指标，统筹考虑当前发展和未来发展，才能最终实现产业与自然和谐共生、协同进化。

从产业经济发展的角度来看，产业与自然的联系主要表现在两方面：一是从自然界中索取经济发展所需的物质和能量；二是向自然界中排放废弃物。这两个方面都会对人类身处的生态环境造成破坏。要实现产业与自然之间的和谐发展，就必须在对资源合理利用的同时，减少对自然界的污染排放。

三、产业与社会协调发展目标

产业与社会的协调发展是指产业发展和社会发展相适应，产业发展能够促进社会发展，推动社会进步。产业经济发展是社会发展的前提和基础，社会发展是产业经济发展的结果和目的。产业经济发展不能长期脱离社会发展，必须适应社会发展，服务于社会发展，而不能以牺牲社会发展为代价求得暂时的经济繁荣。首先，社会发展与进步不仅表现为物质财富的满足和增加，还表现为人的主体性增强、人的整体生活质量提高和人的全面发展。因此，产业发展的好坏不能只看是否推动经济增长，还应该考虑公共服务、医疗卫生、文化教育等。因为即使产业经济发展了，如果人们并没有享受到产业经济发展带来的好处，那么这种产业经济发展就没有任何意义。其次，产业经济发展长期滞后于社会发展，必然直接影响到产业系统的和谐运行。例如，如果教育、医疗、生态环保等产业长期发展滞后，人们对教育、生态环保、文化、医疗等公共服务的需要得不到满足，就会滋生不满，引发社会问题，从而阻碍产业生态化发展。最后，科学发展观的“五个统筹”要求我们必须把统筹经济与社会协调发展贯彻在产业发展中。也就是要求我们注重产业经济发展与社会发展相协调，与人们的社会发展诉求相一致，与人的全面发展旨归相一致。可见，产业与社会协调发展既是科学发展观的内在要求，也是产业生态化发展目标的应有之义。

改革开放以来，由于各种原因，我国的经济社会发展过程中片面强调“以物为本”，只注重物质经济的发展，忽略了社会发展，更没有从产业发展的角度考量如何提高社会发展水平和推动社会进步，以至于社会发展水平低下，社会发展严重滞后于物质经济发展。因此，当前在科学发展观指导下，我们不仅要从保障和改善民生层面加强社会建设，推动社会发展，还要从产业发展层面考虑促进社会发展，大力推动同提高社会发展水平相关的产业的发展。社会发展水平和社会进步体现在很多方面，包括政治、科技、文化、就业、社会保障等，但是这些最终都体现在人的全面发展和人的幸福指数的提高上。因为社会发展归根结底是组成社会的所有个人的全面发展。因此，产业与社会的协调发展最终主要反映在以产业经济发展来促进人的全面发展和人的幸福指数的提高上。这集中体现在以下两个方面：

一是与社会进步密切联系的教育、科研、文化、医疗卫生等相关产业获得快速发展，与人的全面发展需求相协调。这具体又包括两个方面：首先是与人的全面发展的知识素质有关的相关产业获得健康快速的发展。比如，加快教育、科研、文化、网络传媒等产业的发展，不仅可以创造新的经济增长点，还可以不断满足人的全面发展对知识、文化、技艺等方面的需求，不断增强人创造物质价值、社会价值、精神价值的能力，包括人的劳动能力、管理能力、研究能力、创造能力、判断能力、决策能力、审美能力以及促进人与人、人与自然协调发展的能力等，从而不断增强人的本质力量，不断推进人的全面自由发展，为整个人类社会的进一步可持续发展提供可靠的人力资源基础。其次是与人的全面发展的身体素质有关的相关产业获得健康快速的发展。比如，推动体育、康复、健康咨询、医疗卫生等相关产业快速发展，不仅可以推动经济发展方式的转变，还可以不断满足人的全面发展对生理健康和心理健康的需求，推动人的身心健康的和谐发展。当前，随着经济社会的不断发展，物质产品不断丰富，人们的物质需要基本得到满足。人们的需求正逐步转变，他们对全面发展的需求（包括对生理健康和心理健康的需求）越来越强烈。同时，在社会经济快速发展中，人的心理也会出现一些问题。比如，传统价值的失落、人的生存片面化、人们过度追求奢华的物质享受、工具理性和功利原则被过分推崇等。因此，心理方面的健康发展已成为人不断完善自身的主要需求内容。但是，由于各种原因，与民众生理健康和心理健康需求相关产业的发展明显滞后于人们的需求，人们的全面发展的需求并没有得到及时满足。因此，推进体育、康复、健康咨询、医疗卫生等相关产业的发展，不仅可以推动经济的增长，满足人们日益增长的生理健康和心理健康需求，还可以提高社会发展水平，推动社会进步。

二是与公共产品及服务密切联系的相关产业获得快速健康发展，与民众的合理公共产品及服务诉求相协调。具体来说，就是不断推进与基本医疗保障、基本养老保障等社会保障相关的保险行业，与基本住房保障相关的房地产行业，与公共就业服务相关的就业培训产业，与提高社会就业率相关的劳动密集度高的服务业，与生态环境质量相关的生态修复产业等产业的发展，改变我国民众对公共产品与服务需求强烈而供给短缺的局面。公共产品的供给是政府责任，与社会发展水平密切相关。但是，政府实现公共服务及产品的供给需要相关产业的市场支撑。如果没有市场化运作以及相关企业介入，这些公共产品的供给是不可想象的。所以，假如与公共服务及产品相关的产业发展滞后于经济发展，便意味着社会发展水平不高、民众幸福指数低下。而推动与完善公共服务相关的产业发展正是与扩内需背景下增加我国政府公共支出相协调的必然选择，也是尊重和保护公民基本权利、促进社会公平公正、提升国民幸福指数、提高社会发展水平的有效手段。

总之，整个自然、经济、社会发展系统是各部分彼此联系、相互耦合的整体，任何一部分如果违反了保持系统协调发展的内在规则，就会导致整个系统的逆生态运行。传统产业发展模式只注重经济增长，不自觉地陷入了片面发展目标的陷阱之中，导致了人类社会状况和自然生态状况的恶化。与此同时，产业发展环境也恶化了，导致产业发展的空间越来越有限，最终弱化了产业发展的动力。产业生态化发展一改传统发展目标指向的片面性和单一性，其发展目标指向的内容不仅包含经济效益的因素，还包含自然生态和社会价值的因素。它把产业的发展融入生态、经济、政治、文化的需要之中，有效地统筹和协调各方面的相互推进和相互制约，使之全面而有效地符合系统发展的多元目标。即产业生态化致力建立一个稳定均衡的经济、自然及社会生态，其特征是经济增长、环境优美、社会生态和谐、人民福利水平不断提高。这样的发展价值取向体现了科学发展观的内在要求。

第五节　产业生态化发展路径

产业生态化是一个产业之间、产业与自然及社会发展之间相互联系、相互促进、关系不断深化的过程，其本质是产业系统的进化。产业与自然及社会的协调发展不仅是一个具体经济过程与具体资源环境的“匹配”问题，更重要的是一个结构性匹配问题。产业生态化能否最终实现的关键在于，能否建立起一个结构合理协调、功能不断优化、能适应社会发展及促进物质和能量在自然—经济—社会大系统内高效循环和流动的产业体系。其实现路径是产业结构生态化和产业生产生态化的结合与统一。若将前者看作实现产业生态化的宏观途径，那么后者就是实现产业生态化发展的微观视角。

一、产业结构生态化

系统论认为，系统结构决定着系统功能，结构变化影响着系统的发展演化，系统自身的和谐发展、功能的有效发挥建立于系统结构合理、均衡、协调及系统要素与要素、要素与系统整体和谐的基础上。无独有偶，在经济学上，结构主义理论将经济结构变化与长期经济发展联系起来，认为结构变动是影响生产率的一个重要因素，是经济增长的源泉，而不只局限于新古典增长理论认为的“经济增长是资本积累、劳动力增加和技术变化长期作用的结果”。因此，无论从系统学还是经济学来说，一个国家或区域的产业结构是否合理、产业资源和要素配置是否优化，都极大地影响着其产业系统的演化，进而影响着其经济社会的良性发展。从某种意义上来说，产业结构是影响产业运行状态的决定性因素。有什么样的产业结构演进轨迹就有什么样的产业发展道路。因此，要实现产业发展生态化转向，就必须先调整产业结构，实现产业结构的生态化转向。产业生态化和产业结构生态化，二者是手段和目的的关系，即产业结构生态化是实现产业生态化发展的重要手段和途径，产业生态化发展则是产业结构生态化调整的目的。

为深入贯彻落实科学发展观，加快转变经济发展方式，充分考虑我国产业结构失衡的现状，“十二五”期间，我国产业结构生态化调整，主要是解决第三产业比例过低、区域经济差距过大、产业结构水平低下且无法适应资源环境约束及社会发展要求三大问题，从而增强发展的协调性和正外部效应，实现经济社会环境的全面协调发展。因此，针对以上问题，笔者认为产业结构生态化调整的思路如下：大力发展第三产业，加快发展战略性新兴产业，淘汰落后产能产业以及实施区域产业协调发展战略。

1. 大力发展第三产业

第三产业发展程度标志着一国经济发展的水平。大力发展第三产业，不仅可以降低国民经济中物质产品生产产业的比重，提高非物质产品产业生产的比重，达到整体产业系统物质减量化的要求，还可以缓解资源环境压力，实现产业与自然和谐发展。同时，还可以解决我国的就业问题，增进社会和谐。另外，发展第三产业，可以把产业结构调整与社会发展要求、人的全面发展要求结合起来。总之，大力发展第三产业有利于扭转我国三次产业比例不合理的局面，增强三次产业的协调度，促进产业结构高级化，是取得生态效益、经济效益、社会效益统一的可靠途径，是建设小康社会、两型社会及和谐社会的产业发展战略的关键环节。具体来说，包括以下几个方面：

（1）大力发展提高人们生活层次的教育、医疗卫生、通信、老年服务、就业服务、家庭服务等民生性服务产业。这些产业和民众的生活福祉密切相关，能提高人们生活水平和有效疏解民困关系着社会稳定。具体而言，可以从以下几个方面入手发展这些产业：

一是制定和完善民生性服务业的制度体系。首先，加快制定和完善促进民生服务业发展的产业政策。成立专门的行业管理机构，围绕当前民生性服务业的财政、税收、创业贷款等扶持政策，逐步配套相应的实施细则。其次，建立公平、规范的服务业准入制度。民生性服务业发展需要竞争机制来提高服务业的总体水平，这就要放宽市场准入条件，取消一些行业对非公有制经济发展不合理的限制，特别是要逐步取消对医疗、卫生、教育、通讯等公有制垄断行业投资不合理的规定，鼓励各种市场主体协同发展。再次，制定相应的行业准入标准和条件、机构分级分等的标准和条件、从业人员的相应资格标准和条件，以推进民生服务业的标准化建设。

二是加强职业教育和人才培训，为加快民生服务业的发展提供人才保障。一方面，充分发挥高等院校、职业学校的作用，开设医疗、旅游、家政等服务专业课程，培训一批适应市场需求的专业服务人才。另一方面，积极搭建劳动力转移培训就业对接平台，通过政策支持和资金帮助扶持一批有品牌的人才培训服务机构，抓好技能培训，为民生服务业的快速发展提供高素质的劳动力队伍。

三是加强民生性服务业的监督和质量管理，维护民生性服务业的市场秩序。一方面，政府要加大管理力度和宣传力度，增强民生性服务业的服务意识、自律意识，让消费者理性消费、安全消费，维护消费者权益；另一方面，政府要针对民生性服务业门类多、领域广、市场集中度低等特点按标准化原则引导和规范各类行业、商会等中介组织发展，发挥行业协会等中介组织的桥梁和纽带作用，促进行业健康发展。

（2）大力推进文化产业发展。文化产业是具有精神性、娱乐性的文化产品的生产、流通、消费活动，包括新闻出版发行、广播电视电影、文化艺术、文化信息传输、文化创意和设计等。文化产业不仅资源环境消耗少，有利于软化产业结构、提高生态效益，还可以满足我国人民日益增长的精神文化需求。同时，推进文化产业的发展能充分利用我国优秀传统文化资源，提高我国文化软实力，增强民族凝聚力和创造力，促进我国综合国力的提升。具体而言，推进文化产业发展可从以下几个方面入手：一是实施分类管理，加强对非营利性文化产业的财政扶持。一方面，政府对非公益性文化行业适当采用资金支持、政策贴息等间接手段扶持；另一方面，对具有公益性、事关国家文化影响力和优秀民族传统文化传承的重要行业，可以通过提高财政支出力度给予鼓励。二是建立与完善文化产业税收优惠体系。首先，要推进文化产业领域的增值税扩围改革，制定更具针对性的文化企业所得税优惠体系，降低纳税人的认定标准；其次，进一步提高增值税和营业税的起征点，将符合特定产业规定的小微企业排除在增值税和营业税的征管之外。三是建立文化发展专项基金，扩大文化产业的资金筹集渠道。那些面临初期成本投入相对较高的文化产业可以借鉴成熟资本市场的“产业投资基金”运作模式，政府鼓励私人对非营利性文化产业的赞助和捐赠，建立非营利性文化发展专项基金，降低企业的投资风险。四是推行文化产业品牌战略和产业集聚战略。经验证明，文化产业品牌战略和文化产业集聚战略可以实现资源优化组合，形成产业规模优势。因此，政府可以依托有竞争力的文化企业打造规模化、复合型、有较强竞争力和影响力的文化产业集团。同时，通过对文化产业园基础设施的投资和园区优惠政策的制定推动文化产业集群化发展。

（3）加快生产性服务业的发展，主要包括发展直接为生产提供高效能服务的金融、保险、研发、设计、营销、品牌培育、技术服务、咨询、电子商务、现代物流和供应链管理产业。通过加快发展生产性服务业，一方面，可以扭转我国制造业恶性竞争、盈利能力持续下降的局面以及在世界产业调整中处于微笑曲线底端的不利处境，帮助我国制造业增加附加值和提高盈利能力，推进我国产业在国际分工中向微笑曲线两端拓展，从而提高整个产业系统的结构水平和产业竞争力；另一方面，又可以提高第二产业与第三产业的关联度和聚合质量，促进生产性服务业与制造业的互动发展，增进三次产业之间的协调度。生产性服务业的发展具体可从以下几个方面入手：一是鼓励和推进生产性服务企业与制造业企业之间实施兼并重组，推动企业业务流程再造和管理创新，逐步将发展重心转向技术研发、品牌运作和市场拓展，推进企业内置服务市场化，将一些非核心的生产性服务环节外包，使服务逐步社会化、专业化。二是依据国家产业政策，针对生产性服务业的具体情况和特点进一步完善生产性服务业发展的财税、信贷、土地及价格政策体系，综合利用财税、信贷、土地及价格的激励政策促进生产性服务业快速发展，提高服务质量和水平。三是优化生产性服务业布局，各地政府要根据当地的制造业情况及区域资源禀赋条件制定完整的生产性服务业布局规划，提高生产性服务业的投资效率，促进生产性服务业和制造业之间的协同发展。

2. 加快战略性新兴产业发展

战略性新兴产业是以重大技术突破和重大发展需求为基础，对经济社会的长远发展具有重大引领带动作用，知识技术密集、物质资源消耗少、成长潜力大、综合效益好的产业。战略性新兴产业包括节能环保、生物、高端装备制造、新一代信息技术、新材料、新能源、新能源汽车等。战略性新兴产业具有技术和知识密集性、全局性、长远性、导向性和前沿性等特征，不仅自身具有很强的发展优势，还对带动经济社会进步、提升综合国力具有重要促进作用。

世界金融危机和经济危机以及日益严峻的资源环境压力正在催生新的科技革命和产业革命。目前，发达国家正在争先恐后地发展战略性新兴产业，抢占经济、科技制高点，这将进一步“锁定”全球产业分工格局。我国必须跟上世界发展的新趋势，加快发展战略性新兴产业，以提高产业国际竞争力。战略性新兴产业的发展包括两个方面：一是利用战略性新兴产业发展过程中出现的机会全方位拓展战略性新兴产业的融资渠道。一方面，构建有利于加快战略性新兴产业发展的优惠政策体系，加大财税政策扶持，建立稳定的财政投入增长机制，设立战略性新兴产业发展专项资金，加快完善和落实鼓励创新、引导投资和消费的税收支持政策。另一方面，通过引导金融机构加快建立战略性新兴产业发展的专业金融机构、建立健全专项信贷管理制度等措施拓宽战略性新兴产业的市场化融资渠道，积极发挥资本市场的融资功能，大力引导股票、基金、创业投资资金等社会资本投向战略性新兴产业。二是完善技术创新和人才政策。发展战略性新兴产业的关键在于技术和人才。目前，我国战略性新兴产业发展面临的最大瓶颈是核心技术少、自主创新能力差、缺乏竞争力。因此，必须激励企业自主创新，增强自主创新能力，激励企业突破关键核心技术，加快创新成果的转化和产业化。一方面，加快构建战略性新兴产业的技术创新和支撑服务体系。首先，立足国内资源和瞄准国际科技前沿，加大科研开发力度，建立由科研院所、上下游企业、金融部门、行业协会等组成的产业联盟、产业技术创新联盟及有效的利益分配机制。其次，要加强政府财税政策的引导，加大企业研发设备加速折旧等政策的落实力度，激励企业自身加大技术创新的投入，不断增强企业的自主创新能力。另一方面，加大对重大发明的知识产权保护，健全与知识产权保护相关的法律法规，并进一步完善监管组织体系，加强对各监管机构的资源投入，调动各方积极性，形成监管合力，坚决查处侵犯知识产权的行为。同时，大力推动知识产权应用化、市场化进程，加快和完善知识产权转移交易体系和投融资机制建设。三是政府通过鼓励绿色消费、低碳消费、健康消费引导消费结构升级，为战略性新兴产业的发展营造良好的市场环境。

3. 推进工业的节能减排，淘汰落后产能产业

工业是资源消耗最大、污染物排放最多的产业。目前，我国工业能耗占全社会能源消耗的 70% 以上。我国产业发展要实现生态化转型，达到产业与自然协调发展的目的，不仅要大力发展节能环保等战略性新兴产业，必须坚定不移地推进工业节能减排，加快淘汰落后产能。2006年，国务院出台了《关于加快推进产能过剩行业结构调整的通知》，提出对发展过快的钢铁、电石、铁合金、电解铝、焦炭等高污染、高消耗行业进行抑制和调整。当时我国正处于经济增长的快速上升期，加上国外需求旺盛，产能过剩还不是很明显，所以并未及时引起地方政府的高度重视。地方政府一味地追求GDP增长，错过了最佳的调整时期。随着全球经济衰退以及国外进口需求的下降，我国部分行业的产能过剩问题日益严峻，实行工业节能减排已刻不容缓。我国要成功推进工业的节能减排、淘汰落后产能，必须坚持“健全法制，注重引导，强化监管，落实政策”十六字方针，具体而言包括以下几个方面：一是要在《节约能源法》《循环经济法》《环境保护法》等法律法规的基础上，进一步加快16个高耗能产品能耗强制性标准、16项节能设计规范、21项节能基础及方法标准以及17种终端用能产品的能效标准的制定，不断完善工业节能标准和环保标准，明确开展节能减排专项执法检查。二是要加快推进资源性产品的价格改革，运用价格杠杆推进节能减排和环境保护。一方面，健全成品油价格形成机制，实施电煤与市场煤价格并轨，推进天然气价格改革，完善工业阶梯电价和处罚性电价政策；另一方面，推进矿产资源有偿使用制度改革，建立矿山生态环境补偿机制。三是加强监管执法力度。一方面，运用经济和法律手段落实资源及环境保护工作，对“高能耗、高污染、高投入”产业严格监管，加强水污染治理和二氧化硫污染治理，落实高营业税、高增值税、高出口税等税收政策，多渠道对“三高产业”形成高压态势，同时支持优势企业兼并重组落后的产能企业，坚决淘汰不符合环保基本要求的过剩产能；另一方面，要严格市场准入，继续严把土地、环保、信贷关，加强投资项目的审核管理，对产能过剩行业坚持严格准入原则，严格控制借扩大内需、加大固定资产投资之名的企业在产能过剩行业继续扩张。同时，引导落后产能产业技术升级改造，运用高新技术和先进适用技术，以节能降耗、环境保护等为重点，对落后产能进行改造，优化落后产能产业的生产力结构。

4. 促进传统农业向现代农业转变

在我国现代化进程中，农业占GDP的比重会呈下降趋势，就业率也会不断降低，但农业在国民经济中的基础地位不会改变。在对待第一产业的问题上，产业结构生态化一方面要保持农业稳定发展，巩固农业的基础地位；另一方面要实现农业信息化、机械化、规模化，不断提高农业生产效率，促进传统农业向现代农业转变。同时，要把促进生态农业发展的农业技术创新作为与农业经济结合的突破口，推进农业向资源节约、环境友好的方向发展。另外，要发展农产品加工业，不断改善农产品的品质结构，提高农产品的绿色、健康、安全品质，以满足人们不断提高的品质需求，具体举措包括：一是以粮食生产为重点，加大对农业科技和农村基础设施建设的投入，实施农业产业化发展战略，把现代生物技术、信息技术及管理技术与我国传统农业有机结合，进行集约化经营，规模化生产，以增加我国粮食产量，提高我国粮食自给率，保证我国粮食安全；二是政府要结合各地实际，迅速推广我国十大典型生态农业模式和配套技术，同时要增加投入，配备一定人员和资金成立专门的科研机构进行农业技术生态化创新，对成熟的生态化技术要及时推广，努力实现我国农业少废物、无污染、高效益发展的目标；三是建立农产品安全生产体系，贯彻落实《农产品质量安全法》，加强检测体系建设，保障农产品的质量安全，提高品牌农产品、无公害农产品及绿色农产品的市场占有率。四是加强农村的道路交通建设和物流网络建设，促进贸易繁荣，构建覆盖范围更广的农产品市场流通体系，形成包括农产品批发市场及“农超对接”等多种形式的农产品供给体系，确保农产品的均衡有效供给；五是切实提高农业的组织化程度，农业的组织化程度是现代农业发展的标志，要借鉴国外农协的成功经验，大力发展各类专业协会、合作经济组织，为农民提供全方位的服务。

5. 进一步实施区域产业协调发展战略

（1）强化政府的宏观调控，促进区域产业均衡发展。推进产业区域结构均衡发展，一方面，中央政府必须统筹安排，强化宏观调控，加大对中西部地区产业发展的支持力度。首先，采用项目审批倾斜、区域财政补贴、税收优惠等行政经济调控手段，有效整合产业资源，强化发达地区对欠发达地区的积极“扩散效应”，弱化发达地区对欠发达地区的消极“回波效应”。引导劳动力、资金、技术等优质生产要素从东部沿海地区合理、有序地流入中西部地区，成功实现区域产业转移，加速中西部欠发达地区的产业发展。其次，强化对中西部地区加大投资的金融政策的执行力度，在中西部地区成立专门支持中西部发展的政策性银行，不断提高中西部地区的金融服务水平，全面落实中西部产业发展的信贷优惠政策，继续实施扶贫贷款项目，促使政策性银行资金向中西部倾斜。再次，支持中西部优质企业上市，为中西部经济发展提供更为宽广的直接融资渠道，建立中西部区域的市场融资平台，加快中西部资本市场的发展。另一方面，中西部地区的地方政府要抓住中部崛起、西部大开发等战略实施的历史机遇，结合新形势、新要求制定加快地区产业发展的支持政策，规范和促进地区产业园区的发展，发挥产业园区在体制创新、科技引领、产业集聚、土地集约方面的载体和平台作用，为发展优势产业及促进区域产业转移营造更加开放、优化的投资环境。

（2）加快区域产业的合理分工，促进区域产业的协调发展。合理的区域分工是区域产业协调发展的重要基础，因此必须顺应产业发展的基本规律，整合区域之间和区域内部的产业资源配置，实现区域产业的合理分工。具体而言，一是整合行政区域发展规划，调整区域产业结构。各地区要按照国家的总体产业政策，根据不同区域的自然禀赋条件及产业升级趋势确定本地区的主导产业、支柱产业以及有发展潜力的特色产业并加以扶持，重点培育以主导产业、支柱产业及特色产业为龙头的产业集群。二是结合当地与相邻、相关区域经济发展的实际状况，合理进行区域产业发展目标的定位和区域产业空间规划的布局，形成错位发展，实现区域间产业的合理分工与相互协作。这样既避免了区域之间的重复建设和恶性竞争，又使各地区的产业能够相互配合、相互支撑、共同发展并形成合力，获得“1+1>2”的协同效应，进而形成东、中、西部地区产业优势互补、良性互动的共同发展的格局。三是加强政策合作，共同构建开放的市场体系，包括三个方面：实施经济区域制度和政策一体化，在户籍、就业、教育和社会保障制度等方面加强地区之间的行政协调，建构统一的制度框架，实现区域制度框架的融合；实施区域产业布局的市场化整合，包括加强各地区现有支柱产业的跨地区企业联合和重组、建设区域性产业群落和跨区域性产业联盟等措施；建立以市场一体化为核心的区域共同市场，各区域要通过统一规划来建设区域资本市场、区域技术市场、区域人才交流市场等生产要素市场，同时各区域要共同建设大型商品贸易市场、商品物流市场、网络商业销售市场，并定期召开各种类型的交易会和订货会，扩大区域间产品交流的广度和深度，逐步形成一体化的市场价格体系和网络体系。

二、产业生产生态化

以产业生产转型为中心的产业发展转型是现代经济转型的基本特征和内容，产业生产的变动构成了经济增长和发展的生动内涵。产业生产是对自然资源加工利用的过程，是产业发展的主要活动。产业发展的最终目的是不断满足人的生存与全面发展的需求。人的这种需要只有通过产业生产与再生产环节才能实现。从这个意义上说，产业生产的过程便是从自然之物到社会之物的运动变化过程，也是蕴涵了人与自然动态关系变化的过程。因此，要保持产业系统与自然生态系统的和谐，实现产业生态化发展，就必须变革现有的大规模工业化生产模式，把自然资源与环境因素内蕴于产业生产过程之中，实现物质产品生产产业的生态化转型。

1. 构建清洁生产促进机制，促进清洁生产模式的实施

清洁生产对生产设备更新、生产工艺改进、生态化技术要求都比较高，加之一些企业只注重短期的成本和收益，缺乏科学发展的战略眼光，都在极力回避清洁生产，这导致我国清洁生产形成了“热提出，冷处理”的局面。同时，有的企业在实施清洁生产的过程中，由于没有良好的内部管理组织机制，导致了清洁生产的失败。因此，要真正实现产业生产生态化，就必须构建清洁生产促进机制，以推进生产模式向生态化转变。

清洁生产促进机制是提升企业实施清洁生产的积极性和主动性，促使企业开展清洁生产，最终实现企业在生产中节能降耗、减污增效的目标，达到企业经济效益和资源环境效益的统一。笔者认为，建立清洁生产促进机制应从宏观和微观两个层面着手。清洁生产宏观促进机制体系应包括经济政策、宏观环境管理、清洁生产后监督、公众及舆论监督等方面；微观清洁生产机制主要包括企业建立内部清洁生产机构和内部清洁生产制度、加强清洁生产的过程控制等。

（1）构建清洁生产宏观促进机制。

①在完善清洁生产法规政策体系方面，国务院要在《中华人民共和国清洁生产促进法》的基础上，制定相应配套的法规政策。同时，各地方政府要制定和发布各区域推行清洁生产的实施办法和配套政策，使《中华人民共和国清洁生产促进法》确定的原则、规定真正落到实处，增强可操作性，并与其他环境资源保护法律相衔接，形成我国完善的清洁生产法律体系。

②在清洁生产的经济政策方面，地方政府要扩大采购清洁生产审核产品的力度，在金融贷款、科技基金、地方财政方面，要专门安排足够的支撑清洁生产、节能减排项目的资金。同时，在技术支持方面，地方政府要出台政策拿出一部分财政资金支持企业出资购买符合国家行业清洁生产和工艺标准的专利及技术转让，用以扶持重点企业进行清洁生产和节能减排的项目建设。

③在政府管理监督方面，一方面，成立专门机构对区域内的企业特别是重点企业进行清洁生产培训，同时在清洁生产审核中完善环境管理体系（EMS）并强化实施。另一方面，成立专门的环保监察队伍，加大监管和环保执法力度，将环境管理逐步从排放总量控制过渡到对污染物产生总量达的控制上。定期或不定期地对重点企业进行环保监测以及清洁生产审核，对监测和审核不能通过的，按照我国《中华人民共和国清洁生产促进法》中的有关规定坚决进行整顿，或者严格遵循排污权交易制度了予以淘汰。

④在加大公众舆论监督力度方面，要在各种场合大力宣传生态思想和环保理念，培育公民的环保意识，鼓励公民和社会团体广泛参与环保监督，走群策群力、群防群控的群众路线。同时，加大电视台、电台、报社等新闻媒体对符合清洁生产审核的优秀企业的宣传报道力度，并对典型的环境违法案例坚决予以公开曝光，以形成强大的舆论声势和社会监督态势，营造全社会自觉保护环境的良好氛围。

（2）构建清洁生产微观促进机制。

①建立内部清洁生产机构。清洁生产经验表明，企业内部清洁生产机构是企业持续清洁生产的组织保障。要持续推进清洁生产，就必须成立企业内部清洁生产机构，负责各部门与清洁生产相关工作的督促、协调，并制定和推行清洁生产的单位制度和措施。组织专家对企业清洁生产示范工程进行评估和审核，并总结推广清洁生产的经验。

②加强清洁生产的宣传和组织培训。企业实施清洁生产，首先要做好内部员工的宣传教育工作，以提高员工对清洁生产重要性的认识。其次，要做好管理人员和生产一线员工的清洁生产培训，以保证清洁生产的思想和技术到位，使员工积极投入清洁生产工作中去。

③建立企业内部清洁生产制度。企业内部清洁生产制度是企业持续清洁生产的制度保障。因此，应建立有关清洁生产部门的具体规章制度，使清洁生产的管理规范化、制度化。企业的清洁生产管理制度一般包括：清洁生产的工作职责及奖惩机制；清洁生产工作的组织职责及奖惩机制；清洁生产的内部审计制度；等等。

④加强清洁生产的过程控制。企业内部的清洁生产机构要加强清洁生产过程控制。首先，要科学制定符合企业实际情况的清洁生产运行规划，对企业的清洁生产做出统筹安排。其次，要按照清洁生产审核步骤规范操作，在实际操作过程中，要逐项进行严格检查考核，以达到清洁生产的审核标准，并严格落实奖惩制度。

2. 因地制宜，推进新建生态产业园及已有工业园区的改造

（1）建设生态产业园的方式选择。建设生态产业园有两种主要方式。一是对我国已有工业园区进行生态改造。工业园区生态改造是对现已存在的工业园按照生态工业学的原理，通过适当的技术更新改造，或合理引入与原有企业存在潜在协同和共生关系的产业和企业，对园区的生产体系重新构建，优化园区产业生态系统的物质能量流程，使园区企业在生产方面建立废物和能量的交换关系。原有工业园生态改造还有一种情况就是建设虚拟型生态产业园，当已有工业园由于生态改造成本过于高昂而面临困境时，虚拟型生态产业园建设就成为园区大型企业提高经济效益及应对政府环境管理压力的最优选择。二是建设全新型生态产业园。通过良好的规划设计对园区从无到有进行开发建设，使进入园区的企业成员间建立完善的物质、能量的多层利用关系和废物处理及回收再利用关系。需要注意的是，建设全新型生态产业园投资较大，对园区成员企业要求较高。

本书认为，我国沿海一带区域已经处于工业化后期阶段。沿海地区在工业化中期建设了大量的工业园区，在土地资源紧张和节约资源的背景下，推进生态产业园建设没有选择余地，应该以对原有工业园进行生态改造及建设虚拟型产业生态园为主。各地政府应该针对现存的园区发展现状找到最适合园区共生发展的模式。通过对园区物质、能量及水流系统综合分析引导可以充当园区产业生态系统分解者、再生者的相关企业进入园区，丰富园区系统的多样性，并进行动态管理，促使园区建设中物质、能量、水流系统，基础设施系统，生态化创新及服务系统，生态化管理系统四大体系协调和共进。我国欠发达地区特别是西部地区由于产业发展滞后，前期工业园建设项目较少，产业园建设正处于起步阶段，但没有必要走沿海发达地区先建设后改造的发展路径。鉴于欠发达地区有大量闲置的土地储备，具备实现生态产业园建设跨越式发展的潜力，笔者认为当地政府应该在产业转移过程中进行生态选择，多引导具有生态化发展潜力的产业入园，从而建设全新型生态产业园。由于新建生态产业园对投资规模、核心企业引入、公共基础设施建设、培训机构等社会服务企业的引入等都有较高要求，因此这就需要中央政府在生态产业园建设的财政政策等方面向欠发达地区倾斜，这也是对欠发达地区生态补偿的一种手段。同时，欠发达地区地方政府在产业园建设规划布局方面也应综合考量，给予生态产业园建设更多的政策优惠，以促进产业转移生态化，引导更多优质生态化企业进入生态产业园，实现生态产业园建设的跨越式发展。

总之，无论建设全新的生态产业园还是对原有的产业园进行生态化改造，都不是简单的企业组合，而是因地制宜，通过对园区的物质流集成、能量流集成和水流集成控制达到物质、能量及水的梯级利用、循环利用，从而提高生产能力，延长产业链，达到节约资源、减少污染的目的。

（2）建设产业生态园的政府策略选择。实践表明，由于环境外部性以及基础设施等公共品供给问题的存在，决定了生态产业园建设与发展仅靠市场机制难以实现，必须要政府强力推进。在生态产业园建设和发展的整个过程中，政府有必要营造促进园区企业共生网络形成和完善的政策和法律制度环境，进行园区统一规划、参与园区基础设施建设、完善园区运行体系建设以及进行资源和环境管理，以确保园区生态化发展。

①做好园区规划、完善制度安排、推动共生网络建设。首先，政府要根据园区的生态及经济资源禀赋，制定有利于整个园区工业共生网络建设和发展的前瞻性、科学性的总体规划方案，完成园区产业网络体系空间结构的优化布局。其次，政府要根据园区的发展目标、融资手段、运行方式、基建投资、政府采购等方面制定有针对性的法规、制度和政策，为园区生态产业链的打造、共生网络的配置与成长创造良好的投融资环境、健康的经营空间和公平的竞争平台。例如，制定优惠财税政策、专项基金制度、价格制度、信贷制度、政府绿色采购制度、环境信息公开制度等。同时，政府要促进园区企业与外部市场的有效连接，强化市场对园区资源的配置作用。

②参与园区基础设施投资与公共物品供给，建立健全园区运行体系。首先，引导和参与园区的基础设施投资与共建机制打造。一方面，通过政府与企业建立相互合作关系的投资形式，筹措公用建设资金，以保证园区基建规划有序进行，快速推进园区配套设施一体化建设；另一方面，政府通过成立园区投资开发公司等形式参与园区的基础设施建设经营，采取多元筹资举措吸纳社会资本参与，形成财政项目扶持下的园区公共设施建设的共建机制。其次，建立统一管理和协调的公共平台，负责剩余能源交易市场和排污权交易市场的建设、园区人才服务中心的建设、产品交易市场公共服务平台的建设以及医疗急救中心、消防特勤站等应急管理系统的建设，以解决入园企业的后顾之忧。再次，搭建技术创新管理系统，建设园区产品交易平台。由于企业集聚导致的技术外溢效应制约了园区企业的创新投资积极性，因此政府要承担搭建创新公共平台的任务，通过吸纳园内、园外技术资源推进园区技术创新体系建设。同时，政府要搭建技术及产品市场交易平台，促进企业间副产品及废物的正常交易。

③履行管理职能，保证园区经济健康、有序运行。共生网络建成后，政府有必要合理利用行政管理职能，维护园区共生网络的健康运行。根据环境保护政策或制度运用行政、法制及经济手段，克服个体企业的环境外部性倾向，避免企业间的无序竞争，维护园区员工与劳动者的权益，从而弥补与纠正市场机制的不足。同时，在共生网络运行过程中，当共生企业之间关系恶化而影响共生网络安全时，必须积极协调解决共生网络企业间的各种矛盾和摩擦，避免企业因微小冲突就中断合作关系而影响共生网络。

第三章 战略性新兴产业相关概念及理论分析

第一节 战略性新兴产业内涵及特征

一、战略性新兴产业相关概念

与战略性新兴产业相关的概念有很多，如主导产业、先导产业、支柱产业、战略产业、新兴产业、高技术产业等，它们分别有不同的内涵。

主导产业：主要是指在国民经济中占有较大比重，对整个经济发展具有支撑作用的产业。一个国家或地区的主导产业在某种程度上将关系到该地区产业的发展方向，依托该地区的资源及区位优势可以带动其他产业或行业的发展。根据罗斯托对主导产业的界定，主导产业必须同时具备三个特征：能够依靠技术进步或通过引入创新机制形成新的生产函数；能够推动经济持续高速增长；具有较强的扩散效应，决定着国民经济中所有其他产业的发展。

先导产业：指在国民经济发展中处于优先地位，对其他产业战略发展方向具有导向性，在整个国民经济体系中占有举足轻重的重要战略地位的产业。先导产业虽然不是国民经济的支撑产业，但是具有重要的导向作用。先导产业的产品收入弹性高，全要素生产率上升幅度较大，代表着技术发展和产业结构演化的方向。先导产业具有如下典型特征：行业增长速度超过 GDP，并且保持持续增长；对国民经济未来走向影响较大；财富聚集速度较快；市场潜力大，处于规模快速扩张的成长期；产业关联系数大，技术连带功能强。

支柱产业：在国民经济发展中具有重要的战略意义，在整个国民经济中占有较大产业规模比重，起着支撑作用。首先，支柱产业侧重产值和利润水平，是国家或地区重要的财政收入来源，但其社会效益、环境效益和对其他产业的引导作用未必很明显。一般通过一定的量化指标（如生产率上升率标准、收入弹性标准和产业关联度标准等）评价某一国家或地区的支柱产业。一般规律是，先导产业发展到一定规模之后成为支柱产业，或者先导产业先发展成为主导产业，发展到一定规模后再成为支柱产业。

战略产业：指一国为实现产业结构的高级化目标选定的对国民经济发展具有重要意义的产业，是各国根据不同的经济技术发展水平和对未来经济技术发展的预见确定的产业。战略产业不但有巨大的外部溢出效应，而且其本身还能产生巨大的经济效应，所以国家必须对其进行政策保护和扶持，使其在未来经济发展中能够成为主导产业或支柱产业。战略产业的决定要素包括生产技术、市场前景、成长潜力、资源条件、产业结构及环境等。任何一个国家或地区在其特定发展阶段都可能有不同的战略产业部门，如 2008 年金融危机后，世界各国纷纷根据本国科技发展实力调整和规划了战略性新兴产业。

新兴产业：是相对传统产业而言的，指在高新技术基础上，运用新技术、新智力形成的具有高附加值的产业。它承担了新的社会生产职能，代表新的产业结构转换方向，也代表了新的科学技术产业化的水平。此外，新兴产业通常具有高智能、高投入、高风险、高回报等特征。目前，世界上的新兴产业主要指电子、信息、生物、新材料、新能源、海洋、空间等伴随新技术的出现而产生和发展起来的一系列产业。新兴产业和战略产业一样，也是动态概念，即某产业可能在某一时间段内（如几年或十几年）属于新兴产业，但当该产业应用的技术进入成熟期，预计未来不会再出现大的突破后，该产业就不再属于新兴产业的范畴了。

高技术产业：也可称为高新技术产业，主要指用当代尖端技术（如信息技术、生物工程和新材料等领域）生产高技术产品的产业群。高技术产业的主要判断标准是研发投入和研发人员的比重是否较高。我国高技术产业主要包括软件、计算机硬件、网络、通讯、半导体、一般 IT 行业、医药保健、环保工程、生物技术、新材料、资源开发、光电与光机电一体化、新能源与高效节能技术、核应用技术、其他重点科技、科技服务共 16 大类。

二、战略性新兴产业的内涵

战略性新兴产业是针对我国国情提出的特有概念，它同时包含“战略性”与

“新兴性”特征，即对国民经济发展具有重要意义又尚未形成规模的产业。2010年12月，中央经济工作会议正式提出“加快培育战略性新兴产业”的总体思路，将战略性新兴产业的概念界定为掌握关键核心技术，具有市场需求前景，资源能耗低、带动系数大、就业机会多、综合效益好的新兴产业。

战略性新兴产业是充分依托一国或地区的区域及资源优势，在最有优先条件的领域发展起来的，以重大科学技术突破为前提，将新兴技术与新兴产业深度融合，引起社会新的市场需求，技术门槛高、带动能力强、综合效益好、成长速度快、市场潜力大、产业规模大，对国民经济全局和长远发展具有重要意义的新产业。

国务院规定的我国战略性新兴产业有节能环保、新一代信息技术、生物、高端装备制造、新能源、新材料、新能源汽车七大细分行业。

节能环保产业：节能是指节约能源、降低能源消耗、减少污染物排放。环保是指改善生态环境、保护自然资源、防治环境污染。节能环保产业是指国民经济结构中既有利于节约能源，又能够促进环境保护的相关技术产品的研究发明、生产流通、资源利用、信息服务、工程承包等活动的总称。目前，各个国家对环保产业的解释各有不同，美国将其称为“环境产业”，主要包括环保服务、环保设备和环境资源三大类。环保产业在日本被称为“生态产业”，分为环境保护、环境恢复、能源供给、清洁生产、洁净产品和废弃物处理六个部分。国际上将节能环保产业分为广义和狭义两种，狭义的节能环保产业主要指在环境污染控制和减排、事后的污染清理以及废弃物处理等方面提供产品和服务；广义的除了包括狭义的“终端治理”之外，还包括原材料采掘、生产到废弃物处理等各个环节的监督和治理。

新一代信息技术产业：随着集成电路、现代电子、计算机、互联网等技术的广泛应用，信息通信技术迅速发展，并向其他产业广泛渗透，成为一个国家或地区经济发展水平的重要标志。我国在《中共中央关于制定国民经济和社会发展第十二个五年规划的建议》中明确将新一代信息技术作为我国七大战略性新兴产业之一。新一代信息技术包括下一代通信网络、物联网、三网融合、新型平板显示、高性能集成电路和云计算六个方面的高端软件。

生物产业：是指将现代生物技术和生命科学应用于生产以及经济社会各领域的相关产业的统称。我国在《“十二五”国家战略性新兴产业发展规划》中将生物产业的重点发展方向定为生物医药产业、生物医学工程产业、生物农业产业、生物制造产业四个方面，并分别规划了发展路线图。生物医药产业是指将生物技术与工程技术应用于医药产业而形成的相关产业的总和，分为疫苗与诊断试剂、创新药物、现代中药、生物医学工程等类型。目前，50% 以上的生物技术成果主要集中于生物医药产业，生物医药产业是生物技术应用最活跃的领域。

高端装备制造业：装备制造业是区别于一般“加工制造业”的，是指为国民经济各部门进行简单再生产和扩大再生产提供生产工具的制造部门的总称。高端装备制造业指的是现代制造业的高端部分，是为国民经济各大行业提供先进技术设备的产业，是具有高技术含量、高附加值和高产业链地位的装备制造业。《国务院关于加快培育和发展战略性新兴产业的决定》将高端装备制造产业的重点发展方向定位为航空航天装备、卫星及应用、轨道交通装备、海洋工程装备、智能制造装备五大行业。工业与信息化部等部门起草的《“十二五”高端装备制造业产业发展规划》将高端装备制造业发展方向定位为五个细分行业：航空、航天、高速铁路、海洋工程、智能装备。

新能源产业：新能源又称非常规能源，是指传统能源之外的各种能源形式，它的各种形式都是直接或间接地来自太阳或地球内部所产生的热能，包括太阳能、风能、生物质能、地热能、海洋能、核能、氢能等。新能源主要指新能源和可再生能源的开发利用、新能源技术以及先进能源装备、车用新能源、新能源基础设施等。在我国，地热能、氢能、海洋能等仍处于小规模尝试阶段，而风能、太阳能、生物质能的利用范围逐渐扩大，成为我国现阶段新能源领域的主要能源。

新材料产业：新材料是指新出现的具有优异性能和特殊功能的材料以及传统材料改进后性能明显提高或产生新功能的材料，包括新型功能材料、先进结构材料、高性能纤维复合材料和高性能基础材料。新材料产业是新材料本身及其相关产品和技术装备所形成的产业总称。新材料产业具有科技含量高、附加值高，设计领域广泛，研发过程多样化、边缘化、综合性强，与其他产业的关联性强等特征。新材料的研发和产业化水平是衡量一国经济社会发展、科技进步和国家安全的重要标志，它与信息技术、生物技术一起成为 21 世纪最重要和最具发展潜力的领域。

新能源汽车产业：新能源汽车概念是我国提出来的，美国称其为替代能源汽车，是指采用非常规的车用燃料作为动力来源或使用常规的车用燃料而采用新型车载动力装置，综合车辆的动力控制和驱动方面的先进技术形成的技术原理先进、具有新技术新结构的汽车。随着我国成为全球第一大汽车消费国，汽车工业面临能源短缺、环境污染严重等问题，发展新能源汽车已经成为未来汽车工业可持续发展的必然选择。我国将新能源汽车作为七大战略性新兴产业之一加以扶持和发展。

三、战略性新兴产业的特征

战略性新兴产业主要具有战略性、创新性、导向性、关联性、长远增长性、突破性、风险性、动态可变性、可持续性等特征。

战略性——国家战略目标的体现。战略性新兴产业从国家、社会和全体人民的整体利益出发，在国民经济发展中占有重要地位，关系到国家安全和综合实力的提升。该产业有利于促进经济结构调整和经济发展方式的转变，解决经济可持续发展过程中面临的资源及能源约束，经过培育和发展，该产业在未来可成为主导产业和支柱产业。

创新性——掌握关键核心技术。战略性新兴产业的研发投入大，围绕企业和产业的创新理念，始终代表着新技术方向。战略性新兴产业市场潜力大且能够掌握核心技术，具有较高的劳动生产率，已成为各国发展的重点。

导向性——具有引领和带动作用。战略性新兴产业代表了先进技术水平，其技术、工艺、产品、所满足的市场需求都是新的，代表产业发展的新方向，具有广阔的市场潜力，对国民经济其他产业具有领航作用，对经济具有长期、持续的带动作用。

关联性——具有强大的关联及溢出效应。战略性新兴产业在国民经济发展中具有重要地位，所以其产业关联度高，产业链条长，可以带动其相关和配套产业的发展，可以实现产业间的技术互动和价值链接，创造就业机会，提高社会总体消费水平，提升国民经济总体产业的高度。

长远增长性——市场需求前景广阔且长远。战略性新兴产业代表了先进的技术及产品，具有广阔的市场潜力，可以保证对国民经济长远的贡献率。它既要支撑当前经济和社会的发展，又要引领未来经济和社会的可持续发展。

突破性——突破原有的资源约束。战略性新兴产业主要是依托新能源、新技术的开发带动整个经济发展的产业，具有新兴科技和新兴产业深度融合的特征。它突破了原有的依赖资源实现经济增长的方式，甚至可能会引发新一轮的产业革命。

风险性——有诸多的不确定性。由于战略性新兴产业具有先导性特征，在内容和形式上都没有现成的经验可循，只能在实践中不断总结经验，不断改革创新，摸索前进，这一过程同样伴随着较多风险。在技术、市场、体制、机制等方面有诸多不确定性，加之产业相关政策及配套体系的不完善，使战略性新兴产业投资带有较大风险。

动态可变性——产业内容和领域不断更新。战略性新兴产业是一个动态的、不断发展更新的概念。随着不断的创新和技术变革，战略性新兴产业的内容和重点领域也将出现新的调整和变化。

可持续性——体现了资源友好和环境友好的理念。战略性新兴产业属于技术密集、知识密集、人才密集的高科技产业。通过创造性地使用新能源、新技术摆脱资源约束，提高产品附加值，对发展低碳经济、绿色经济，实现高质量经济增长具有重要作用。

第二节　我国战略性新兴产业发展现状

一、节能环保产业

我国节能环保产业分为节能产业、环保产业和资源循环利用产业三个方面。随着政府对环境问题的日益重视和人们环保意识的日益增强，我国节能环保产业规模保持了较快的增长速度。

在节能产业方面，流程制造业的高效节能是推进工业节能的重点。因为化工、冶金和建材工业的能源消耗占工业能源消耗的比重超过50%。我国流程制造产业的规模不断扩大，粗钢及有色金属的产量连续9年位居世界第一，炼油能力、乙烯能力均排世界第二位。此外，我国流程制造业中的部分行业已经初步形成了包括研发、设计、生产和应用等较为齐全的节能产业体系。

环保产业是节能环保产业的三个子产业中最重要的组成部分，随着环境问题的日益严重，我国环保产业的总体规模不断扩大，产业领域不断拓展，并形成了一定的产业体系。

（一）我国节能环保产业发展现状及存在问题

1. 产业规模扩张明显，市场竞争力弱

“十二五”以来，我国节能环保产业发展势头强劲（图3-1），年均增长率超过15%，形成委托承包、BOT、BOO、TOT等多种商务模式和京津冀、长三角、珠三角等集聚发展区，成为经济新常态下新的经济增长点。但是，该产业总体规模在国民经济结构中的比重偏低，仅占3%，与国民经济支柱产业的要求仍有一定差距。而且，节能环保产业以小微企业为主，3万余家环保企业中，规模50人以下的企业占比为92%，产业集中度低，规模效率不明显，企业缺乏市场竞争力，具有一体化综合解决能力的大型综合性环境服务企业较少。

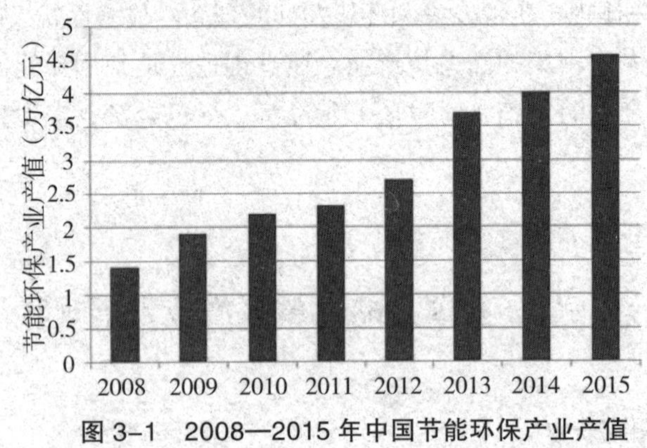

图 3-1 2008—2015 年中国节能环保产业产值

2. 市场化进程加速，市场秩序有待完善

随着节能环保市场逐步放开，市场进入壁垒降低，但是与之相应配套的管理机制还不完善，造成市场竞争秩序混乱。例如，《关于废止〈环境污染治理设施运营资质许可管理办法〉的决定》实施以后，虽然从行政审批角度降低了污染治理专业企业进入相关业务领域的门槛，但是中小型环境服务运营商的技术及环境管理水平参差不齐，部分企业以降低环境治理标准为代价，刻意压低环境服务价格以抢占市场，低价、低质、恶性竞争的现象比较严重。此外，PPP、第三方治理等市场化模式存在政府和市场、第三方和排污主体责任界定不清等问题。

3. 多元化投融资格局基本形成，资金短缺仍是重要瓶颈

政府不断加大对节能环保产业的投资力度，2015 年治污总投资达到 8 800 多亿元，占 GDP 的 1.28%。另外，政府还不断引入社会资本，基本形成了 PPP、第三方治理、绿色金融、产业基金等多元化投融资格局。但是，节能环保产业属重资产行业，投资大、周期长，而我国众多中小型节能环保企业缺乏融资能力，资金短缺问题严重。据国务院发展研究中心研究显示，从 2015 年到 2020 年中国绿色发展的相应投资需求约为每年 2.9 万亿人民币，其中政府的出资比例只占 10% ～ 15%，超过 80% 的资金需要社会资本解决，绿色发展融资需求缺口巨大，如图 3-2 所示。

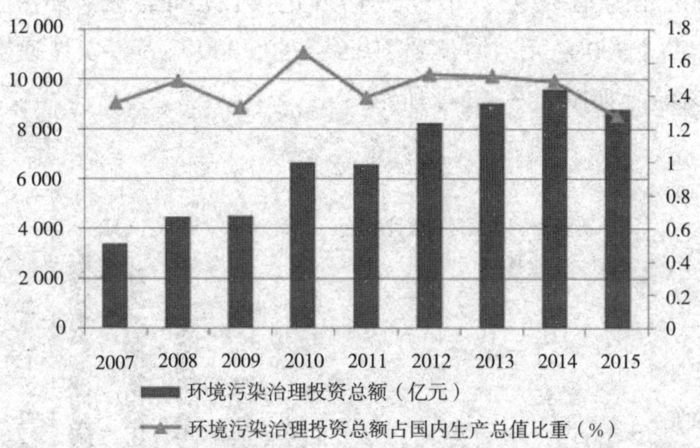

图 3-2 2007—2015 年环境污染治理投资及占 GDP 的比重

4. 技术水平大幅提升，原始创新能力和动力不足

我国节能环保技术装备迅速升级，技术水平不断提升，发明专利申请数量由2010 年的 31 917 件上升至 2014 年的 70 559 件，主导技术和产品基本满足市场需求，重点节能环保技术方面也取得一定突破。但是，节能环保技术原始创新较少，以小微企业为主的产业组织特征导致了产业内技术创新动力不足。目前，我国环保产业企业中仅有 11% 左右的企业有研发活动，这些企业的研发资金约占销售收入的 3.33%，远低于欧美 15% ~ 20% 的水平。技术交易、转移和扩散的市场化机制也尚未形成，科技成果转化率低，阻碍了产品和设备的大规模产业化。

（二）我国节能环保产业发展趋势

1. 节能环保产业仍将呈高增长态势

“十三五”末期，节能环保产业将被培育为国民经济的支柱产业，全国节能环保产业将保持年均 15% 左右的增长率，到 2020 年产值将超过 8 万亿元。随着国家强化产业扶持，宏观战略导向和环境保护力度的不断加大，节能环保产业具有广阔的发展空间和巨大的市场增量，将重点围绕水、气、土细分领域展开。碳市场全面启动，碳减排产业潜力巨大。

2. 产业结构将向装备制造和服务业并重升级

2015 年，我国节能环保产业中高效低耗的先进环保技术装备与产品的市场占有率为 10%，主要以传统装备制造业为主。随着产业规模进一步扩张，节能环保装备制造业仍会占有很大比重，节能环保服务业所占比重将进一步增加。节能服务业总产值由 2008 年的 417.3 亿元增至 2015 年的 3 127.34 亿元，环保服务业年收入总额从 2010 年的 1 500 亿元，增长到 2015 年的 5 000 亿元，发展速度高于节能环保产业的其他领域，如图 3-3、3-4 所示。

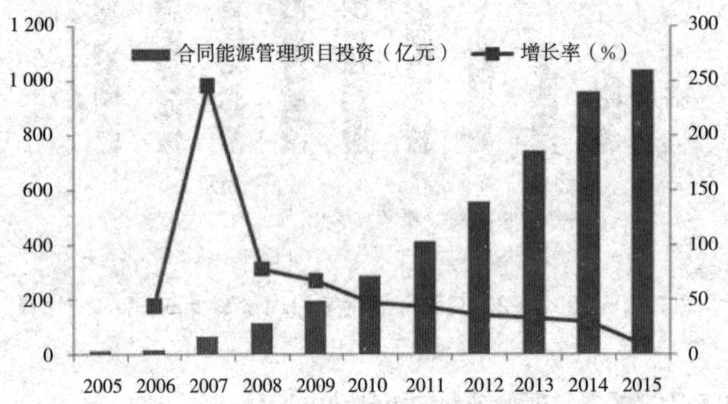

图 3-3　2005—2015 年合同能源管理项目投资趋势变化

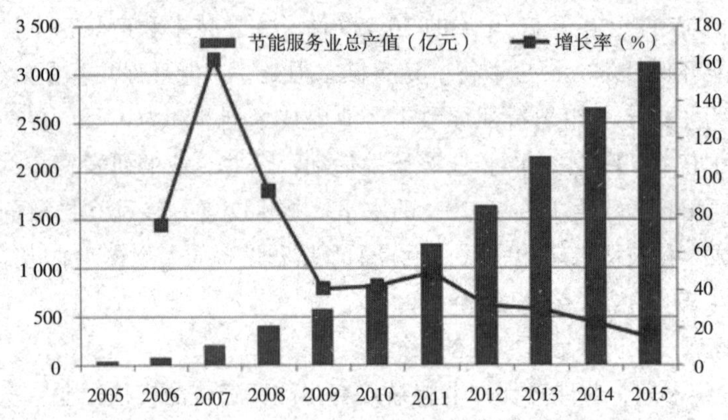

图 3-4　2005—2015 年节能服务业总产值趋势变化

在新的需求下，传统制造业的产品向标准化、成套化、智能化方向发展，节能环保服务业将从单一环节服务业逐步发展为一体化的综合节能环保服务业，有效提高行业集中度。

3. 业内整合并购和跨界整合引发产业格局变迁

目前，环保行业的整合并购趋势明显，资金规模由 2012 年的 12 亿元急增到 2015 年的 600 亿元，集中在较成熟的水务和固体废弃物行业。非节能环保企业的跨界收购也大量涌现，达总资金规模的 25%。中国石油化工集团公司、中国中铁四局集团有限公司等通过资本、技术、工程和设备等途径纷纷进军节能环保产业。随着行业并购规模进一步扩大，业内兼并重组将形成行业龙头相对垄断的竞争格局，而跨行业重组会带来产业链条的延伸，如图 3–5 所示。

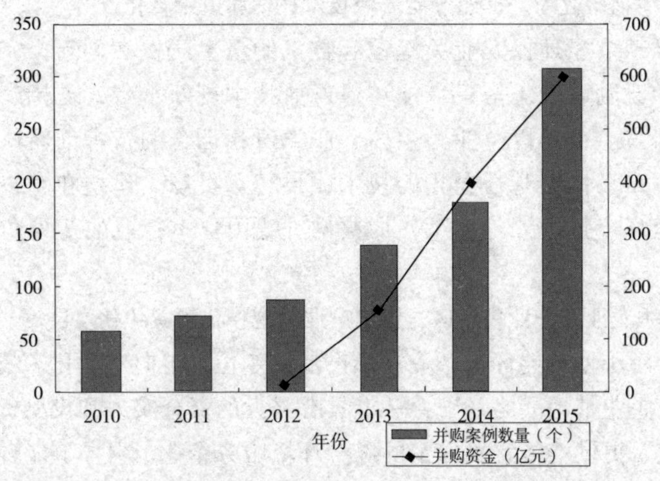

图 3–5　2010—2015 环保行业并购案例数及并购资金额

十九大报告指出，要以“一带一路”建设为重点，坚持“引进来”和“走出去”并重，遵循共商、共建、共享原则，加强创新能力开放合作，形成陆海内外联动、东西双向互济的开放格局。面对节能环保市场的全球化发展，越来越多的节能环保企业调整发展战略，将目光投向国际市场。2017 年环保部等四部委联合发布《关于推进绿色“一带一路”建设的指导意见》，为我国节能环保产业“走出去”提供了政策支撑。中材节能、桑德环境、北控水务等骨干节能环保企业已获得了多个海外项目订单，开拓了多个国家市场，积累了丰富的建设运营经验。

（三）推动我国节能环保产业发展的政策建议

1. 加强市场监管，营造公平竞争的市场环境

加强节能环保产品的质量监管力度，形成有效的产品标准体系以及质量检测体系；加强节能环保服务的价格监管；加强固定资产投资项目的节能评估和审查；在环境保护部污染治理运行设施许可等多项审批和上市公司环保核查取消后，突出行业管理；严格执法监督，制定违规处罚机制，形成反向约束。

2. 优化政府资金的引导作用，完善 PPP、绿色金融等市场化机制

继续加大中央预算内投资、财政资金以及税费优惠的扶持力度，进一步优化支持方向和方式。完善引入社会资本的市场化框架，加快制定国家节能量交易相关规范，研究制定排污权有偿使用费的收取方式和交易价格，建立和完善 PPP 运作程序，优化绿色金融相关配套政策，构建多层次的绿色金融体系，等。

3. 加强技术创新驱动，提速节能环保技术评估和成果转化

鼓励和推动节能环保产业关键核心技术的自主研发和创新，完善科技创新和成果转化的激励政策。搭建节能环保产业技术创新平台，支持产业共性和关键性技术的研发。推动以企业为主体、产学研相结合的技术创新体系，完善技术服务推广的市场机制与社会化的技术成果转移机制。建立和完善环境技术评价制度，健全环境技术评价体系，加快推进我国更多行业的污染防治最佳可行技术的编制。

4. 做大做强企业和产业集聚区，促进产业的规模化和集约化发展

积极引导中小型节能环保企业找准产业链定位，走向专业化、精细化发展道路。实施龙头企业带动战略，培育一批具有强大的资金实力和投融资能力，且能够整合产业链、提供整体解决方案的综合环境服务企业，引导节能环保产业集群规范化、集约化发展，发挥聚集带动作用。对于已形成的长三角、珠三角、环渤海等重点产业集群，要因势利导，推动产业升级。

5. 加快出台产业“走出去”战略的配套措施，拓展国际市场

完善我国节能环保产业“走出去”的政策法规，包括节能环保产业海外投资的相关规则、标准以及交易模式等，实施节能环保产品、设备和技术出口优惠政策。建设一批环保产业国际化发展示范基地及示范工程，搭建政府公共服务平台，通过会议、展览等加大宣传力度，广泛开展国际交流与合作。

二、新一代信息技术产业

新一代信息技术产业包括下一代通信网络、物联网、三网融合、新型平板显示、高性能集成电路、云计算六个子行业。

（一）下一代通信网络

NGN（next generation network），即下一代通信网络，是指以软交换为核心的能够提供包括语音、数据、视频和多媒体业务的基于分组技术的综合开放的网络架构，代表了通信网络发展的方向。NGN 是在传统的以电路交换为主的 PSTN 网络中逐渐迈出了向以分组交换为主的步伐。下一代通信网必须满足以下基本要求：网络建设和运行维护成本低；多业务统一控制；业务快速提供。

（二）物联网

物联网就是物物相连的互联网，有两层意思：其一，物联网是在互联网基础上的延伸和扩展的网络，其核心和基础仍然是互联网；其二，其用户端延伸和扩展到了任何物品与物品之间。物联网通过智能感知、识别技术与普适计算等通信感知技术广泛应用于网络的融合中，被称为继计算机、互联网之后世界信息产业发展的第三次浪潮。物联网的精神实质是提供不拘泥于任何场合、任何时间的应用场景与用户的自由互动，它依托云服务平台和互通互联的嵌入式处理软件弱化技术色彩，强化与用户之间的良性互动。更佳的用户体验、更及时的数据采集和分析建议、更自如的工作和生活是通往智能生活的物理支撑。

（三）三网融合

三网融合是指电信网、广播电视网、互联网在向宽带通信网、数字电视网、下一代互联网演进的过程中，三大网络通过技术改造，其技术功能趋于一致，业务范围趋于相同，网络互联互通、资源共享，能为用户提供语音、数据和广播电视等多种服务。三网融合并不意味着三大网络的物理合一，而主要是指高层业务应用的融合。三网融合应用广泛，遍及智能交通、环境保护、政府工作、公共安全、平安家居等多个领域。

（四）“互联网 +”

2015 年 3 月，李克强在政府工作报告中提出制订“互联网 +”行动计划，推动移动互联网、云计算、大数据、物联网等与现代制造业的结合，促进电子商务、工业互联网和互联网金融健康发展。2015 年 7 月，国务院印发了《国务院关于积极推进“互联网 +”行动的指导意见》，确定了创业创新、协同制造、现代农业、智慧能源、普惠金融、益民服务、高效物流、电子商务、便捷交通、绿色生态和人工智能 11 个“互联网 +”重点行动。“+”的含义是指融合、创新和改变，即互联网与各行各业、各个领域融合，创新商业模式和政府管理方式，改变人们的生产、生活。

（五）云计算

云计算是一种可以随时随地方便地、按需地通过网络访问可配置计算资源（如网络、服务器、存储、应用程序和服务）的共享池的模式，这个池可以通过最低成本的管理或与服务提供商交互来快速配置和释放资源。之所以称为“云计算”，是因为互联网的标识是云状图。云计算具有快速弹性、测量服务、按需自助服务、无处不在的网络接入等特点。按照云计算资源的使用方式可以将云计算分为公共云、私有云和混合云。

三、生物医药产业

生物医药产业的主要内容包括：酶工程、生物芯片技术、基因测序技术、组织工程技术、生物信息技术等。生物技术产业涉及医药、能源、化工等多个领域。应用生物技术生产出的相应商品只有在市场上形成一定的规模后才能形成产业，因此生物技术产业的内涵应包括生物技术产品研制、规模化生产和流通服务等。

（一）生物制药行业产销规模快速增长

在中国，生物医药产业被看作朝阳产业，其发展势头迅猛。随着新产品研发经费支出的快速稳定增长，2000—2015 年我国生物制药行业大中型企业新产品产销规模呈较快增长趋势。目前，我国重点发展的生物制品包括基因工程药物，开发活性蛋白与多肽类药物，中草药及其有效生物活性成分的提取、发酵生产，开发各种疫苗、单抗及酶诊断和治疗试剂，开发靶向药物。这几类药品的市场需求旺盛，也带动了产业的快速发展。

（二）产业布局重点突出

目前，我国生物医药产业在布局上以产业关联为基础、地理靠近为特征形成了环渤海、长三角、珠三角三大重点发展区域。环渤海包含了北京、天津、河北和山东，北京凭借其高度集中的科研人才成为生物医药的研发中心；天津以出口为导向，是关键技术的转化基地；河北和山东拥有较好的医药基础和丰富的生物资源，是环渤海地区最重要的生物医药制造业大省。

长三角以上海为核心，以江苏、浙江为两翼建立生物医药产业园区。上海聚集了世界前十强药企，研发密集、融资条件较好，是我国研发和成果转化中心。江苏是生物医药产业成长性最好最活跃的地区，生物医药产值位居全国之首。珠三角以广州和深圳为龙头，广州较早发展生物医药产业，集聚了一批优秀生物医药企业。深圳自主创新能力强，国际化环境好，跨国企业投资力度大，生物医疗产业设备优势突出，随着基因库的建立，南方生物医药产业核心城市的地位得到巩固。除此之外，还有东北地区、中部地区等区域的生物医药也具有较好的基础。

我国政府一直高度重视生物医药产业的发展，积极采取各项政策、措施大力推进产业发展进程，国家为促进生物医药和医药产业的创新发展先后出台了多个与生物医药相关的国家级规划纲要，进一步强调了生物技术及医药产业的重要性。

2015 年，我国生物药品制造行业主营业务收入达 3 164.16 亿元，继续保持稳步增长，占医药工业总营业收入的 11.77%。

四、高端装备制造业

高端装备制造业又称先进装备制造业，是指生产制造高技术、高附加值的先进工业设施设备的行业。高端装备主要包括传统产业转型升级和战略性新兴产业发展所需的高技术、高附加值装备。高端装备制造业是以高新技术为引领，处于价值链高端和产业链核心环节，决定着整个产业链综合竞争力的战略性新兴产业，是现代产业体系的脊梁，是推动工业转型升级的引擎。大力培育和发展高端装备制造业是提升我国产业核心竞争力的必然要求，是抢占未来经济和科技发展制高点的战略选择，对加快转变经济发展方式、实现由制造业大国向强国转变具有重要的战略意义。

据中科院西北研究院发布的《2017 中国高端装备制造业年报》统计数据显示，2017 年我国高端装备制造业销售收入超过了 9 万亿元，在装备制造业中的占比提高到了 15%，复合增长率达到了 32.3%，实现了又一次跨越式增长。以此增长率推算，到 2022 年高端装备制造业销售收入将达到 20.7 万亿元，在装备制造业中的占比将提高到 25%。高端装备制造业的前景可谓锦绣无限。

五、新能源产业

新能源产业主要是源于新能源的发现和应用。新能源是指刚开始开发利用或正在积极研究、有待推广的能源，如太阳能、地热能、风能、海洋能、生物质能和核聚变能等。因此，开发新能源的单位和企业从事工作的一系列过程叫新能源产业。

风电产业是我国新能源产业中发展最快的产业。2011—2012 年，随着风电装机快速增长，开始出现弃风限电情况；2013 年冬季气温同比偏高，全国电力负荷同比增速提升，弃风率有一定好转；2014 年整体来风偏小、特高压投运，缓解了弃风限电现象。但是，2015 年由于风电抢装，弃风限电情况更加严重，2016 年我国风电平均利用小时数为 1 742 小时，弃风率高达 17%。

弃风限电自 2010 年后成为制约行业发展的主要障碍，主要原因是：①我国风能资源与电力需求存在区域错配，虽然三北地区风能资源丰富，但是远离电力负荷中心，资源地本身的工业基础较为欠缺，用电增速低、消纳能力弱；②风电本身具有波动性和间歇性等特点，并网需要配套建设调峰电源，但三北地区电源结构单一，基本没有调峰能力；③跨区域的电力输送通道建设不足，导致了弃风限电的问题产生。

2017 年弃风限电情况得到好转，前三季度全国风电发电量达到 2 128 亿千瓦时，同比增长 26%；平均利用小时数为 1 386 小时，同比增加 135 小时；全国弃风电量 295.5 亿千瓦时，同比减少 103 亿千瓦时，弃风率同比下降 6.7%。

光伏发电是一种利用半导体材料的光伏效应将太阳辐射能直接转换成电能的新型发电系统。根据半导体材料的不同，主要可分为晶体硅太阳能发电、薄膜太阳能发电与聚光太阳能发电三种。其中，晶体硅太阳能发电始终是光伏发电的主流。光伏产业作为具有重大开发价值的新能源产业，其清洁高效及可持续利用的特点使各国都先后投入该产业的开发与利用中。近年来，全球光伏产业经历了跨越式的发展，新增装机容量从 2007 年的 2.8 吉瓦逐年增长至 2016 年的 75.4 吉瓦，光伏发电的巨大潜力愈发引人关注。2007 年，全球光伏累计装机容量仅为 9.8 吉瓦，至 2016 年已累计达到 303.1 吉瓦，较 2015 年的增长幅度高达 24.8%。虽然累计装机容量逐年增长，但是近几年累计装机容量同比增长趋势放缓，由此说明全球光伏产业总体呈现稳定上升的发展态势。

近年来，随着光伏产业的不断发展，国内光伏装机需求也不断提升。2005 年，我国新增装机容量只有 68 兆瓦，仅为当年全球装机容量的 1.34%，至 2016 年我国新增装机容量已达到 34.54 吉瓦，占全球新增装机容量的 45.81%，且连续三年位居全球新增装机容量之首。2017 年，我国光伏新增装机容量已达到 53.06 吉瓦，同比增长 53.62%。与此同时，与早期光伏项目应用多为离网项目相比，我国当前的光伏项目几乎全部实现并网，并网型光伏项目已成为主流。2015 年，在新增的 15.15 吉瓦装机量中，仅有 0.02 吉瓦为离网项目。当前，我国光伏产业链的下游应用主要为大型地面电站与分布式光伏项目，以大型地面电站为主，逐渐呈现与生态治理、农业等相融合的多元化发展趋势。截至 2016 年，我国光伏电站累计装机容量 67.10 吉瓦，其中分布式仅为 10.32 吉瓦，与其他光伏国家相比，分布式光伏占比较小，但近年来发展速度明显增快，2016 年新增分布式光伏装机容量为 424 万千瓦，比 2015 年增长 200%。截至 2017 年底，全国光伏发电装机容量达到 130.48 吉瓦，其中分布式光伏达到 29.66 吉瓦。随着国家政策不断向分布式光伏倾斜，未来分布式光伏项目的市场潜力巨大。

六、新材料产业

新材料是指新出现的具有优异性能和特殊功能的材料以及传统材料、工艺改进后性能明显提高或具有新功能的材料。融入了当代众多学科先进成果的新材料产业是支撑国民经济发展的基础产业，是发展其他各类高技术产业的物质基础。

“十二五”以来，我国政府高度重视新材料产业的发展，随着《“十二五”国家战略性新兴产业发展规划》和《新材料产业“十二五”发展规划》等国家层面战略规划的出台，工信部、发改委等有关部委相继发布了新材料产业及其他战略性新兴产业的相关发展规划。科技部发布了相关科技发展专项规划，其中绿色制造科技发展、半导体照明科技发展、绿色建筑科技发展、洁净煤技术科技发展、海水淡化科技发展、新型显示科技发展、国家宽带网络科技发展、中国云科技发展、医学科技发展、服务机器人科技发展、高速列车科技发展、制造业信息化、太阳能科技发展、风力发电、智能电网重大科技产业化工程等都包含了新材料的研发和应用内容。2016 年，《关于加快新材料产业创新发展的指导意见》中有以下内容。

先进基础材料：高品质钢铁材料、新型轻合金材料、工业陶瓷及功能玻璃材料等；关键战略材料：耐高温及耐蚀合金、高性能纤维及复合材料、先进半导体材料、生物医用材料等；前沿材料：石墨烯、增材制造材料、智能材料、超材料等。

七、新能源汽车产业

在国家大力扶持新能源汽车、大力推动汽车产业转型升级的背景下，中国新能源汽车产业迅猛发展。2018 年是国内新能源汽车产业的一个关键节点，国家新能源汽车产业的政策正在发生重大的变化，这些新的变化为汽车产业带来了机遇和挑战。

目前，国内新能源汽车的电动化、智能化、轻量化、集成化是一个发展趋势，但是在这个过程中还面临很多难题。未来的汽车产业在新能源领域竞争有三大核心：一是用户接口的掌握；二是关键核心技术和产品的掌握；三是实现产业链上下游的协同。

第三节 政府在发展战略性新兴产业中的作用

大力培育战略性新兴产业是国家应对危机，加快经济发展方式转变的重大举措，政府在战略性新兴产业发展过程中将扮演重要角色。

一、理论基础

新古典主义经济学认为，在完全竞争条件下，市场能够在自发运行的过程中，通过自身力量的调节实现资源的有效配置。但是，完全竞争只是一种理想的条件假设，市场经济存在自身无法克服的固有缺陷——“市场失灵”。因此，政府具有干预经济的必要性和可能性。

战略性新兴产业是反映国家战略意图的新兴产业，具有一系列区别于传统产业的特点：①准公共性。战略性新兴产业直接体现国家安全和公众利益，关系到经济社会发展全局，对带动经济社会进步、占领国际竞争制高点具有重要意义。②外部性。战略性新兴产业属于知识技术密集型产业，由于知识产品的公共属性，新产品进入市场后内置其中的新知识和新技术随之溢出和扩散，并在全社会范围内产生极为可观的经济效益和社会效益。虽然知识产权制度在一定程度上避免了企业的“寻租”，但是市场上仍存在大量“搭便车”行为。③高风险性。战略性新兴产业从构想到研发再到商品化和市场化，其间要面临种种风险，包括技术风险、市场风险、金融风险以及管理风险等。上述特点决定了仅依靠市场机制的自身调节无法实现资源配置的最优，战略性新兴产业在发展和演进过程中不可避免地存在“市场失灵”。

公共经济学认为，市场机制发生失灵的领域就是需要政府发挥作用的范围。因此，政府部门需要对战略性新兴产业进行合理的公共政策选择，针对市场失灵的不同情况进行调节、规范和制约。

二、政府对产业发展的影响

美国战略管理学家迈克尔·波特提出的钻石理论为分析一个国家某种产业的国际竞争力提供了思路。根据该理论的观点，一个国家的产业竞争力主要取决于四个因素：生产要素、需求条件、相关产业和支持产业的表现以及企业的战略、结构和同业竞争。在四大要素之外还存在两大变数：政府与机会。这六个要素相互影响、彼此互动形成一个完整的钻石体系，共同决定产业的竞争力水平。政府对产业发展的影响，最明显的应该是政府政策对钻石体系产生的作用（图 3-6）。

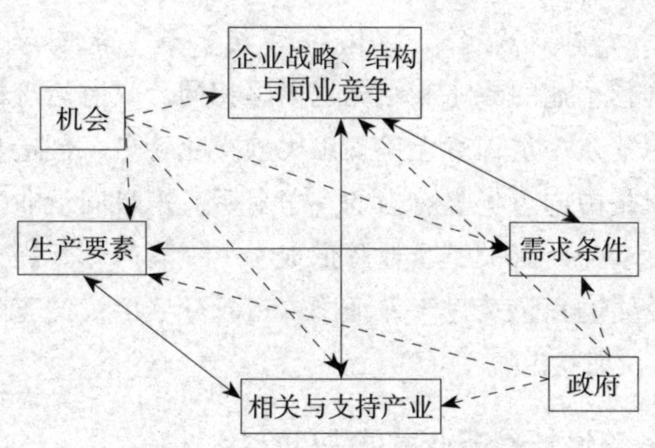

图 3-6　产业竞争力钻石模型

（一）政府对“生产要素”的影响

根据波特的观点，生产要素包括人力资源、天然资源、知识资源、资本资源和基础设施。根据生产要素在产业竞争优势中的重要性将生产要素分为初级生产要素和高级生产要素或一般性生产要素和专业性生产要素。高级生产要素和专业性生产要素是产业获得强大而持久的竞争力的必要条件。政府对生产要素的影响主要表现在通过直接投入创造和提升生产要素，包括财政经费支持、专业人才培养、支持基础理论研究和共性技术研发、完善中介服务体系以及基础设施建设等。

（二）政府对“需求条件”的影响

国内需求市场是产业发展的驱动力。如果国内市场上有关产业的产品需求大于国外市场，则拥有规模经济；如果国内市场消费者需求层次较高，会激发本国企业改进产品质量和性能，提高服务水平；如果国内需求具有超前性，会促使本国企业创新生产工艺和营销策略。政府主要通过运用行政手段制定规划和激励政策以及实施政府采购，直接或间接地创造新的国内市场需求。

（三）政府对“相关与支持性产业”的影响

相关和支持性产业与优势产业是一种休戚与共的关系。相关产业和支持产业是促进主导产业取得竞争优势的保证，有利于主导产业降低成本，提高质量和效率。波特的研究提醒人们注意“产业集群”现象，一个优势产业并非单独存在的，它一定是与国内相关强势产业一同崛起的。政府通过产业选择和规划，制定完善的产业政策体系，加强市场环境监管，营造区域创新环境以及构建公共服务体系，促进了产业集群的形成。

（四）政府对“企业战略、结构和同业竞争”的影响

企业目标不同，企业的战略和结构也不尽相同。政府治理模式会影响企业的战略和结构，并使其在一定程度上呈现出民族文化特色。创造与持续产业竞争优势的最大关联因素是国内市场强有力的竞争对手。来自同行业的竞争为企业提供改革和创新的原始动力，有助于企业降低成本、提高效率、提升产品质量。政府在产业发展中最重要的角色莫过于保证国内市场处于活泼的竞争状态，制定竞争规范，避免出现托拉斯状态。

三、政府在战略性新兴产业发展中的作用

基于政府对产业发展过程中生产要素、需求条件、相关与支持产业以及同业竞争的影响分析，政府在战略性新兴产业发展中的作用可以归纳为引导、激励、服务和规范四个方面。

（一）政府的引导作用

1. 制定规划和计划，引导战略性新兴产业发展方向

规划和专项计划是政府解决重大社会经济问题和实现资源合理配置的重要手段。在新兴产业发展初期，发展方向尚不明朗。市场需要政府通过制定国家和地方性新兴产业发展规划、专项计划引导新兴产业的发展方向和空间布局，并在一定程度上创造新的市场需求。例如，韩国政府制定了《新增长动力规划及发展战略》，将绿色技术、尖端产业融合、高附加值服务等三大领域共17项新兴产业确定为新增长动力。日本政府通过了《低碳社会行动计划》，提出将太阳能和核能等低碳能源作为重点发展领域。

目前，国家已出台指导我国战略性新兴产业发展的纲领性文件，将有助于准确预测未来的技术发展前景和产业发展趋势，并进一步明确战略性新兴产业的战略目标、发展思路以及发展重点。在此基础上，有关部门还应继续细化和深化，制订具体产业的专项计划，找准技术研发和产业培育的优先领域。同时，充分发挥重大专项计划对培育战略性新兴产业的支撑作用，做好战略性新兴产业规划与科技规划的衔接和协调。

2. 给予经费支持，降低风险，引导企业进入战略性新兴产业领域

战略性新兴产业研发或产业化所需经费巨大，且投入绩效存在一定的不确定性，企业出于对风险的规避一般不肯贸然进入。从发达国家的经验看，政府在新兴产业投资领域具有重要的导向作用，给予直接经费资助是各国政府支持新兴产业发展的重要手段。2009 年美国政府在 1 200 亿美元的科技（含基建）刺激计划中，新能源、生物医学、航天、海洋和大气等新兴产业领域就占到 588 亿美元，约为科技经费总额的 50%。战略性新兴产业发展战略提出之后，我国政府加大了节能环保、新能源汽车产业发展和新能源开发的资金投入力度，2010 年中央预算安排的节能减排和可再生能源的专项资金分别达到 500 亿元和 109 亿元。

借鉴国外经验，我国政府对新兴产业的经费支持可以从三方面入手：一是直接注入资金资助新兴产业的研发活动；二是发挥政府资金的政策引导作用和杠杆作用，进一步拓宽融资渠道，为战略性新兴产业引入风险投资机制，设立创业投资基金、股权投资基金、信贷基金以及专项贷款，重点支持种子期或初创期科技型中小企业的技术创新；三是发挥政策性金融功能，为新兴产业的发展提供贴息、无息贷款和融资担保等。

（二）政府的激励作用

1. 实行财税优惠政策，鼓励战略性新兴产业领域的研发和消费

战略性新兴产业发展的内在动力在于知识创造与技术创新，外部动力很大程度上依赖政府的激励扶持政策。政府对新兴产业发展的支持除了直接的经费投入外，另一个重要措施是减少税赋等政策的间接投入。针对战略性新兴产业尚处于发展初期，技术研发、运营维护成本以及产品价格较高等特点，许多国家均采取了积极的财税优惠政策。美国为鼓励消费者购买混合动力汽车，联邦政府给予消费者最高 3 400 美元的减税，并提供免收停车费等优惠政策。日本政府从 1996 年 10 月和 1998 年 4 月开始，分别对混合动力汽车和纯电动汽车的购买者给予财政补贴，补贴额度为电动汽车与传统车差价的 50%，电动汽车的购买者还可以享受减征汽车税和车辆购置税的政策优惠。

基于我国战略性新兴产业的发展实践，一方面应将税收优惠政策从生产、销售（或出口）环节向研发环节转移，并进一步加大税收优惠的范围和力度。提高战略性新兴产业研发费用税前抵扣比例，加快战略性新兴产业研发设备加速折旧，对科研人员从事新兴产业研发获得的各类奖励、津贴等免征个人所得税，将增值税由现有的生产型向消费型改革，对主要投资战略性新兴领域的创投企业给予适

当税收优惠，等等。另一方面，可以扩大新技术产品财政补贴范围，对电动汽车、生物质能源、医疗器械等一批具有节能、环保、涉及国际民生的新技术和新产品给予消费补贴。

2. 制定政府采购政策，拉动国内市场对新兴产业产品的需求

新兴产业一般处于产业生命周期的萌芽期，技术风险高，产品的有效市场需求对新兴产业发展至关重要。政府有目的的、导向性的购买活动能够创造和增加技术创新产品的市场需求，有效降低新兴产业技术创新和市场开拓的投资风险。发达国家的实践证明，政府的公共采购政策是激励企业自主创新的重要手段。美国在每年的政府公共采购合同中都将合同总额的 20% 左右留给中小企业，这对中小企业技术创新起到了很好的激励和支持作用。

当前，我国政府应制定新的促进新兴产业发展的公共采购政策，通过预算控制、招投标等形式引导和鼓励政府部门及其直属企事业单位优先购买国内自主研发的高新技术设备和产品，通过提高进口产品关税等措施限制对进口产品的采购比例，提高中小型企业参与政府采购的比例和中标率，同时注意鼓励绿色采购。

（三）政府的服务作用

1. 制定人才政策，为战略性新兴产业发展提供专业人才储备

专业人才是发展战略性新兴产业最基本的生产要素。在应对全球金融危机，大力发展新兴产业的新背景下，新一轮的人才争夺已经在世界范围内展开。美国、法国和澳大利亚等国先后推出了新的移民政策，重视引进战略性新兴产业发展的急需人才。

当前，我国存在一般性人才结构过剩、新兴产业人才匮乏、国际化科技人才稀缺的矛盾。今后，科技人才工作的重点应紧密围绕“用得上，引得来，留得住”这一核心，通过制度创新加强新兴产业专业人才储备。积极鼓励高等学校增设与互联网、绿色经济、低碳经济、环保技术、生物医药等领域相关的新专业。大力推进“千人计划”的实施，创新合作模式，从海外引进大批新兴产业领域的专业人才和优秀创新团队。改革和完善创新型人才培养选拔制度，突破以论文和专利为导向的人才评价机制，切实营造人才辈出、人尽其才的创新环境。

2. 支持基础研究和共性技术研发，为战略性新兴产业发展提供后续力量

基础研究是原始创新的源泉。新兴产业在某个国家迅速崛起绝非偶然，这与该国拥有的科学知识生产体系密切相关。与新兴产业相关的基础研究实力决定着新兴产业成长初期的发展空间和潜力。共性技术能够被产业或行业中的大多数企业通用并提供技术支撑，在引导新兴产业发展过程中发挥着关键性作用。两者都具有很强的准公共产品属性和外部性，提供公共物品和服务是政府的主要职能，因此基础研究和共性技术研发应是政府重点关注的领域。

在基础研究环节，我国政府针对不同学科发展水平参差不齐、结构性矛盾突出、基础研究经费投入严重不足的现状，应做出前瞻性部署，加大基础研究的持续性投入。一方面，成立基础研究基金，引导民间资金投向基础研究。另一方面，通过吸引企业承担国家科技计划、建立企业技术联盟等措施积极引导企业逐步增加基础研究经费投入。在共性技术研发环节，政府可以通过资金投入、环境营造等措施，集成科技计划和重大专项等各类资源，加强产业共性技术联合攻关。对于不同层次、不同类型的产业共性技术，政府的干预程度和干预方式应表现出差异性。对于基础共性技术的研发主要由国家科研院所承担，政府给予全额支持。而对于一般共性技术的攻克，政府则主要通过鼓励企业建立技术战略联盟来完成，并相应给予一定比例的资助。

3. 完善中介服务体系，为战略性新兴产业发展搭建桥梁

科技中介组织以专业知识、专门技能为基础，与各类创新主体和要素市场建立紧密联系，是战略性新兴产业健康发展的必要保障。要大力提高创新资源的配置效率，必须充分发挥科技中介机构的桥梁作用。政府应当积极主动地承担健全和完善中介服务体系的责任。一方面，积极吸纳社会力量，重点围绕企业技术创新咨询、技术创新成果转化、公共科技信息发布、风险投资等方面发展科技中介机构。另一方面，通过优惠政策等多种途径鼓励现有中介机构不断拓宽业务范围，提高服务水平，加速技术创新成果的商品化和市场化进程。

4. 加强基础设施建设，为战略性新兴产业发展提供良好的硬件环境

现代化的基础设施是战略性新兴产业参与国际竞争不可缺少的条件。我国基础设施建设的重点是通过系统规划和投资建设实现产业基础设施、产业服务体系的配套，为战略性新兴产业发展提供良好的硬件环境。例如，针对电动汽车运行的基础设施不成体系问题，建立一定数量的公用充电站，并配备专用电缆及充电桩；针对太阳能发电和风电发电并网遇到的电网基础设施问题，积极部署配电、输电环节的智能电网研发，规划智能电网在我国的应用。

（四）政府的规范作用

1. 建立与完善法律体系，为战略性新兴产业发展提供法律保障

完善的法律体系不仅涉及企业的法律地位、优惠政策，还关系到企业的平等竞争和利益保护。我国以往也推出了许多发展新兴产业的政策、措施和相关法规，但是这些政策措施的内容相对分散、不够规范。为了保障战略性新兴产业健康有序发展，政府部门需要建立和完善与战略性新兴产业发展相配套的法律体系，保证相关政策的稳定性、连续性和权威性。通过立法明确规定我国战略性新兴产业的范围、技术标准、发展方向以及相关扶持措施。

2. 制定知识产权保护战略，为战略性新兴产业发展营造公平公正的市场环境

知识产权战略有利于激励企业技术创新，规范市场秩序，促进企业的公平竞争。政府部门应进一步加强新兴产业知识产权管理制度和服务体系建设，不断提高新兴产业知识产权保护经费的投入，加大《知识产权法》《专利法》的执法力度，打击剽窃、盗版等不正当竞争，为战略性新兴产业发展营造公平公正的市场环境。

第四节　科技支撑战略性新兴产业发展的路径、对策

新兴产业是市场对经济系统新要求的反映，是产业结构调整的新方向，代表了科学技术产业化的新水平。而战略性新兴产业的产生依赖重大科学技术的突破以及更高的发展需求，指的是对整个经济社会特别是那些能够刺激和引导经济社会发展，突出强调其全局性和深远影响力的新兴产业，具备一定的“战略性”和“新兴性”。国外学者关于战略性新兴产业的发展也做了深入的研究，Chesbrough基于已有的常规的创新模式提出开放式的理念，利用开放式的创新理念模式有利于企业内部优秀资源包括人才、技术等的选拔与突出，同时能从企业外部获得较为优异的利润空间。在执行与实施的过程当中，开放式的创新模式是企业内部与外部两类资源更深层次的结合与构筑，而不是停留在创新元素的叠加上。薛澜等则从另一不同的角度，即知识溢出角度探讨的创新需求的必要性，提出知识溢出具备不可控性以及累加性等，这主要是由了知识本身具备的相对性的知识体系决定的，其又在一定程度上增加了私人与社会报酬之间的差距。

科技创新是时代发展与战略性新兴产业发展的需求，也是现代产业逐步代替传统产业的必要条件，在目前的发展过程中多元交叉式的发展已经在科技创新的过程中扮演着越来越重要的角色。周菲、王宁指出，战略性新兴产业重点是指那些能够带动一国经济长期发展的支柱性产业。宋河发等指出，基于新兴技术产生的战略性新兴产业具有科技含量高、产生时间短、发展速度快、市场前景良好、溢出作用大

等特点；战略性新兴产业的发展将会产生一连串的连锁效益：支撑国民经济的发展，促进其他相关产业的勃兴。王忠宏、石光认为，战略性新兴产业对国民经济的促进作用不仅表现为主导性，还表现为对经济社会可持续发展的引导性。

因此，战略性新兴产业的不断创新与发展对国民生活水平具有重要而深远的战略意义，其主要特点是“战略性”“新兴性”“不确定性”“带动性”。战略性体现在其发展立足于科技创新的巨大发展、市场消费需求的变革以及政府相关政策的巨大转变。新兴性表现在：发展的基础是新兴的科学技术研发、创新以及产业化；发展的首要因素是具有显著的科技进步优势。不确定性主要是针对推动战略性新兴产业发展的主导性因素——新兴技术而言的，新兴技术普遍存在市场需求等方面的不确定性。带动性指的是战略性新兴产业具有广阔的发展前景，具体包括：成为国民经济发展的支柱性产业，对周围其他产业和周边地区具有带动作用，从而为经济发展注入活力，提高国家和地区经济的发展水平。因此，科学技术创新对战略性新兴产业的重大推动力不容忽视。

一、战略性新兴产业发展要素

21 世纪以来，随着改革开放的不断深入，我国高新技术及其产业得到了长足的发展，尤其是在战略性新兴技术方面取得了一些重大成就。基于科技创新的战略性新兴产业发展要素体现在以下方面：

（一）关键技术创新

在战略性新兴产业中，关键共性产业与共性技术的协同研发是连接技术研究与成果转化的桥梁，具有重要作用。关键共性技术的研发在战略新兴产业的技术研发中具有基础地位，在产业技术分类中相较于专有技术而言，共性技术从本质上属于产业的基础技术，也有学者称为“竞争前技术”。关键共性技术涵盖的知识面更加广泛，研究涉及多个领域，深入各个交叉学科中，其中工业是基础性产业。而战略性新兴产业的竞争力主要依赖对具有关键性、共性技术的深入研发和创新。

（二）知识产权成果转化

对于我国来讲，科研成果的不断转化是战略性新兴产业不断发展的重要动力，是建设创新型国家的重要一环，而科技成果的转化是实现发展的必经之路。近年来，国家大力推行将科技成果向服务性机构转化的举措，使这些服务机构承担技术的统筹、扩散以及咨询等方面的服务，且进展顺利，效果明显。

（三）进口替代和关键领域发展

改革开放以来，我国开始注重进出口两者相结合的发展战略，尤其是沿海外向型经济发展战略，发展“大进大出、两头在外”产业，沿海地区主动开拓国际市场，同时实现内地生产销售多样化的发展模式。而在发展较为欠缺的重工业方面继续以往的发展战略，延续不断开放的进口条件，着重实施进口替代与出口导向相结合的发展模式，利用选择性的保护政策保护关键领域的不断发展，同时实行外贸发展战略、出口多元化战略、以质取胜战略等。

二、科技创新支撑战略性新兴产业的发展路径

当前，我国自主创新能力较低，制约了科研能力的提高和经济社会的长效发展，因此要真正实施创新驱动发展战略，就必须构建并完善战略新兴产业。在当前的经济改革与社会转型过程中，应充分考虑发展和改革对研发创新体系的影响及相互作用，协调不同观点与力量分布，科技创新政策的着力点应建立在有效的促进创新与研发的作用机制的基础上，从完善科研成果转化机制、人才服务、进口替代与关键技术成果转换等方面构建战略新兴产业，从而改进和提升整个战略新兴产业的自主创新能力。

首先，从产业竞争力的角度看，产业特别是战略新兴产业的核心竞争力主要体现在核心技术的掌握上，即构建以创新为支撑点的整个产业框架，核心技术的拥有量一方面体现在企业自主掌握的关键技术量，另一方面体现在企业拥有的知识产权数。

其次，从产业贡献力的角度看，推动产业持续发展的主要动力仍然是核心技术，即关键技术。我国产业发展在科学技术方面已经取得了长足的进步，但是在某些领域仍存在核心技术落后的问题，需要从国外引进先进的技术予以指导。因此，现阶段推动我国产业长远进步的关键仍在于关键技术及其进口量，两者共同影响并推动战略新兴技术的发展。

再次，从产业联动的角度看，主要是受知识产权以及技术进口量的影响，知识产权及引进的先进技术特别是能广泛应用于不同领域的研发成果对发挥产业联动效应有着关键影响。

三、科技创新支撑战略性新兴产业发展的对策

（一）鼓励战略性新兴产业技术创新

我国战略性新兴产业目前正处于成长时期，情况较为复杂，机遇和挑战并存。

科学技术创新对战略性新兴产业发展的推动作用有目共睹。因此，在发展战略性新兴技术方面，要从我国的基本国情出发，开阔眼界和视野，引进发达国家的先进科学技术和发展经验，吸收消化再进行创新。同时，对西方发达国家的失败教训进行总结，引以为鉴，实现自身的飞速发展，日益缩小与发达国家的差距。

加大对自主创新活动的投入。我国需要以技术创新作为新兴产业不断发展的核心，从根本上进一步完善相应的知识技术体系，并且利用科研机构进科研成果的转化，实现科技的研发到应用不间断，从技术根本上掌握创新，利用逐渐开发的高科技为战略性新兴产业提供技术支撑。此外，针对研发企业，国家必须要快速加强科技自主创新的方向性引导，对工艺、技术等方面进行目标性的创新，同时积极采用产学研的合作模式与各大院校合作，共同开发研究，从而获得战略性新兴产业的核心技术，并辐射到其他领域，形成特有的发展区域。

在科技发展方面，必须提倡以科技创新体系为科研发展的核心，同时需要进一步完善核心知识技术的创新，为科研成果提供良好的转化平台。我国政府要不断支持新型技术的创新活动，从根本上不间断地掌握核心技术，在此基础上进一步实现自我创新，提高技术含量，打造自己的品牌特征。科技层面上的自主创新是我国现代化企业发展的根本，通过不断自主创新获得战略性新兴产业的核心技术并辐射到其他领域，形成特有的发展区域。另外，企业须加大科学研发成本的投入，引进海外高技术人才，学习其先进的专业技术及管理模式，提高自身的专业水准；建立切合自身实际发展的人才培养模式，大力储备、培养一批高端人才，同时为这些人才提供资金、设备的支持，使其最终为企业服务。

（二）加强政府在战略性新兴产业中的作用

相对完善的相关市场基础设施建设对战略性新兴产业的帮助与推动具有极为重要的意义，这在一定程度上将引导新兴产业的发展以及市场推动的需求。市场需求将推动产业发展从而辐射成为战略性新兴产业市场。新兴产业的发展需要大量资金的支持，政府除在资金上的大力支持外，还需要对企业进行政策上的拓展研究，同时要鼓励和激活民间资本，优化财税政策，进一步拓宽战略性新兴产业发展的资金来源。政府要从根本上加强对我国战略性新兴产业的扶持和保护，建立标准的市场准入制度，预防外来市场的干扰；要提高专业技术的知识产权保护体系以及建立完整的保护与自我保护系统，推动关键核心技术的研发和产业化，增强同类产品的核心竞争优势。此外，国家要有针对性地对国有或民营企业进行重点扶持与帮助，以推动各个企业之间资本和产业技术的联盟，达到强强联合的效果。政府对战略性新兴产业的扶持一般表现在以下两个方面：

一是在政府方面可以成立领导小组（如科技部门、财政部门、相关产业领导等），推进战略性新兴产业的发展。领导小组有两大职责：一方面要负责制定方针、政策，有效推进战略性新兴产业的发展；另一方面成立常设机构——战略性新兴产业管理委员会，负责对协同研发项目以及资金的日常管理监督，同时组建技术咨询委员会，负责从专业技术的角度对我国的发展方向进行规划，实现在战略性新兴产业管理委员会和技术咨询委员会双管齐下的层面上，从战略和可行性的角度制定研发规划，确定总体发展方向。在企业方面，同一行业的企业可形成技术联合研发团体。当前国民经济的发展氛围推动了多种所有制经济的持续发展，为产业内的企业之间达成共性技术研发合作提供了有力的契机，也迫切需要政府建立与之发展相适应的一系列政策法规体系。一方面，政府要制定、完善相关的政策法规，为战略性新兴产业提供必要的政策支持。实现资本、技术、人才等资源的社会化和市场化运作，充分体现经济效益。另一方面，政府要加快相关法律的制定和实施，进一步发挥政府对市场经济的宏观调控作用，对市场经济中的各项资源进行有效的监管。

二是加大对战略性新兴产业的资金投入。我国仍处于社会主义初级阶段，市场机制还有待进一步健全，在科技研发方面除积极吸取国外先进技术外，还要不断研发自己的技术，实现技术的可递增性。企业的水平与力量是有限的，因此需要国家政府部门及时介人，扶持战略性新兴产业进行相关的技术研发，积极引导金融机构制定相关的信贷管理以及贷款评审制度，以适应战略性新兴产业的发展特点，解决战略性新兴产业技术研发中的资金投入难题。

第五节　影响我国战略性新兴产业发展的五大因素

一、金融支持

关于金融支持新兴产业发展的问题，现有研究成果主要体现在两个方面：一是金融支持战略性新兴产业发展的机理及影响因素；另一方面是金融支持战略性新兴产业效率的研究。我国的战略性新兴产业正处于形成时期，存在投资大、成本高、风险大等特点，因此获得资金方面的支持显得尤为重要。李东卫（2011）指出，战略性新兴产业具有高投入、高风险的特性，因此对资金的需求量非常大。

与传统产业相比，战略性新兴产业在带来巨大投资回报的同时，伴随着长期稳定的高资金投入。马军伟（2013）的研究结果显示，在战略性新兴产业形成和发展的过程中，金融部门的大力支持有不可或缺的作用。在市场力量推动和政府政策的大力提倡下，我国金融部门与战略性新兴产业正处在走向深度融合的过程中。在当前金融资源有限的情况下，战略性新兴产业的发展不但需要健全完善的金融支持体系，而且更加强调金融支持的效率。兰茹佳、朱英明（2013）分析认为，良好的金融体系所发挥的金融功能是战略性新兴产业发展的重要保障。现代金融业的发展在战略性新兴产业发展过程中有着举足轻重的作用。经济社会发展越依赖高新技术行业，高新技术行业越是需要金融的支持，金融已经成为现代经济发展的核心，因此战略性新兴产业离不开金融体系的支持。潘娟（2013）认为，战略性新兴产业的培育和发展是一项系统工程，受到金融支持、技术支持、管理支持、资源支持等多方面支持因素的综合影响，健全而完善的金融支持体系是战略性新兴产业形成和发展的核心要素。

战略性新兴产业与传统产业相比具有高风险与高收益的双重特点，因此其融资方式也有所区别。一是融资量大，从产业形成到形成一定规模都需要投入大量资金，随着产业发展阶段的递进，投入的资金量也在逐渐增加；二是融资风险较高。战略性新兴产业都是从少数几个企业的创新技术开始的，而后期创新技术能否持续成功且可以提供成熟的产品具有极大不确定性，因此在创新技术形成阶段所需要的资金投入都是净投入，而后期需要持续的资金投入才能产生效益。但是，这个过程是带有不确定性的，风险极大。战略性新兴产业在不同的生命周期需要的资金也是不同的。随着产业生命周期的推进，风险程度在降低，但是资金需求在增长，当然后期的收益也在增加。鉴于战略性新兴产业的特点，一般性商业银行出于规避风险的考虑不会投资战略性新兴行业，风险资本却可以解决信息不对称带来的逆向选择和道德风险问题而愿意投资战略性新兴行业，通过分散性投资和股权投资获得巨额增值收益，形成良性循环。因此，构建良好的金融支持体系将成为决定战略性新兴产业发展与繁荣程度的重要因素。

二、市场需求

战略性新兴产业是适应市场需求变化应运而生的新兴产业，市场需求对战略性新兴产业的形成和发展方向有直接的影响。在产业发展初期，市场形势必然是复杂多变且带有很大的不确定性成分的，竞争对手多，竞争压力也非常大。企业应当主动调整自身的产业结构巩固已有的产业阵地，并以此为依托向外扩张。在不同的区域获得更多的市场认可，同时要不断抢占新的市场机会。战略性新兴产业就是市场竞争的结果。

张亚峰（2013）从市场需求、区域竞争力、技术进步、经济效益、社会效益、科学发展六个方面建立指标体系，采用多层次灰色评价法对河南省战略性新兴产业进行了综合评价，指出战略性新兴产业形成和发展都有一个复杂的过程，鉴于未来市场需求的不确定性和动态性特点，战略性新兴产业发展战略的制定也具有复杂性。万钢（2010）提出，战略性新兴产业的培育和发展受到市场前景、资源禀赋、产业布局等要素的影响。

目前，我国对战略性新兴产业的发展持非常支持的态度，也为其提供了非常宽松的政策，尤其是给予大量风险投资的支持，使其具有良好的金融发展环境，因此我国战略性新兴产业发展形势良好。更为重要的是，我国人口众多，有巨大的市场需求，为战略性新兴产业的发展提供了广阔的市场发展空间。

三、产业发展

就我国目前的情况而言，战略性新兴产业正处于萌芽发展阶段，会不断随着外部环境的变化而做出调整，以不断适应未来经济、科技和资源环境的变化。由于战略性新兴产业是一个战胜旧事物而产生的新兴事物，因此会受到外界复杂因素的影响。在新事物发展初期，充分展现行业竞争优势是新兴产业发展的重点。孙文清（2011）以河南省为例分析，认为战略性新兴产业发展受到自然、经济、社会人文、科技、产业竞争力和政府这六方面因素的影响，并用计量实证模型对七大新兴产业发展的优劣次序进行了排序，认为发展战略性新兴产业的重点是做到保护产业的竞争优势。肖兴志、牛立超（2011）指出，发展战略性新兴产业要兼顾三大产业和经济社会的协调发展，统筹产业布局。刘明远指出，战略性新兴产业有自身的生命周期，其成长过程一般分为形成、发展、成熟、衰退四个阶段，目前战略性新兴产业处于形成期，在这个阶段，产业技术尚不成熟，需要在不断试验纠错中前行，于是产业也沿着自身的发展路径不断前行。凌江怀、胡雯蓉（2012）以广东省上市公司为样本进行分析，研究结果表明：与传统产业相比，战略性新兴产业的发展规模对其经营绩效有显著影响。规模扩张不利于传统产业提高经营绩效，但是有利于战略性新兴产业提高经营绩效。目前，战略性新兴产业处于规模效应递增阶段，因此需要大力发展。有学者还从产业链聚集角度分析战略性新兴产业的发展规律。憔薇（2011）研究表明，发展战略性新兴产业要遵循产业发展的产业链聚集规律，因此应集中力量抓好具有产业化前景和关联度强的重点项目，以龙头企业为核心，发展壮大产业集群。吴佐、许千里、聂鹏程（2013）以战略性新兴产业中的光伏产业为例，从全球价值链、市场结构、国民经济贡献度与地区分布四个方面探讨了中国战略性新兴产业的竞争力与经济贡献度之间的关系。研究结果显示，在全球能源匮乏的背景下，包括光伏产业在内的战略性新兴产业要实现其快速发展，必须抓住科技竞争机遇，挤入高附加值生产环节。

四、科技创新

科技创新是战略性新兴产业发展的根本动力和内在动因。从产业发展史看，科技在产业革命中发挥着核心推动力的作用。每次科学技术的重大突破或者创新总能推动一批新兴产业的兴起和发展。这是因为，一方面科技成果转化之后可以给企业带来效益，另一方面在经济效益推动下的企业也有动力进行科技创新，形成良性循环，推动战略性新兴产业的发展。

在谈到科技创新对战略性新兴产业的影响时，肖洪钧、李苗苗、于丽丽（2013）分别从客户、供应商和企业的关系角度分析科技创新对战略性新兴产业的影响。他们运用负二项回归模型对我国战略性新兴产业的185个上市公司的数据进行分析，结果表明：当企业与供应商关系密切时，技术创新能力对战略性新兴产业没有显著的影响；当企业与客户关系密切时，技术创新能力对战略性新兴产业具有消极影响；当企业、供应商和客户都存在密切关系时，技术创新能力对战略性新兴产业有显著的负面影响。罗新阳（2012）指出，随着经济发展方式的转变，战略性新兴产业的发展离不开技术人才的支撑，技能型人才对战略性新兴产业的培育发展具有决定性作用，因此全世界对各类专业技术人才特别是高技能人才的需求出现了爆发式增长。毫无疑问，科学技术是第一生产力，战略性新兴产业相比传统产业更需要科技创新力的推动，科技是战略性新兴产业发展的核心影响因素。贺正楚（2013）则指出，应从技术先进性、产业带动性、产业生态性三方面考察战略性新兴产业的产业选择问题。在信息化、技术进步和创新能力等成为当今影响区域经济发展的新型显著性因素之后，技术创新能力就成为战略性新兴产业形成和发展的关键因素。尤其是国际金融危机之后，战略性新兴产业在技术创新应用方面对过去的发展模式提出了更大的挑战，以技术创新为核心的创新能力对战略性新兴产业的区位、发展模式等产生了深远影响。

五、政策

国家针对战略性新兴产业的制度创新和政策支持是影响其发展的外在条件。尤其是在战略性新兴产业形成之初，国家政策的支持起着非常重要的导向作用。国家的一些政策方向可以明显地起到有目的地发展一些新兴产业及重点产业的作用。陈盛祥分析指出，制度创新能够最大限度地激励和保障战略性新兴产业的发展，并强调引起我国当前战略性新兴产业重复建设、资源浪费、产业同构、配套不完善、核心竞争力不强等问题的根本原因在于投融资体制、管理体制、科技创新体制等不健全，因此必须加快制度改革创新。通过完善地方政府绩效评价体系、加快金融政策创新、完善科技创新等方面增强战略性新兴产业的核心竞争力。袭著燕等以黄河三角洲为例进行分析，指出黄河三角洲作为经济发展后发地区，发展战略性新兴产业受到知识创新资源相对匮乏以及资源环境的制约，因此在分析传统产业发展现状的基础上，他们指出选择战略性新兴产业的标准必须包括国家产业政策导向、区域产业现有基础和区域经济社会现实需求三个指标。

战略性新兴产业是世界各国抢占未来经济科技发展制高点的重大举措，也是引领未来经济社会发展的重要力量。我国大力发展战略性新兴产业不仅可以摆脱“中等收入国家陷阱”和“后金融危机时代”的阴影，还可以转变经济发展方式和实现产业结构优化升级，从而在国际竞争的分工中获得新的比较优势。目前，我国的七大战略性新兴产业已经形成一定的经济规模和产业集聚效应，但是要领先传统产业而成为主导或者先导性支柱产业，还需要多方面的支持，尤其是需要政府政策的大力扶持，积极落实各项优惠政策，创造良好的政策支持环境。同时，政府需注意政策的持续性和有效性，在产业发展的不同阶段给予不同的政策倾斜支持。比如，在战略性新兴产业形成的高投入和高风险时期，政府应重点给予有力的财税、金融政策优惠，同时完善市场准入制、完善行业标准、简化审批手续等；在发展相对稳定的成长期，政府需要保持政策的稳定性和连续性，以推动战略性新兴产业走向成熟；在衰退期，政府应完善相应的退出机制，以更加多样化的产品满足市场需求而尽量减少原有企业的损失。

第六节　促进我国战略性新兴产业发展的对策

一、支持战略性新兴产业发展的原则

政府在制定促进战略性新兴产业发展的政策时要充分考虑产业发展的各种因素，根据战略性新兴产业的特征及我国战略性新兴产业发展的实际情况，依据产业协调发展、市场与政府充分结合等原则制定相关政策体系。

（一）坚持产业发展与经济发展情况相协调

我国战略性新兴产业发展政策的制定首先需重视产业规模化的实现，因为只有产业的规模发展壮大，才能逐渐成为国民经济的支柱产业。其次，要考虑战略性新兴产业在国民经济中的产业比重提高的问题。尤其在我国传统产业还没有充分发展的一些省份应考虑传统产业与战略性新兴产业的配合互动发展，逐渐提高战略性新兴产业所占的比重。再次，还要考虑产业发展的资源、社会条件和经济发展的需要。政府应合理规划、统一布局、循序渐进，避免重复建设、各地为政导致的资源浪费，最终形成有效的产业发展环境。

（二）战略性新兴产业发展政策应符合产业发展规律

1. 战略性新兴产业发展政策应与产业结构调整和升级相适应

我国正处于传统产业结构调整升级阶段。在这一阶段，传统产业仍然是国民经济的支柱产业，新兴产业的培育和发展需要一定的时间。国家在制定战略性新兴产业发展政策规划时要权衡考虑各方面的因素，既要保证传统产业的升级改造，又要促进战略性新兴产业的充分发展。

2. 战略性新兴产业发展政策应充分考虑地区差异

我国幅员辽阔，但是由于各种原因导致各地区经济发展水平参差不齐。政府在制定战略性新兴产业发展政策规划时应充分考虑各地区产业发展的自然条件和社会经济发展现实，使各地区形成具有区域特色的优势产业。

3. 合理制定不同时期的战略性新兴产业发展目标及重点

从上文对战略性新兴产业细分行业的分析发现，各个产业处于不同的发展时期，需要不同的政策倾向及不同方面的政策扶持。所以，政府在制定战略性新兴产业发展政策时应考虑产业不同时期的发展目标和重点，针对性地给予政策支持。

（三）理顺市场与政府的关系

1. 坚持市场开发与政府引导相结合

广泛的市场需求是战略性新兴产业发展的基础。在战略性新兴产业政策制定及实施的过程中，要注意加大对战略性新兴产业产品的宣传力度，引导群众接受及消费新型产品，为战略性新兴产业发展建立持续稳定的市场需求。

2. 保证企业的主体地位

政府在政策制定过程中，要保证企业的主体地位，以政府的政策支持为辅助手段，保证产业的可持续发展。

3. 注重政府各类政策的结合使用

政府干预政策包括强制性的行政立法手段、激励性的税收与财政手段和公共服务性政策三大类型。在政策制定过程中，政府应结合战略性新兴产业的发展特点，在不同行业、不同时期、不同发展阶段配合使用不同类型的政策。

二、支持战略性新兴产业发展的对策建议

（一）加强科技创新能力

1. 增加技术研发投入

我国战略性新兴产业中多数是投入成本高、形成效益周期长、产出慢的行业。我国目前无论自主研发还是引进设备和技术，都与国际先进水平有一定的差距，没有彻底改善产业的核心竞争力。但是，只有掌握核心技术才能有足够的利润空间及长期的竞争力，才能在复杂的国际环境下处于有利的地位。因此，提高战略性新兴产业的生产技术，加快核心技术的研发，打破国际技术壁垒是目前我国战略性新兴产业面临的主要问题，应该在其研发和创新上进行储蓄投资。

加强研发投入强度是一个长期的过程，需要循序渐进、有步骤地进行。在我国战略性新兴产业发展的初期阶段，需要政府的大力支持，进行重大关键技术的自主研究与开发，能够自主掌握核心技术，重点培育一批创新能力强、拥有创新产品的骨干企业。此外，还需要根据战略性新兴产业的特点和创新规律对不同环节的技术管理模式及运行机制进行创新，建立自主创新战略机制。

2. 促进产学研合作

支持企业、学校和各类研究机构联合建立产业技术创新联盟，建立研发中心和成果转化基地。国家和各级政府的相关科技计划和产业化项目要多向高校开放，支持高校与企业建立研发中心，参与行业技术平台的建设。鼓励科研单位、重点

企业承担国家和省级相关科技专项，提升创新能力。此外，还要在战略性新兴产业各领域推进关键、核心、共性技术的开发及产业化项目。

科技成果的顺利转化需要完善科技中介服务体系，加强科技中介机构的服务能力。通过各项制度和相关激励机制增强中介机构的服务，推进自主知识产权技术标准的推广应用，使产业创新成果顺利转化为实际生产力。为推进先进技术在产业中的应用，应以政府为主导，依托科研单位、高校、大型企业和重点实验室搭建产学研一体化的创新平台或创新联盟，培育一批产业基地和示范园区，发挥辐射带动作用。

3. 推进科技创新平台建设

加强公共技术平台和服务平台建设，使国家和省级重点实验室、公共技术研发平台、检验检测平台和资本服务平台等充分发挥作用。加强对技术市场、生产力促进中心、科技企业孵化器、留学生创业园等科技中介服务机构的建设，使其可以更好地为中小企业提供分析测试、研发服务和信息咨询。此外，还要统筹战略性新兴产业技术研发资源，实施多方参与、开放共享的建设模式，促进资源整合和共享。

4. 重视创新和人才的培养

企业技术管理创新及人才培养是战略性新兴产业得以充分发展的重要条件。在进行政策引导时要把握创新技术和高科技人才的流向，构建多层次、多角度的创新及人才培养机制。人才培养是战略性新兴产业发展的重要因素，产业在发展过程中既需要具有研发及创新能力的科技人才，又需要拥有先进管理经验的管理人才。国家应认识到人才培养的重要性，通过政策支持为产业长期培养人才，以保证产业的可持续发展。

在创新技术与人才方面，引进和自主培养两种方式各有利弊。自主培养需要较长的时间和成本，但其相关技术及成果可直接应用于国内产业。而直接引进方式虽然可以减少成本和时间，但是还有与国内实际情况相融合的过程。国家可以将两种方式结合使用，扬长避短，提高科技创新能力。

（二）完善金融市场

1. 强化金融市场竞争机制，优化金融结构

在战略性新兴产业的发展过程中，应充分发挥市场机制对金融资源的配置作用，依托市场力量将金融资源更多地流向处于发展初期阶段的战略性新兴产业的相关领域，使企业特别是中小企业能够平等参与融资资源的有效竞争。拓宽金融业的开放度，使更多的民间资本能够流入金融业。鼓励和引导新型金融服务机构的发展，加强金融资本的市场竞争机制。积极推进政策性银行和各类专业银行的合理分工，建立多层次金融机构体系，优化金融市场结构。

2. 拓宽企业投融资渠道，发展风险投资

战略性新兴产业中的多数行业具有“高风险、高投入”的特点，导致融资渠道狭窄，阻碍了产业的发展。政府应引导和支持产品发展潜力大、经济效益好、管理水平高的核心企业上市融资，进而带动整个行业的协调发展；通过各种途径引导金融机构加大对战略性新兴产业的支持；鼓励企业利用股权出资、商标使用权抵押、动产抵押等多种方式向金融机构、担保公司、小额贷款公司、国外企业和经济组织以及符合政府要求的民间借贷机构融资，以拓宽融资渠道，创新战略性新兴产业的金融服务机制。

3. 完善投融资环境，适时创新金融技术和产品

加强对各大商业银行和资本市场等金融机构的管理，健全相关政策和法律法规，清晰界定金融资源供求双方的权利和义务，构建网络和信息平台，优化投融资环境。针对战略性新兴产业不同发展阶段和不同细分行业的差异性积极探索和推出具有针对性的金融技术和产品。

（三）积极培育市场

1. 创造市场需求，扩大市场应用规模

广泛的市场需求是产业发展的直接动力。战略性新兴产业在发展初期阶段受限于技术及成本，很难形成市场及有效需求。政府应按照“以新应用创造新需求，以新需求带动新产业”的原则开拓战略性新兴产业的市场空间。在公共需求领域，相关技术装备和公共物品应尽量避免盲目引进和重复引进，鼓励自主创新成果和产品在政府采购和公共投资领域的应用。在满足需要的前提下，主要以国产装备和产品为主。例如，在新能源汽车领域，可以优先在公共交通和公务用车领域开发新能源汽车市场，加大对公共交通的补贴力度，鼓励公用领域使用新能源汽车；在居民消费领域，政府适时引导人们的消费理念，使消费者能够积极主动接受战略性新兴产业相关产品；在新能源领域，引导消费者接受及自愿承担使用新能源和使用常规能源的差价，形成广阔的新能源消费市场，为新能源产业提供发展环境。

2. 规范市场制度，完善市场供给环境

规范市场竞争机制，发挥价格杠杆的作用，完善市场准入、示范应用、政府采购、财政补贴、知识产权、市场秩序等方面的管理，创造良好的市场环境。建立以市场准入和运行监管为核心的监管体系，放宽战略性新兴产业的市场准入政策，鼓励产业内价格适度竞争，优化新技术和新产品的应用环境。例如，在环保领域，可以通过节能减排、差别价格完善节能减排领域的收费机制。

3.健全产业服务机制，完善市场消费环境

通过建立健全战略性新兴产业相关产品的服务机制加强其市场认同性和市场信心。在保护企业合法权益的基础上更要注重建立消费者的消费信心，实现市场的“自觉”扩大。以我国新能源汽车为例，在开拓新能源汽车市场时，不仅要考虑对新能源汽车本身的开发，还要重视对新能源汽车充电站的建设。

（四）优化产业结构

1.强化产业布局，实现资源整合

目前，我国战略性新兴产业初步形成了以长三角、珠三角及环渤海地区为主的产业布局，且产业集聚趋势日益明显。由于在地方产业规划中看重短期利益，跟风现象严重，导致有些产业出现产能过剩，有些产业满足不了市场需求的现象。此外，还存在地区优势产业趋同、产能分布不均的现象，并没有形成国家范围内的产业分工及产业链条。应该对优势产业集中区域做出统一的产业规划，分别选择不同的重点发展方向，使战略性新兴产业在全国范围内协同发展。首先，根据各地区的生态资源环境和区域特色优势，优化我国总体产业布局，在形成多个专业性生产基地的基础上形成区域间优势互补、相互促进的机制和格局。其次，加强经济发达地区的辐射带动作用，形成区域分工明确、优势产业互补的产业布局。再次，于产能过剩的部门应及时转变生产方向，统一规划，进行产业结构调整。注意战略性新兴产业各子行业的协调发展，通过相关政策措施调整资源流向，加强弱势产业的技术研究开发，避免产生“瓶颈”行业。

2.完善产业结构，形成完整的产业链条

未来的产业发展不仅是孤立的横向产业间的竞争，还是纵向的产业链的竞争。目前，我国战略性新兴产业各细分行业中普遍存在产业链条关键环节缺失、各环节之间缺乏有效的联动的问题。因此，必须进行产业链的有效整合，以占据产业链的高端地位。在产业链整合过程中，重点发展产业链条的薄弱环节及未来有可能成为“瓶颈”的产业链，使我国战略性新兴产业链条的各环节间实现平衡、协调发展，进而形成完善的产业体系。围绕结构调整和升级换代提高产业的持续发展能力，进行技术、市场、金融多资源的整合。鼓励企业进行资源整合兼并，壮大企业规模，形成一批大规模的优势企业。鼓励产业中介机构及服务行业的发展，促进产业间的垂直整合，有利于形成高端产业链条，完善产业体系。此外，还应考虑战略性新兴产业的规划发展与传统产业的改造升级相结合，在有发达的传统产业基础的领域及地区，通过注入先进的生产管理技术顺利完成传统产业的升级改造。

3. 培育龙头企业，促进企业联盟

充分发挥原有龙头企业的带动作用，打造具有核心品牌价值的知名企业。通过培育一批具有国际竞争力的大型企业集团发挥其在产业中的引领带动作用。同时，鼓励优势企业抓住国际产业结构调整的机遇，充分利用国内外各种资源，力争在国际产业分工格局中占据更加有利的位置。

（五）完善相关体制机制

1. 加强政府宏观规划指导，完善政府采购、财政税收等政策制度

制订和实施战略性新兴产业培育计划，加强产业统筹规划和政策导向。在产能建设、行业协作、产业布局、创新发展等重要领域和关键环节发挥政府的宏观导向和协调作用。围绕战略性新兴产业各细分领域确定的重点发展方向制订行动计划，对产业技术攻关、标准体系建设、品牌培育、产品演进、产业化推进等方面制定具体实施方案。完善政府采购政策，对于企业开发的试制品或首次投向市场的产品，政府要进行首购。另外，还要通过政府采购和保险机制引导和鼓励制造部门、应用部门、国家重点工程购买和使用相关产品。完善财政税收政策，对符合战略性新兴产业重点发展领域的企业或项目给予税收优惠。通过各项税收优惠政策鼓励企业进行技术研发创新。

2. 建立有效的激励机制，实现企业资金、技术、人才的全面对接

技术、资本及人才是企业发展必不可少的要素。必须建立有效的激励机制，发挥国际创新资源对企业发展的牵引作用。引导国内的银行、社会资金、国际资金对企业进行资金支持；促使相关科研机构进行更多的技术研发，以掌握核心技术，摆脱对国际市场的依赖；加强国家相关补贴、优惠政策对中小企业的倾斜度，全面提高企业的竞争力；进一步完善人才引进及培养政策，鼓励高等院校、科研机构积极创新研发，形成有效的人才激励机制。

企业是战略性新兴产业发展中承担创新与发展的主要经济主体，在推动产业结构升级和优化的过程中发挥着重要作用。因此，应鼓励企业根据发展战略性新兴产业的新的经济形势适时进行技术和管理的创新。

3. 完善产业发展相关政策，创造有利的产业发展环境

制定和完善产业发展的财政扶持政策、金融支持政策、税收扶持政策，加大各种专项引导资金的扶持力度，确保对战略性新兴产业连续、稳定的支持。此外，还要进一步落实技术创新成果转化、知识产权保护、风险投资扶持、技术创新、人才激励、产业标准体系等各项政策，在行业标准和法律法规等方面给予更多支持，为战略性新兴产业提供良好的产业发展环境。

第四章 战略性新兴产业与传统产业协调发展

传统产业是相对战略性新兴产业或高新技术产业而言的一个概念，其定义目前尚无权威统一的表述，不同学者对传统产业的内涵有不同的阐释。胡国良认为传统产业指以应用传统技术为主体的产业，多为资本密集型、劳动密集型，且具有高物耗、高能耗、高污染的特征。张留禄认为传统产业主要是指在工业化初级阶段和重化工化阶段发展起来的一系列产业群，主要包括食品加工业、纺织服装业等产业。朱方明等（2014）认为，传统产业大多属于第二产业中的原材料加工工业、加工工业的轻工业以及重型加工工业等。任保平（2015）认为，传统产业在工业化的不同阶段对国民经济发展起过重大支持作用，如纺织、资源采掘、冶金、化工、汽车、船舶等产业。许婷等（2016）认为，传统产业主要应用传统技术解决生产问题，以加工制造为主。

综合上述学者的研究和传统产业的特征，笔者认为传统产业是指在工业化初级阶段发展起来的，目前处于生产周期成熟、饱和甚至衰退阶段的一系列产业，其对国民经济的贡献逐渐下降，成长趋于缓慢。我国的传统产业主要是指在工业化初级阶段发展起来、以传统技术为主要生产手段的一系列产业群，主要集中在第二产业，如钢铁、冶金、电力、建筑、汽车、化工、食品、煤炭、石油、一般机械等产业。

协调是指系统内部、各子系统或者系统各要素之间表现为和谐一致、配合得当的良性相互关系，这种良性相互关系形成良性循环，最终达到系统之间的整体最优。协调发展是指系统之间或者系统内各要素之间和谐一致地由低级到高级、简单到复杂的不断深化的变化过程。协调发展具有多元的发展方向，是在有益约束内的发展。彭荣胜（2006）认为区域间产业协调发展是区域经济协调发展的核心，不同区域的产业应建立在比较优势之上，区域间的产业要合理分工、相互协作，最终实现区域整体发展的目标。赵振清（2010）认为，产业协调发展体现在产业之间的经济技术联系和产业结构两个方面，产业间的经济技术联系，如数量比例关系等逐步趋于协调，产业结构不断向高层次演化从而实现产业协调发展的目标。李应博、刘震涛（2011）认为，产业协调发展是指不同产业在产业资源和效益的分配中达到一种良性互动和均衡协调的格局。刘忠远（2011）认为，产业协调发展包括产业系统内外部协调、组织管理协调等方面，产业之间、产业子系统之间、子系统各要素之间均达到了和谐一致的关系，从而使产业系统从无序趋向有序。

综合上述文献的研究成果，笔者认为战略性新兴产业与传统产业协调发展是指战略性新兴产业和传统产业两个子系统在发展的过程中，两类产业的产业部门、产业要素配合得当、和谐一致、良性循环，既能满足经济和社会发展对各产业产品的需求，又不会在某些产业出现生产能力的大量过剩，最终实现产业结构整体升级的总体目标。

第一节 战略性新兴产业的国内外研究现状

一、战略性新兴产业的培育与发展研究

（一）关于战略性新兴产业选择的研究

我国在2010年确立了节能环保等七大战略性新兴产业，各地区也结合自身资源、特色等先后出台了自己的战略性新兴产业发展规划。针对地区如何选择合适的战略性新兴产业，学者们进行了深入的研究。

肖兴志等（2010）认为，战略性新兴产业的选择要结合地区特征并遵循以下几个原则：第一，既要考虑技术前沿，又要考虑技术基础与要素禀赋；第二，要选择具有广阔市场前景（产业收入弹性大于1）的产业进行支持；第三，必须具有很大的产业关联度；第四，能够形成产业集群。以上原则相互作用、渗透，应综合考虑。高友才等（2010）认为，选择新兴产业的战略性体现在产业是否具有产业创新力等“五力”上。刘洪昌（2011）提出了三条选择战略性新兴产业的依据，即产品市场需求稳定、经济技术效益良好和能带动其他产业。同时，要遵循国家意志、市场需求、技术创新、产业关联、就业吸纳和可持续发展五个原则。胡振华等（2011）提出了一种将层次分析法（AHP）、信息熵法（IE）和主成分分析法（PCA）相结合来确定战略性新兴产业的方法，并将该方法应用于战略性新兴产业

的选择中，取得了满意的决策结果。武瑞杰（2012）提出了战略性新兴产业六大选择基准，并对陕西省的战略性新兴产业进行了实证研究，结果表明，陕西省最具竞争力的战略性新兴产业前三位依次为交通运输设备制造业、医药制造业和电器机械及器材制造业。吴炜峰（2012）最先界定了新兴产业、战略性产业与战略性新兴产业等概念的内涵和外延，然后提出了一种具有可比性的战略性新兴产业选择方法，即战略性产业和新兴产业的交集法。宁凌等（2012）从海洋战略性新兴产业的特性出发，概括了海洋战略性新兴产业的选择准则体系并根据迈克尔·波特钻石模型提出了海洋战略性新兴产业的选择原则，包括生产要素准则、企业战略和竞争准则、相关支持性产业发展准则和预期需求准则。

贺正楚等（2013）从技术先进性等三个方面出发构建了战略性新兴产业的评价指标体系，选用 Weaver-Thomas 模型作为评价模型，并以湖南省 8 个产业集群为例进行实证分析，评价结果符合湖南省产业发展的现实状况，体现了评价体系的科学合理性。刘艳华等（2013）运用层次分析法，选取产业关联效应、市场潜力、比较优势、技术密集度四个标准为准则层，对宁夏的六大战略性新兴产业进行了评价，得出宁夏的六大战略性新兴产业的发展优先次序。王昌盛等（2014）设计了一种将区位熵和灰色关联系数相结合的方法筛选区域的战略性新兴产业，并以江苏省为例进行了实证研究。党兴华等（2014）从产业市场需求等六个方面构建了区域战略性新兴产业重点领域选择的评价体系，并运用层次分析法和模糊综合评价法对西安航空新材料产业发展的重点领域进行了选择。王哲等（2015）提出了一种将熵权法与 Weaver-Thomas 评价模型相结合来选择区域战略性新兴产业的新方法，并将该方法应用于皖江城市带战略性新兴产业的选择评价中，得出皖江城市带应首先选装备制造业为战略性新兴产业，其次应选择电气机械和器材制造业等产业作为战略性新兴产业。

（二）关于战略性新兴产业培育与发展的研究

战略性新兴产业被公认为是未来全球经济发展的制高点。近年来，如何培育和发展战略性新兴产业成为政府部门和学术界关注的热点和焦点问题之一，国内、国外的学者也从不同角度对战略性新兴产业的培育和发展进行了研究。

二、传统产业转型升级研究

我国虽然已经进入了工业化发展的中后期，但是传统产业仍然是占国民经济比重最高、创造税收最多、吸纳就业最广泛的产业部门。鉴于传统产业在国民经济中的重要地位，我国应积极解决制约传统产业发展的诸多问题，加快推进传统产业的转型升级。国内学者结合发达国家传统产业高新技术化的发展趋势，积极借鉴国内外的成功经验，分别从不同角度和不同层面提出了传统产业改造升级的路径。

吴晓波、曹体杰（2005）分析了高技术产业与传统产业协同发展的机理，认为高技术对传统产业所起的作用在于高渗透性、高度综合性、高效益性和深度产业关联性。传统产业改造对高技术产业具有逆向支撑作用和逆向引导作用。

曹利军等（2005）分析了我国传统产业高技术改造的制约因素，包括缺乏创新主体、缺乏技术创新的原动力等，并认为集成创新是传统产业进行高技术改造的一个有效途径。李时椿（2006）认为传统产业依然是我国工业的主体，传统产业要走新型工业化道路必须把握好五个关系，即信息化与传统产业升级改造的关系、国际化与传统产业发展的关系、传统产业升级与发展高新技术的关系、传统产业创新与充分发挥人力资源优势的关系和生态环境保护与传统产业可持续发展的关系。李秀林（2006）比较分析了高技术产业和传统产业的相互关系，认为高技术产业的发展离不开传统产业奠定的基础，两者应融合发展。在产业政策上，要着力进行宏观和微观的体制机制创新。孙亚忠、郭建平总结了意大利、丹麦、美国等发达国家传统产业集群高端化的做法，分析了我国传统产业集群高端化面临的问题。从营造政策环境、积极融入全球生产体系、在全球价值链中重新定位等方面提出了我国传统产业集群高端化的路径。刘军基于生态学的研究视角分析了传统产业高技术化的运行机理，提出了传统产业进行高技术改造的模式和集成创新路径。赵玉林、汪芳利用投入产出方法分别分析了湖北省传统产业与高技术产业整体以及与高技术产业部门的关联关系，并根据实证分析结果提出了湖北产业结构升级的对策建议。王育宝、胡芳肖总结了美国、日本、德国等发达国家运用高新技术改造传统产业的成功做法，提出应借鉴其遵循产业发展基本规律、适时调整产业发展政策和充分发挥企业技术创新主体作用等先进经验。綦良群、孙凯应用协同和耗散结构理论分析了传统产业与高新技术产业的协同发展机理，并以东北老工业基地为例提出了高新技术产业和传统产业协同发展的机制。

徐顽强、李华君认为，高技术产业对传统产业的技术外溢的途径有引导学习、市场竞争、人才流动、技术转让、合作创新五种，并分析了技术外溢的影响因素。刘瑞翔基于六个传统制造业的面板数据考察了 FDI 水平关联和垂直关联对我国传统产业的影响，发现我国传统行业内本土企业的技术能力主要来自 FDI 的前向溢出。原磊、王加胜分析了我国“十一五”期间传统产业的改造趋势，并总结了我国传统产业改造中存在的一些突出问题，如投入强度太低、信息化水平低等，从加强传统产业和战略性新兴产业相结合等四个方面提出了“十二五”期间推动传统产业改造的对策建议。

詹懿（2012）分析了在“再工业化”背景下我国西部地区传统产业升级的困境与挑战，西部要实现传统产业升级应从构建现代产业体系、发展战略性新兴产业、高新技术引领等途径着手。孟祺（2013）分析了影响我国传统产业转型升级的内生性瓶颈问题，从公共政策视角提出了促进传统产业转型升级的对策建议。王磊、安同良（2013）选取江苏阳光集团、江苏沙钢集团、金陵船厂对中国传统产业自主创新模式进行了案例研究，发现中国传统产业对的自主创新存在供应商主导模式、过程创新模式和协同创新模式三类创新模式。封凯栋（2013）认为传统产业转型的关键在于完善并提高创新系统的效率，为此应避免片面强调高新技术产业，加强高新技术产业与传统产业的关联。马文聪等（2013）以广东省级企业技术中心评估上报的企业数据库中选取的263家企业为样本，研究了研发投入强度和人员激励对企业创新绩效的影响，发现研发经费、研发人员、薪酬激励和人员培训对战略性新兴中的产业企业创新绩效有显著正向影响。而在传统产业中，只有研发经费和薪酬激励对企业创新绩效有显著正向影响。程强、武笛（2015）分析了科技创新促进传统产业转型升级的机理，并提出了创新驱动下传统产业转型升级发展的路径。刘瑞、高峰（2015）利用阈值法测算了中国钢铁、石化等六个传统产业的运行效益，结果显示这六个传统产业在2008—2012年间效益不佳，且有继续恶化的趋势，因此需要进一步加大调整力度。刘城、林平凡（2015）以广东中山古镇灯饰集群为案例分析了产业链与创新链融合的模式，发现产业链和创新链的协同融合可以增强传统产业集群的创新驱动能力以及推动集群向高级化方向演进。

余利丰、肖六亿（2015）以河南省2006—2012年的化工、有色金属、钢铁和纺织四个传统产业为例，运用灰色关联分析法和数据包络分析法评价了高新技术改造提升传统产业的效果。董洁、刘航（2015）采用Malmquist指数法测度了我国七大传统产业的R&D效率，并分析了影响我国传统产业R&D效率提升的因素。李晓华（2016）认为“互联网+”能提升传统产业竞争力和实现传统产业的环境友好发展，提出了“互联网+”改造传统产业应遵循的五个原则。

三、战略性新兴产业与传统产业的关系研究

由于发达国家的传统产业发展水平普遍较高，目前国外关于新兴产业与传统产业的关系方面的研究还不多。MichaelPoter 认为传统产业是发展高新技术产业的关键所在。Osaka 认为新兴产业和传统产业可以相互交融、共同发展。Lexington 认为在发展新兴产业时，不应忽视传统产业在解决就业中的作用。

国内战略性新兴产业与传统产业的相关文献主要产生在战略性新兴产业上升为国家战略以后。在战略性新兴产业与传统产业的相互关系方面，黎春秋、熊勇清（2011）认为，培育战略性新兴产业能够对传统产业产生溢出效应、置换效应和联动效应，从而推动传统产业的优化升级。孙军、高彦彦（2012）认为，传统产业升级和新兴产业的培育是一种螺旋式的发展关系，而这种螺旋上升发展的关键在于发挥不同阶段的比较优势。董树功（2013）基于产业升级的角度认为我国的产业升级过程是战略性新兴产业与传统产业协同发展的过程，而不是残酷的淘汰和替代，两者可以通过资源转移和市场共享实现良性互动和共同发展。

在战略性新兴产业与传统产业的发展路径方面，熊勇清、李世才（2011）从历史上产业发展规律的角度探析了我国培育和发展战略性新兴产业的路径，认为战略性新兴产业与传统产业的互动发展可以划分为双峰逼近、协调发展、良币驱劣币三个阶段，每个阶段两种产业的发展都有不同的特征，产业的发展思路也有不同。林学军（2012）在分析战略性新兴产业特点的基础上提出了嫁接式、裂变式、融合式 3 种战略性新兴产业发展的具体路径。张银银、邓玲（2013）认为，战略性新兴产业是传统产业转型升级的重要方向，而突破这一难题的途径就是创新驱动。创新驱动过程分为前端、中端和后端三种驱动方式，共同作用于传统产业转型升级的各个环节。张武康等（2013）在分析战略性新兴产业发展动因的基础上，从资源分配等四个方面探讨了战略性新兴产业的发展模式。

在其他方面，刘玉忠（2011）认为发展战略性新兴产业要统筹处理好国家与地方、政府调控与市场调节、产业规划与科技规划、战略性新兴产业与传统产业之间的关系。陆立军、于斌斌（2012）运用博弈论分析了政府行为在传统产业和战略性新兴产业发展中的具体作用。熊勇清（2010）借助物理学中的“容量耦合”模型构建了战略性新兴产业与传统产业的耦合评价模型，并以环保产业和橡胶产业为例进行了实证研究。张倩男（2013）运用耦合协调模型对 2005—2011 年广东省电子信息产业与纺织产业的耦合情况进行了实证研究。梁军、赵方

圆（2014）基于2002年和2007年的投入产出数据，运用投入产出模型研究了我国东、中、西三大区域新兴产业与传统产业细分行业的互动发展情况，发现三大区域新旧两类产业的互动关系、波及效应均不显著。熊勇清、郭杏（2014）以国有企业及规模以上非国有企业2007—2011年面板数据为样本数据，运用两部门模型研究了战略性新兴产业对传统产业的溢出效应，发现战略性新兴产业对传统产业的溢出效应明显，但存在一定的滞后期。营青、吴骏（2014）以合肥市家电产业为例研究了战略性新兴产业与优势传统产业融合发展形成主导产业的选择方法。黄永春等（2014）通过对昆山传统制造业和战略性新兴产业的创新特征数据的统计和计量研究了新旧两类产业的创新方式，发现战略性新兴产业的倾向于借助国内价值链的创新资源；传统产业则主要依赖全球价值链的“链主”。张治栋、朱国庆（2015）基于产业演变的视角，将战略性新兴产业与传统产业的发展分为共生、分立与融合三个阶段，并根据每个阶段的不同特征提出了促进战略性新兴产业与传统产业互动发展的政策建议。霍影、霍金刚（2015）针对现阶段我国多个地区存在的发展战略性新兴产业趋同和传统产业让位的情况，提出了基于外部效应的“技术引进—要素升级”和“产业转移—模式创新”两类传统产业升级改造路径。马荣华（2015）基于共生经济视角探讨了两类产业的关系，认为当前我国战略性新兴产业与传统产业处于正向非对称互惠共生状态。李少林（2015）以高技术产业作为战略性新兴产业的代表，采用1998—2011年中国省际数据对两类产业协同发展的影响因素进行了空间面板计景分析。凌江怀、胡雯蓉（2012）以广东新兴产业的上市公司为样本实证分别检验了战略企业规模和融资结构对其经营绩效的影响，发现规模扩张有利于战略性新兴产业提高经营绩效，传统产业的这种影响则不显著。股权资本会降低传统产业的经营绩效，但能提高战略性新兴产业的经营绩效。于斌斌（2012）运用数量生态学中的进化博弈模型分析了传统产业与战略性新兴产业的创新链接机理以及政府行为对传统产业与战略性新兴产业创新链接的影响。胡昱（2012）比较分析了战略性新兴产业与传统产业在创新周期、创新优势、市场开拓、创新联盟等方面的差异。杨以文等（2012）通过构建结构方程模型发现战略性新兴产业的发展阶段越高越有利于增量性创新，但不利于突破性创新，传统产业升级阶段越高则越有利于突破性创新。陈晓永、张会平（2013）以演化博弈论为基础建立了战略性新兴产业与传统产业的动态演化博弈模型，发现两者之间存在开放性的非线性递进关系。余泳泽、刘大勇（2013）以中国工业行业和高技术产业的数据作为传统产业和战略性新兴产业的样本数据，对新旧两类产业的技术进步路径选择进行了检验，发现模仿性创新更适合传统产业的技术进步，而自主创新更适合新兴产业的技术进步。王宇、刘志彪（2013）在一般均衡模型框架下研究了政府不同的补贴政策对战略性新兴产业和传统产业发展的影响。

第二节　战略性新兴产业与传统产业的互动关系

一、传统产业对战略性新兴产业的基础支撑作用

（一）为战略性新兴产业的孕育提供土壤

战略性新兴产业的形成路径主要有以下三种：新兴技术成果产业化、传统产业改造升级、传统产业裂变衍生。从国家统计局编制的《战略性新兴产业分类（试行）》公布的产业领域数据看，通过新兴技术成果产业化形成的战略性新兴产业只有极少数，如光伏产业等。绝大多数战略性新兴产业实际上是传统产业通过使用新技术、采用新的生产方式或满足市场新需求等升级方式形成的，或多或少会带有传统产业的痕迹。例如，传统机床行业利用信息技术升级为数控机床行业，传统汽车产业利用新能源技术升级为新能源汽车产业，传统化工产业利用生物、电子技术等升级为新材料产业，等等。传统产业凭借产业组织、制造能力、技术积累等的支撑，在转型和升级过程中催生出不少新兴产业，成为孕育新兴产业的土壤。

（二）为战略性新兴产业提供要素支持

传统产业为战略性新兴产业提供要素支持主要表现在人力资本积累、资本积累和知识积累等方面。首先，战略性新兴产业对高素质人力资源要求高，需求大。传统产业在发展壮大的过程中孕育出大量优秀的专业技术人才和管理人才，这些人才既可以在传统产业实现转型升级中发挥重要作用，又成为战略性新兴产业的宝贵人力资源。其次，战略性新兴产业深度融合了多个学科和技术领域，其生产经营活动所依托的生产设备、生产技术、生产工艺比传统产业更专业和复杂，技术水平要求更高，研发周期也更长。无论产品的研发设计，还是产品的试制、生产和市场化，都需要雄厚的资金投入作为其发展的强有力后盾。我国传统产业已经成为国民经济的支柱产业，是国家财政收入和资金积累的主要来源。在传统产业发展过程中形成了严密的金融体系和发达的资本市场，

能为战略性新兴产业的发展提供多元化、市场化的筹资方式，为其提供资金保障。再次，传统产业的很多技术积累也是战略性新兴产业发展的基础。很难想象一个传统产业十分落后的国家，能够仅通过发展战略性新兴产业获取产业竞争优势。传统产业在发展过程中积累了大量的技术蓝图、技术配方、工艺手段以及技术管理经验等显性知识和隐性知识，这些知识在孕育和发展战略性新兴产业的过程中可发挥重要作用。最后，战略性新兴产业发展必需的各种设备、材料、能源、运输等也要由传统产业生产和提供。

（三）为战略性新兴产业提供需求支持

产业的成长离不开社会需求的牵引，传统产业的需求支撑是战略性新兴产业快速成长的必要条件。传统产业大多是能源消耗高、环境污染重和劳动力密集的部门，亟待改造升级，而战略性新兴产业可以在研发设计、生产制造、检验检测、营销服务等多个环节促进传统产业的改造升级，这就为战略性新兴产业的发展提供了巨大的市场需求空间。近年来，我国对传统产业改造的政策支持力度不断加大，在国家已完成的 4 万亿元投资中，有 3 700 亿元用于结构调整和技术改造。我国传统产业技术改造项目的全面实施扩大了战略性新兴产业的市场需求，对产业结构的升级产生了积极的作用。

二、战略性新兴产业对传统产业的提升带动作用

（一）通过技术扩散带动传统产业转型升级

战略性新兴产业具有很强的辐射效应，体现在战略性新兴产业能够通过技术扩散带动传统产业转型升级，最终会成为主导产业和支柱产业的业态形式。例如，节能环保产业的清洁、节能及循环利用技术可以改造传统制造业的生产方式，实现清洁生产、循环生产；新能源产业的新一代核能、太阳能、风电以及生物质能可以提高能源综合利用效果，改变以煤炭为主的能源消费结构；新一代信息技术产业涵盖宽带、信息网络、物联网、云计算、集成电路、新型显示及软件等多项内容，是传统产业优化升级中应用最为广泛的新兴技术。新一代信息技术产业中的嵌入式信息技术可广泛应用于传统产业的信息化和智能化领域。例如，传统装备制造业可以广泛应用数字控制技术，传统无线电设备制造业、电视机制造业可以大量运用数字编码技术，等等。高端装备制造业作为装备制造业的前沿部分，兼具技术密集和资本密集等特征，产业带动作用巨大，它关系到先进航空装备、先进运输装备、高精密数控机床等领域的发展，能加快我国工业现代化建设，实

现制造强国的战略目标。生物产业的生物技术可以改变消耗自然资源的传统发展模式。新材料产业的新材料技术包括传统材料的革新和新型材料，主要涉及稀土、纳米、超导等领域，是高新技术的基础和先导，广泛应用于航天、军工、生物、电子等多个领域。因此，战略性新兴产业的新兴技术为传统产业注入了新的活力，带动了传统产业向高端发展。

（二）通过产业链嵌入带动传统产业转型升级

我国传统产业大部分锁定在价值链低端，产业结构多为“橄榄型”，即核心技术弱、知名品牌少、加工组装多。而发达国家的产业结构多为“哑铃型”，即核心技术领先、品牌美誉度高、自身生产少。随着“刘易斯拐点”的到来，许多从事加工制造的传统企业减产甚至倒闭。因此，传统产业必须向价值链高端环节升级，嵌入战略性新兴产业的产业链，形成长期竞争优势。传统企业嵌入战略性新兴产业的产业链可以从两个方面实现突破：一方面是传统企业为战略性新兴产业提供设备，如为新能源产业或新材料产业提供生产设备等；另一方面是传统企业采用战略性新兴产业的技术和产品，如利用化石能源的汽车转向采用新能源，传统制造企业采用更为先进、低碳的新材料生产高端产品，采用节能减排技术降低成本，等等。

第三节　战略性新兴产业与传统产业的互动模式

一、产业关联互动模式

产业关联互动模式是指各部门之间通过相互提供产品、相互消耗产品而形成的互动模式。由于战略性新兴产业和传统产业之间存在供给和需求的关系，因此某一产业的发展会引起其余产业也发生变动。通过供给关系与其他产业发生的关联称为前向关联，通过需求关系与其他产业发生的关联称为后向关联。随着战略性新兴产业在我国国民经济中的地位和主导作用的不断提高，其对传统产业的关联带动作用也在不断增强。战略性新兴产业通过向传统产业技术扩散和产业链嵌入传统产业等方式带动了传统产业的发展，而传统产业的成长又反作用于战略性新兴产业，并由此产生协同效应，共同推动区域经济的发展。

二、产业耦合互动模式

产业耦合互动模式是指将两个或多个产业看作两个或多个子系统，产业子系统间的互动关系与作用表现为一种耦合性。“耦合”是一个物理学概念，指两个或多个系统之间通过物质、能量和信息的交换而彼此影响以至联合起来的现象。耦合的前提条件是耦合各方必须存在产业关联，其结果是耦合各方的属性发生变化。战略性新兴产业与传统产业两个系统不是相互独立的，而是以两类产业的产业关联为基础，存在相互依赖、相互协调、相互促进关系的复合有机体。

战略性新兴产业与传统产业的耦合发展主要包括产业要素、产业结构、产业布局、产业政策四方面内容。产业要素的耦合表现为两类产业在产品、技术和资本等要素上互为支撑；产业结构的耦合表现为两类产业在国民经济中的比例变化和承接变化，战略性新兴产业比例逐渐上升并最终替代传统产业；产业布局的耦合表现为由于资源禀赋和区域优势的不同，产业的地域发展将形成分化，战略性新兴产业由于其知识技术密集的特征往往集聚在人才集中的发达地区，传统产业由于其劳动密集的特征则往往由劳动力成本高的地区向劳动力成本低的地区转移；产业政策的耦合表现为政府通过制定产业政策鼓励或限制某些产业的发展实现产业结构调整的目标。随着耦合作用的不断增强，战略性新兴产业与传统产业将实现从低度耦合到中度耦合再到高度耦合的演进，最终实现产业融合和产业集聚，实现区域产业结构升级的目标。

三、产业融合互动模式

产业融合互动模式是指两个或多个产业通过产业互动衍生出新的产业的过程。战略性新兴产业与传统产业的融合方式可以分为三类。

（一）高新技术的渗透融合

高新技术的渗透融合是指战略性新兴产业的新兴技术不断向传统产业渗透，不仅提高了传统产业的生产效率，还通过与传统产业融合形成新的产业形态。例如，新一代信息技术向传统商业、文化产业的渗透融合产生了电子商务、动漫产业等融合产业；生物技术向传统农业、医药行业的渗透融合产生了生物农业、生物医药等融合产业；新能源技术向传统汽车产业的渗透融合产生了新能源汽车产业；等等。

（二）产业重组融合

产业重组融合是指几种关联紧密的产业之间或同一产业内部不同产业部门之

间，通过延伸产业链将原本各自独立的产品或服务重组为一体的产业融合。例如，智能机器人产业就是计算机、机器制造、自动化技术、通信技术各产业部门之间重组融合而形成的新产业形态；现代物流业是零售业、运输业、仓储业各产业部门之间通过业务延伸重组融合而形成的新产业形态。重组融合综合了科技、管理、商业模式等多方面创新的成果，促进了产业的升级换代。

（三）产业交叉融合

产业交叉融合是指通过不同产业的功能互补和延伸而实现的产业融合。电信、广播电视和互联网“三网融合”就是产业交叉融合最典型的例子，随着技术改造的推进，三大网络的业务和功能逐渐趋同，手机、电视、电脑都可以通话、上网、看电影。产业交叉融合最后往往会导致产业边界模糊或者消失，但这些产业只是部分交叉，原来的产业还将继续存在。

四、几种互动模式的比较分析

（一）产业关联是产业耦合和产业融合的基础

产业关联通常表现为产品、劳务、生产技术、价格、劳动就业、投资关联等形式，产业间的高度关联性是形成产业耦合和产业融合的基础。根据系统论理论，性质相近的系统具有互相亲和的趋势，这种趋势构成了系统耦合的基本条件。战略性新兴产业与传统产业两个系统的各产业之间的技术经济联系构成了产业耦合的基础和技术条件，不同产业之间通过产业链要素的投入和产出联系促进了区域内产业耦合关系的形成。在产业耦合机制作用下，区域内各产业之间具有技术经济联系的部门通过物质、能量和信息的相互流动进行彼此之间的相互作用，形成相互促进、相互协调的发展状态。

（二）产业融合是产业耦合的高级形式

产业融合是产业耦合发展到一定阶段的产物，是产业耦合的高级形式。产业耦合侧重产业之间的关联，而产业融合则更侧重新产业的形成和产业内部的重组整合。战略性新兴产业与传统产业以及战略性新兴产业之间通过渗透、重组、交叉等融合方式催生了大量的新产品和新服务，也促进了许多新产业的形成，扩展和延伸了产业链，拓宽了产业发展的空间。新一代信息技术等战略性新兴产业的广泛关联性促进了传统产业与其融合成新产业，使传统产业的边界模糊甚至消失，实现了改造提升传统产业的目标。产业关联、产业耦合和产业融合的关系如图 4-1 所示。

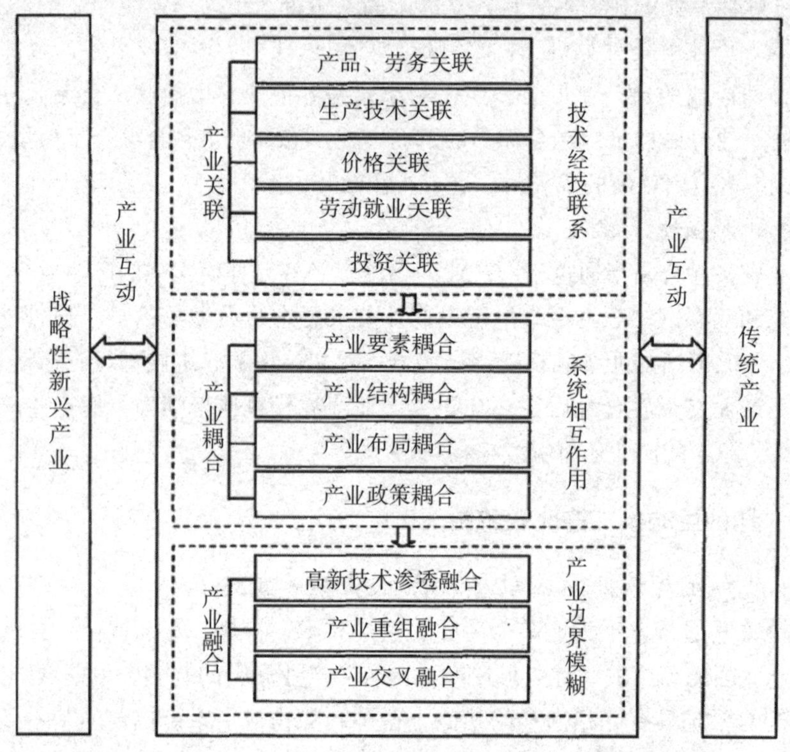

图 4-1 战略性新兴产业与传统产业的互动模式

第四节 战略性新兴产业与传统产业的耦合

一、产业耦合的内涵

“耦合”一词最早源自物理学，在通信工程、机械工程、软件工程等工程中均有“耦合”这个名词出现，如耦合电容、软件耦合度等。在物理学中，耦合指两个或两个以上的系统或运动方式之间通过要素之间的相互作用和彼此影响，以至联合起来的现象。从协同学角度看，系统到达临界区域时将走向何种序与结构，取决于系统内多个子系统之间的耦合作用及其协调程度。近年来，“耦合”的概念被推广到了社会科学的多个领域，如人口与资源环境、科技创新与科技金融、旅游与区域经济等。许多学者把两种或多种社会现象有机结合而发挥作用的客观事物也称为“耦合”，并借鉴物理学中的耦合模型定量分析其耦合协调的程度。因此，产业耦合是指性质不同的两类产业组成的两个系统通过各自的耦合元素产生相互作用，彼此影响的现象。产业耦合以系统论为基础，重点在于产业间的连接方式和连接程度反映了产业系统之间相互依赖、相互促进的动态关联关系。

笔者将战略性新兴产业与传统产业两个子系统通过各自的元素产生的相互作用、相互影响的现象定义为“战略性新兴产业—传统产业”耦合系统，并采用物理学中的耦合度模型和耦合协调度模型度量耦合系统内部元素协同作用的强弱程度。耦合度与耦合协调度的区别在于耦合度反映了系统之间或系统内部元素之间相互作用的强弱，没有好坏之分；而耦合协调度则反映了这种相互作用中良性耦合的程度，也即协调状况的好坏程度。

战略性新兴产业与传统产业两个系统之间存在显著的耦合关系，如图 4–2 所示。

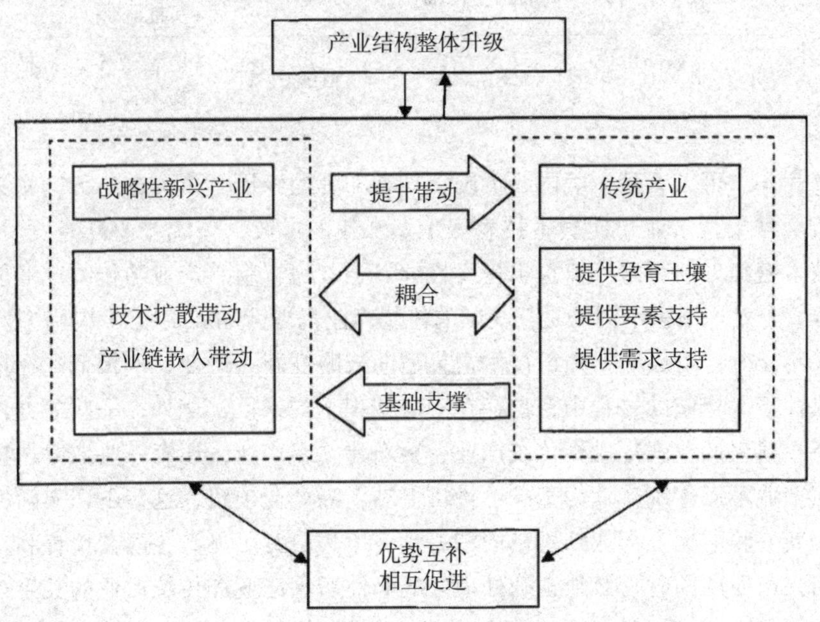

图 4–2　战略性新兴产业与传统产业的耦合关系

二、耦合协调发展的必要性

根据产业演进理论，产业演化的表现形式有新兴产业出现、产业比例变化、传统产业退出等变迁，周而复始，产业结构不断由低级向高级演进。从发达国家的主导产业的演变历史看，由于各国产业状况和资源禀赋的不同，主导产业的变迁也有所不同，但基本遵循如下的演变轨迹：由资源、劳动密集型向资本密集型、资本技术密集型再向知识技术密集型转化。例如，北美、欧洲、亚洲典型发达国家产业的演进变化，如表 4-1 所示。

表 4-1　北美、欧洲、亚洲发达国家产业演进阶段

	阶段 1	阶段 2	阶段 3	阶段 4
美国	农业、机械制造	汽车、钢铁、建筑、化工、石油	计算机、通讯	信息技术、新能源、新材料、生物工程
英国	农业、纺织业	交通运输、机器制造、化工	电子、生物	信息技术、低碳产业
日本	纺织	钢铁、机械、化工	汽车、家电	信息技术、海洋开发、节能环保
韩国	农业	机械、化工	造船、汽车	信息技术、新材料、生物工程

从表 4-1 可以看到，美国、英国、日本和韩国经历了由资源、劳动密集型产业向资金密集型产业再向资本技术密集型产业的过渡，传统产业已经发展成熟，知识技术密集型的新兴产业也迅速发展并日益壮大，新兴产业与传统产业前后承接良好。与发达国家不同的是，我国的传统产业仍以劳动和资金密集型产业为主，且发展不充分、不成熟，知识技术密集型的战略性新兴产业比例极低。在培育发展战略性新兴产业的过程中，也存在一些认识上的误区。例如，一些地方认为发展战略性新兴产业就是抛弃传统产业，重新建立新产业；还有一些地方选择战略性新兴产业不以传统产业为基础，盲目上马新兴产业项目，这些不切实际的做法造成了新一轮的地方产业结构雷同和恶性竞争。由此可见，我国在培育和发展战略性新兴产业的同时，必须正确处理好战略性新兴产业和传统产业的关系，促进两类产业耦合发展，使之形成配合得当、和谐一致、良性循环的协调发展局面，最终实现我国产业结构整体升级的总体目标。

第五节　战略性新兴产业与传统产业协调发展的影响因素

一、物质资本

物质资本是指实物形态的机器、工具设备等长期耐用的生产资料。一般来说，物质资本具有以下三个特点：①物质资本是投资过程的结果；②物质资本的规模和结构反映现有生产能力，也是构成未来经济发展的基础；③大部分物质资本存在折旧问题。物质资本是一个地区产业发展能力的重要影响因素之一。随着科学技术的迅猛发展和知识经济时代的到来，物质资本对经济发展的贡献程度逐渐降低，在经济发展中已不占据主导地位，但仍是不可或缺的发展要素。美国经济学家罗斯托、罗格纳、赫希曼也分别在他们的理论中强调了物质资本的重要性，认为物质资本的增加可以增强社会的生产能力，加速地区产业发展能力的形成。

二、人力资本

人力资本在促进经济增长中的重要作用已经在内生增长理论中得到证明。一般来说，当地教育水平越高，劳动者素质越高，越有利于创新。而且，人才作为知识、技能的载体，其自由流动可以降低新知识和新技术的传播成本。无论培育发展战略性新兴产业还是改造提升传统产业，都需要大量的高素质劳动力作为支撑。在当今世界各国大力发展新兴产业、科技竞争如火如荼的背景下，人才已成为全世界最重要的稀缺资源之一，新一轮人才争夺战愈演愈烈，美国、英国、法国等发达国家纷纷推出新的移民政策吸引新兴产业发展中的急需人才。相比之下，我国虽然拥有世界上最丰富的劳动力资源，但是平均素质相对较低，在产业发展上仍以劳动密集型产业为主，而且区域间劳动力分布极不均衡。东部地区尤其是长三角、珠三角、京津冀等发达地区拥有丰富的劳动力资源和科技人才，其发达的经济水平对人才具有很强的虹吸作用，吸引了大批人才流入这些地区，为这些地区的科技创新和产业发展提供了充足的人力保障。而中西部等欠发达地区由于劳动力和科技人才短缺，战略性新兴产业的培育发展和传统产业的转型升级都受到了很大的制约。

三、技术创新能力

技术进步能通过技术创新和技术扩散提高产业素质和资源配置效率，是推动产业结构升级的直接动力。技术进步可以不断开拓新的生产技术，形成新兴产业：技术进步可以改造传统产业，用新技术、新设备和新工艺改造后的传统产业能焕发新的活力；技术进步的非均衡性使基于重大科技突破的战略性新兴产业取代了技术落伍的传统产业，实现产业结构的升级；一个地区技术水平越高，该地区的技术吸收能力以及技术配套能力就越强。技术进步能显著地推动战略性新兴产业的发展。目前，我国多数战略性新兴产业仍处于起步阶段，由于其代表了新技术的发展方向，所以市场潜力非常巨大。技术创新使战略性新兴产业拥有了核心技术和核心竞争能力，产业效率得到大幅提高，吸引了各种产业要素和资源纷纷流入，进而又促进了战略性新兴产业的发展，同时带动了关联产业的发展尤其是相关联的传统产业的发展。

四、服务业

一个地区的服务业水平越高，就越有利于形成产业集聚。发达的服务业可以大大降低企业的信息成本、采购成本、通信成本等，从而有效降低企业的生产成本。战略性新兴产业和传统产业的集聚发展离不开完善的产业配套，也就是现代服务业的支撑，如产业链上游的研究服务、技术交易等服务，产业链下游的营销、售后服务等，产业链侧翼的融资、人才培养和信息服务等。因此，加快建立健全功能完善的现代服务业，在研发服务、创业服务、知识产权、技术交易、科研成果转化等方面为战略性新兴产业和传统产业的发展提供周到细致的服务，无疑将为培育发展战略性新兴产业和改造传统产业提供重要的支撑。

五、对外开放

世界已经进入经济全球化时代，我国对外开放的战略也对我国产业结构升级产生了深远的影响。一方面，我国通过大量吸引外商直接投资，为产业的发展弥补了资金缺口，通过进口国外的先进设备和技术、学习国外企业的先进管理经验提升了我国产业部门的技术水平和企业的管理水平，推动了战略性新兴产业的发展和传统产业的改造。通过向世界出口产品，既扩大了国内需求，又拉动了我国经济的增长，从而可以将更多的资源投入战略性新兴产业的发展和传统产业的改造升级中，促进了产业结构的升级。另一方面，随着对外开放的不断深入，我国产业的发展不可避免地受到了一些负面影响和冲击，如国外的技术对我国的技术产生了很大的冲击，在对外贸易的过程中摩擦和争端不断增加，进出口不平衡等。

六、基础设施

一个地区的基础设施越好越能够降低企业的交易成本，越容易吸引外部投资；越有利于要素的集聚和加速要素的流动，提高要素的生产率；还能使人才交流更加便利、频繁，通过商品贸易和技术人员的流动和交流加速知识溢出和信息传播；有利于形成规模经济，促进产业集群的形成。因此，现代化的基础设施可以为战略性新兴产业的培育发展和传统产业的转型升级提供优良的硬件环境和完善的产业配套。例如，我国的新能源汽车之所以难以大面积推广，是因为公用充电站的数量严重不足。太阳能发电和风电发电并网困难主要是受电网基础设施的制约。

七、政策支持

政府的产业政策对战略性新兴产业的培育发展和传统产业的转型升级产生的作用具有不确定性。自从我国提出战略性新兴产业的概念以来，国家和地方政府均出台了一系列产业规划和产业政策鼓励和引导战略性新兴产业的发展，通过直接投资、财政补贴、税收支持等直接或间接的方式扶持战略性新兴产业的发展。但是，由于战略性新兴产业的发展方向尚不明确，其技术路线和商业模式仍在不断探索中，如果产业政策制定不当或实施不当，将会出现很多问题。因此，如何制定科学合理的产业政策，把握好政府推动和市场主导的协同互动和功能定位关系，成为提高我国战略性新兴产业政策水平的关键所在。在传统产业改造升级的过程中，引导哪些产业转型升级，淘汰哪些不利于整体产业素质提高的产业，也需要制定合理的产业导向政策，为传统产业转型升级提供良好的制度环境。

第六节　战略性新兴产业与传统产业协调发展的政策建议

一、促进战略性新兴产业与传统产业关联发展的政策建议

（一）以传统产业为基础规划战略性新兴产业发展

我国战略性新兴产业与传统产业的关联程度和耦合协调度都不理想。因此，我国在突出强调发展战略性新兴产业的同时，要做好与传统产业的衔接，统筹两类产业协调发展。

战略性新兴产业的发展离不开传统产业在技术积累、制造能力、产业组织等方面的支撑，脱离了这些产业配套体系支撑的战略性新兴产业将会成为无源之水、无本之木。自国务院将新能源等七大产业确定为重点扶持的新兴产业以来，在政策鼓励下，各地政府纷纷抢先布局战略性新兴产业，加大招商引资的优惠力度，打造战略性新兴产业基地。据统计，全国有超过 90% 的省份选择新能源、新一代信息技术、新材料、生物产业作为战略性新兴产业，近 80% 的省份选择节能环保产业作为战略性新兴产业，50% 以上的省份选择新能源汽车为战略性新兴产业，产业雷同布局现象较为突出。我国战略性新兴产业的结构性产能过剩风险也在增加，不仅对资源、环境、土地、劳动力等生产要素的供给造成了很大压力，不利于战略性新兴产业的区域分工协作，还难以构建协调的产业链和产业生态系统。

我国在发展战略性新兴产业时，应在主体功能区规划的基础上，根据不同区域的要素禀赋特点统筹规划战略性新兴产业的产业布局、结构调整、发展规模和建设时序，严禁各地以发展战略性新兴产业为名搞低水平重复建设，从而优化产品结构，缓解产能结构性过剩的压力。各地应在明确战略性新兴产业的发展目标、产业布局和指导思想的基础上，构建差别化的发展战略，结合当地的经济发展特色与基础对新兴产业继续深化和细化，找准优先和重点发展领域，避免产业趋同、重复建设和恶性竞争等现象的出现。东部地区在产业配套、人才集聚、科技水平、国际化经营等方面有着中西部地区无法比拟的优势。其中，长三角、珠三角、环渤海等经济发达区域是战略性新兴产业发展的优势区域，国家应考虑在现有基础上，重点培育几个技术先进、具有国际竞争力的战略性新兴产业基地。相比之下，中部、西部地区经济发展水平较低，短期之内并不具备大规模发展战略性新兴产

业的条件，盲目上马战略性新兴产业项目只会造成低端化、产能过剩和资源环境破坏的结果。这些地区的发展重点应是根据自身的要素禀赋优势承接东部地区的产业转移，做大做强现有产业，推动产业转型升级。尤其是一些具有资源优势的地区，其产业体系往往是建立在资源优势的基础上，应重点考虑引进先进技术设备，提高资源的利用效率，减少对生态环境的破坏。

（二）多角度促进战略性新兴产业与传统产业互动关联

我国战略性新兴产业与传统产业的关联程度仍较低。战略性新兴产业具有关联度高、带动系数大、辐射能力强等特征，能通过产业关联效应带动一批相关产业和配套产业的发展。发展战略性新兴产业不能脱离现有产业，打造孤立、全新的产业体系，而应多角度促进与传统产业的互动关联，改造和提升传统产业。

1. 促进战略性新兴产业与传统产业的技术关联

以战略性新兴产业的新兴技术作为助推传统产业转型升级的引擎，加大新技术、新材料、新装备、新工艺在传统产业领域的示范推广力度。对于那些能够促进新兴技术应用的传统产业改造项目应给予大力支持，鼓励传统企业在生产过程中使用新能源、节能环保、新一代信息技术等相关产品和先进技术，在推广应用方面可以考虑贴息贷款、税收优惠或直接财政补贴的方式。充分利用战略性新兴产业的强关联效应，提高传统产业的技术创新能力，带动传统产业的发展。

2. 促进战略性新兴产业与传统产业的产业链关联

有些战略性新兴产业和传统产业可能处于同一个产业链上，相互支撑、相互影响，只有两者共同发展，才能建立竞争优势。此外，应鼓励传统优势企业延伸产业链进入战略性新兴产业。例如，化工企业由生产传统化工材料升级为生产高附加值的新材料，汽车企业由传统汽车向新能源汽车方向发展，等等。

3. 促进战略性新兴产业与传统产业的市场关联

传统企业要努力成为战略性新兴产业的重要供应商。经过多年的发展，传统产业已经形成了成熟的市场营销渠道，战略性新兴产业的新技术、新产品要积极借助传统产业这一优势为其开拓市场空间。很多战略性新兴产业的产品是对传统产业产品的一种改进、替代或互补，有共同的消费市场。例如，新能源汽车作为对传统汽车的一种替代，其市场推广必然要借助传统汽车市场。

（三）利用新一代信息技术优化产业结构

影响力系数较高的产业多集中在新一代信息技术产业上，但我国传统产业对新一代信息技术产业的消耗系数仍不高。因此，发展新一代信息技术产业应作为我国优化产业结构的战略重点。加快“三网融合”、移动互联网、云计算、物联网等信息技术基础设施的建设，为传统产业创造良好的网络信息环境。按照数字化、网络化、智能化的总体趋势，着力增强新一代信息产业的创新能力和核心竞争力，大力发展集成电路、软件等基础性核心产业，重点培育新一代移动通信、高性能计算机及网络设备、下一代网络、数字电视等产业集群，推动新一代信息技术产业发展由速度规模型向创新效益型转变。促进信息技术在传统产业中的应用，鼓励传统企业对生产过程、运营模式等进行信息化改造，运用信息技术提升企业的现代化管理水平。

（四）发展生产性服务业，为产业转型升级提供支撑

战略性新兴产业与金融服务、专业技术服务等生产性服务业有着很强的关联度。生产性服务业是指提供中间投入服务的服务性企业集合体，主要包括基础设施服务、人力资源服务、研发设计服务、采购服务、金融服务、信息技术服务、物流服务等服务方式。作为从制造业内部分离而发展起来的一个新兴的服务产业，生产性服务业具有高成长性、高科技含量等特点，对其他产业有较强的带动作用。近年来，发达国家越来越多的传统制造企业向服务型制造业转型，一些企业将重心转移到研发设计、战略管理、品牌渠道等服务环节，对产品价值链的服务成分的关注度不断提升。在欧美一些发达国家，服务业占 GDP 的比重和生产性服务业占服务业的比重双双达到了 70%。服务业增加值占 GDP 的比重越来越高已成为发达国家的一个普遍现象，传统制造企业的服务化也成为一种趋势。因此，我国应顺应全球服务型制造业的发展趋势，大力发展高效率、高层次的生产性服务业，为战略性新兴产业的培育发展和传统产业的转型升级提供全方位、多角度的服务，助推战略性新兴产业与传统产业实现更高水平的有机融合与协调发展。

（五）促进关联产业的集聚发展

关联产业的集聚发展有利于强化产业之间的关联效应，有利于产业的创新扩散和渗透，有利于节约运输成本，从而获得产业竞争优势。关联产业的集聚发展进一步促进了产业成长，既能获得一定的规模经济，又能获得一定的范围经济。地理集聚的企业、大学、研究院所和中介机构产业能够推动技术创新呈现空间集聚的趋势，进而显现出明显的外部经济性，包括降低交易成本、空间成本和生产成本，提高技术创新和扩散能力，产生协同效应，从而推动产业的快速发展。因此，对于存在产业关联关系的战略性新兴产业企业和传统产业企业，要鼓励和引导其集聚发展。关联度高的战略性新兴产业的增长将产生强烈的乘数效应，为其

关联产业提供新材料、新工艺以及各种形式的技术支撑和技术服务。关联产业的发展又为战略性新兴产业的发展拓展了空间，从而诱发了更多战略性新兴产业集群的崛起。产业关联带来的非线性相互作用促使战略性新兴产业成为产品更新换代和消费结构升级的加速器、传统产业技术改造的倍增器、产业延伸和产业空间拓展的纽带和桥梁，从而使战略性新兴产业和传统产业快速成长，促进了两类产业的协调发展。

二、提升战略性新兴产业与传统产业协调度的政策建议

（一）淘汰传统产业落后产能，积极对接战略性新兴产业

淘汰落后产能主要是淘汰不符合“科技含量高、经济效益好、资源消耗低、环境污染少”的新型工业化要求的设备、生产工艺和产品。淘汰落后产能对增加产业的集中度、提高产业的生产效率、提高产业的整体技术水平、优化产业的组织结构具有积极的意义。当前，我国多数传统产业存在产能过剩问题，钢铁、水泥、纺织等行业尤为突出。淘汰落后产能和治理产能过剩将深入影响上述这些传统产业的结构调整方向，优化这些产业的组织结构，提高这些产业的生产效率可以为发展先进产能腾出空间。为此，传统产业要积极对接战略性新兴产业，以此拓展价值增值的新路径。传统产业的企业对接战略性新兴产业主要有转型、升级、关联、共享四种方式。转型是指传统企业通过技术、机制、管理等方面的创新成为高新技术企业；升级是指通过工艺、产品、功能升级等向价值链的前后端延伸；关联是指为战略性新兴产业提供原材料、零配件和售后服务等功能；共享即与战略性新兴产业共享人才、技术等形式。传统产业应积极探索对接战略性新兴产业的最佳方式，用新技术、新设备、新工艺、新材料改造产品开发、工艺流程、市场营销和企业管理等环节，从而挤进价值链的高端领域。

（二）建立健全产业创新体系，提升产业整体创新水平

技术创新能力是影响战略性新兴产业与传统产业耦合协调度的最关键因素，也是我国实现产业转型升级的动力源泉。战略性新兴产业本身就是技术创新的产物，传统产业的改造升级也离不开技术创新。提升产业技术创新能力是把握产业发展主动权的关键，完善的产业创新体系是发展战略性新兴产业和改造传统产业的重要支撑。

1. 建立现代产业体系的科技支撑体系

科技创新对现代产业体系建设的基础性支撑作用不言而喻，要健全科技投入

长效机制、创新激励机制和成果转化机制，全面提高我国产业技术创新能力和服务水平，促进技术进步和产业发展。将石化和化工、钢铁、有色金属、建材、机械、纺织、轻工、医药等传统行业核心设备和关键工艺的科学研究、技术开发及产业化纳入国家各类科技发展规划，支持国内研究机构和企业在节能环保、新一代信息技术、高端装备制造、生物、新能源、新材料和新能源汽车等新兴产业核心技术方面提高技术创新能力。对于国外的先进技术，要在引进的基础上加强消化吸收和再创造的能力，加快形成自主创新能力。

2. 加快建设区域技术创新平台

区域技术创新平台是我国产业技术创新体系的关键节点，是共性技术创新任务的重要承担者，是促进企业技术创新、整合创新资源的重要平台。然而，区域技术创新平台一直是我国产业技术创新体系的薄弱环节。由于区域技术创新平台尤其是省级技术创新平台的缺失，国家技术机构、大学和当地企业之间很难建立长期、稳定的合作关系。由于缺乏这种技术创新合作关系，区域内的企业很难开展持续的创新活动并进行技术创新能力的积累和提升。因此，要加快建立科研院所、高校和研究型企业共同参与的区域技术创新平台，形成共性技术扩散机制，鼓励高校、政府资助的科研机构成为企业技术研发的扶助力量，通过政府资助等方式扩散技术；通过专利保护、知识产权市场交易等方式加大共性技术研发与企业之间的利益结合度；使区域技术创新平台能够发挥好技术创造、扩散和协调三大功能，促进产学研紧密结合，降低企业技术创新的风险和成本，提升企业的技术创新能力。

3. 促进企业成为技术创新的主体

“企业应成为技术创新活动的主体”的口号虽然早已提出，但是始终得不到真正落实。要使这种现状得到改观，国家应加快推动科研体制改革，完善产、学、研合作机制，引导科研力量更多地流向企业，用密切合作的机制和渠道推动产业发展主体与科技资源研发主体的结合，促进产业链与创新链的有效对接，在关键技术、共性技术等领域进行协同创新，着力突破产业发展的技术瓶颈。政府制定的产业总体规划应突出方向性和指导性，着力发挥企业的创新想象空间。鼓励并支持企业建立技术中心等研发机构，发挥大型企业的研究优势；鼓励中小型企业以应用性创新作为核心技术的补充。着力形成大中小企业优势互补、协调发展的产业创新体系。

（三）加强专业技术人才培养

人力资本对战略性新兴产业与传统产业耦合协调度的影响仅次于技术创新能

力，无论对战略性新兴产业，还是传统产业，人力资本都是稀缺资源，也是产业发展的核心竞争力。因此，政府部门要建立人才引进机制，完善人才培养机制，创新人才激励机制，努力营造吸引人才和留住人才的体制环境。

1. 建立人才引进机制

加大人才资源的开发力度，设立涵盖战略性新兴产业和传统产业的紧缺人才开发目录，制订产业人才引进计划，发挥政府在人才资源开发中的导向作用，为两类产业的协调发展提供人才保障。大力引进国内外各类高层次人才，如掌握核心技术的创新人才、熟悉现代企业管理的领军人才等。鼓励高层次创新人才和创新团队回国创业。提高人才引进的服务效率，积极解决住房、子女入学、配偶工作等实际问题，为人才提供安定的生活保障，完善人才流动机制，加快科研载体建设，达到吸引人才和留住人才的目的。

2. 完善人才培养机制

要围绕产业需求建立多层次人才培养体系。选拔重点企业的经营管理人员到发达国家和地区考察学习，掌握产业发展的最新动向，培养一批国际战略眼光高、开拓创新意识强、经营管理水平高的顶尖级企业家。利用本地和国内外高校资源，加大高校战略性新兴产业学科建设和人才培养力度，多渠道培养能够满足产业发展需求的创新型高级人才；大力支持中高等职业教育和企业职工的职业培训，为战略性新兴产业的发展和传统产业的改造培养一大批高素质的生产一线技术人才；加强企业与高校、研究机构、著名跨国公司的合作，培养重点产业领域的复合型、高技能人才。

3. 创新人才激励机制

探索建立多元化的人才激励机制，支持企业建立人才发展基金，鼓励管理、知识、科技发明专利等生产要素参与股权和收益分配。探索人力资本产权激励制度，对战略性新兴产业和传统产业的行业领军人才和有突出贡献的人才可以实行股权分配、年终分红等奖励措施，建立科学合理的专业技术人才职称评定制度。为优秀人才提供良好的发展机会和广阔的发展空间，用优厚的待遇、现代化的工作条件、较高的社会地位吸引人才、留住人才。

（四）完善基础设施建设

基础设施投资能为战略性新兴产业和传统产业的发展创造稳定的市场需求及提供完善的配套服务，从而促进战略性新兴产业增强自主发展能力。战略性新兴产业在其成长初期会面临市场需求不足或不稳定的问题，合理安排战略性新兴产业项目建设的进度，大力提高基础设施建设项目的技术水平是解决这个问题的有效途径之一。例如，大规模电网建设形成了对非晶合金节能变压器持续而强劲的需求，从而迅速带动了非晶材料等战略性新兴产业的高速发展。电网等基础设施建设规划要与新能源等新兴产业发展规划相协调，及时为其提供完善的配套服务。在基础设施投资方面，中央财政支持资金要向中西部地区和农村地区倾斜，缩小地区经济发展的差距，改善地区结构和城乡结构。地方政府也要大幅增加促进产业发展的基础设施投资，同时要吸引更多的社会资本进入基础设施建设领域，达到减轻政府财政负担和规避财政风险的目的。要发挥好社会资本参与基础设施建设的作用，可以从以下几方面着手：第一，将政府投资范围主要限定在社会公益性和非营利性基础设施领域，而经营性和营利性基础设施项目则要向社会资本开放，让企业拥有更多的投资自主权；第二，尽快研究制定社会资本参与基础设施建设的实施细则；第三，进一步拓宽参与基础设施建设的民营企业的融资渠道，允许参与基础设施建设和运营的民营企业发行中长期企业债券和短期融资券，在担保、资产抵押等方面为其创造更好的融资环境。此外，基础设施建设投资也要在加快推进产业结构调整、推进自主创新等方面发挥积极作用，加大“三网融合”等新一代信息技术基础设施的建设力度，通过降低工业化和信息化融合成本推动产业结构升级。在大型基础设施建设的设备采购中，优先采购那些具有自主知识产权的产品，为其创造良好的市场环境。

（五）深化开放合作

对外开放从短期看会使一些对外贸易和外资依赖度高的产业受到冲击，但是从长期看，对外开放有利于我国企业学习国外先进的技术和管理方法，由此产生知识、技术的溢出效应有利于提升我国两类产业的技术和管理水平，进而提高我国两类产业的协调度。因此，我国应进一步加大对外开放程度，积极利用国外的资金、先进技术和先进管理手段实现产业结构的优化。具体来说可以做好以下几点：第一要，全方位推动国际科技合作与交流，鼓励企业、高校和研发机构“走出去”，通过开展技术、人才等方面的国际科技合作与交流将国外的先进技术、管理经验带回国内。大力吸引实力雄厚的跨国公司和科研机构在国内设立研发机构或开展研发合作，支持国内企业开展全球研发服务外包，在国外开展联合研发和设立研发分支机构。鼓励外资企业尤其是世界500强的知名企业到国内设立产业园区，带动相关战略性新兴产业或传统产业的集聚发展。第二，要支持企业扩大出口和跨国经营。支持国内企业到国外开发战略资源，到发达国家和地区进行跨国、跨地区经营，加大出口力度，加强与发达国家在新兴产业等领域开展资金、技术和管理等方面的合作，促进产业的国际化发展。

各地区应结合地区战略性新兴产业和传统产业发展的实际需要，努力营造良好的外商投资环境，在投资项目的选择上，要重点引进科技含量和产业关联度高、污染和消耗低的项目，实现对弱势产业的弥补和优势产业的整合，达到学习和交流技术经验的目的。要积极推进具有竞争优势的新兴产业产品“走出去”，通过加大政策支持力度、培育对外投资合作的中介服务机构、开展跨国管理人才培训、健全投资保护机制、推动签订双方投资协定等措施，促进产业健康良性发展。通过积极的“引进来”和“走出去”措施不断增强我国战略性新兴产业的竞争力。同时，以工艺改造、设备更新和节能降耗为导向，加快传统产业的升级改造，引导出口代工企业提升产品设计、品牌运作和渠道营销等向产业链上下游辐射的能力，挖掘传统产业的出口潜力，延长传统产业的优势期。

（六）改善政策支持环境，完善产业发展体制

政策支持对我国现阶段两类产业的耦合协调度的提升虽然有促进作用，但是仍不显著。因此，我国各级政府部门要不断完善引导和推动机制，编制和定期发布各地区当前应优先发展的战略性新兴产业领域的规划，制定战略性新兴产业市场培育政策，推动新技术、新产品快速拓展市场空间，引导社会资源投向，同时要提高技术标准，淘汰落后产能。除此之外，还要通过财税金融政策的实施缓解战略性新兴产业发展的资金困境。在财政政策方面，积极发挥财政职能作用，通过加大财政资金支持力度和创新资金的投入方式等举措支持战略性新兴产业的发展。我国战略性新兴产业多处于发展起步阶段，人力资本高，研发费用大，推出的新产品往往难以迅速打开市场，使普通投资者望而却步。因此，政府要在加大对战略性新兴产业投资力度的同时广泛引导社会资本进入战略性新兴产业。在金融政策方面，一要加快科技金融产品的创新。针对战略性新兴产业领域科技型中小企业占多数的特点，推出更多适合中小企业发展的金融产品，拓展企业融资渠道，降低企业融资成本。二要建立战略性新兴产业科技金融对接支持平台。利用对接平台，加强战略性新兴产业科技项目与社会资本市场的对接，促进科技资源和金融资源的有效结合。三要培育战略性新兴产业企业上市融资。鼓励和支持发展潜力大、经济效益好的核心企业在主板市场上市；支持符合条件的中小企业在中小板、创业板上市；鼓励成长性好、有实力的企业到境外市场上市。

政府在大力支持战略性新兴产业的同时，不能忽略对传统产业的改造升级。

战略性新兴产业与传统产业是经济发展的两翼，两者相辅相成，不能顾此失彼。在科技和金融等资源的分配上应该加以统筹协调，给予两类产业相同的发展机遇和竞争环境，避免传统产业在资源分配上处于不利地位。在人才培养和科研经费的投入上，传统产业和战略性新兴产业也应享受同样的优惠政策，促进两类产业之间建立研发联盟，加快技术在两类产业之间的扩散。在人才政策上，传统产业的人才待遇要进一步提高，在薪酬、福利和晋升等方面要缩小与战略性新兴产业人才的差距。

第五章　基于可持续发展的战略性新兴产业区域选择

第一节　可持续发展理论

一、可持续发展内涵

1980 年，可持续发展的概念在《世界保护策略》报告中被首次提出，但围绕保护和发展并未做明确定义。1987 年，可持续发展的概念在世界环境发展委员会《我们共同的未来》这一报告中被明确定义为“既满足当代人需要，又不对后代人满足其需要的能力构成危害的发展”。1992 年，183 个国家进一步达成了人类必须走可持续发展道路的共识。随着可持续发展理论的日趋完善，可持续发展被定义为三个方面的发展，即经济发展的可持续、社会发展的可持续和生态发展的可持续，只有实现三个领域的协调统一，才可能实现可持续发展。可持续发展的示意图如图 5-1 所示。

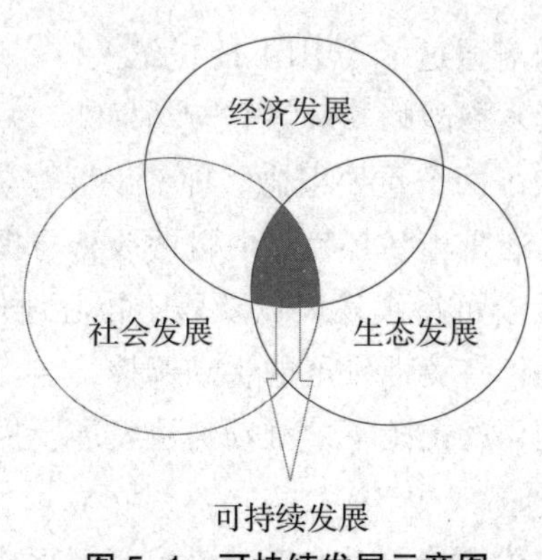

图 5-1　可持续发展示意图

其中，经济可持续发展是一种合理的经济发展形态。通过实施可持续经济发展战略，使社会经济得以形成可持续经济发展模式。这种模式的本质是现代生态经济发展模式，即生产、消费、流通都符合可持续经济发展的要求，在产业发展上建立生态农业和生态工业，在区域发展上建立农村与城市的经济可持续发展模式。

生态可持续发展是可持续发展的环境基础，要求社会在满足人类需求的同时保护我们赖以生存的地球上的生命支持系统。为实现生态可持续发展，一方面需要遵循预防原则，不能以不确凿的科学依据作为推迟预防环境恶化措施的理由。另一方面，要遵循代际公平理论，即这代人应该为下一代人的利益着想，保持环境的健康、多样性和生产力。为顺利开展生态可持续发展，为生物多样性和生态完整性的保护提供更多动力，在进行资产与服务评估时，环境因素应该占更大的比重。

社会可持续发展是人口趋于稳定、经济稳定、政治安定、社会秩序井然的一种社会发展状态，其核心是人的全面发展，强调应满足人类的基本需要，既包括满足人们对各种物质生活和精神生活享受的需要，又包括满足人们对劳动环境、生活环境质量和生态环境质量等的生态需求，既包括不断提高全体人民的物质生活水平，又包括逐步提高生存与生活质量，做到适度消费和生活方式文明，使人、社会与自然保持协调关系和良性循环，从而使社会发展达到人与自然和谐统一，生态与经济共同繁荣。此外，社会可持续发展还强调严格控制人口数量，不断提高人口质量，合理调整人口结构，真正把现代发展转移到提高人的素质的轨道上，实现人口与社会其他因素之间的相互适应与协调发展，同时强调消除贫困与公平分配财富。可见，社会可持续发展的目标是推动社会整体全面进步，其终极目的是使人得到全面发展。

1994 年 3 月，我国政府通过了《中国 21 世纪人口、环境和发展白皮书》，系统地提出了中国的可持续发展战略、政策和行动框架，并将其作为国家的基本发展战略。可持续发展涵盖了两个重要概念，即“发展”与“可持续性”。“发展”不仅是物质财富的增加，还是生活环境、质量的改善与提高。只有在自然可持续性的基础上，才能保证社会可持续发展以及居于核心地位的经济可持续性发展。在城市复合系统中，借助可持续性发展的主动调控，在不破坏城市环境再生能力和保证城市资源的永续利用的前提下，推动经济发展及提高生活质量，其内涵可概括为以下几个方面：

1991 年，国际生物科学联合会从自然属性定义“可持续发展应保护并加强环境系统的生产和更新能力，可持续发展应在环境系统再生能力的范围内实施，重在平衡生态完整和人类愿望的和谐发展，确保人类生存环境能够持续”。

1991 年，《保护地球：可持续生存战略》从社会属性定义“可持续发展应以改善人类生活品质为目标，但是其生产应以不超出生态系统承载能力为前提”，并在此基础上，提出 9 条关于人类可持续生存与发展的基本原则。

1997 年，巴伯和皮尔斯从经济性上给出定义，指出“经济发展不应以破坏资源与环境为代价，而应是不降低环境质量和不破坏世界自然资源基础的经济发展。因此，可持续发展是在保护自然资源不被破坏的前提下，既能保证现代人财富增加，又能确保后代人的财富不减少，从而使经济发展的净利益增加达到最大限度”。

综上所述，可持续发展的主旨就在于经济的可持续发展应建立在生态可持续与社会可持续发展的基础上，要确保各种经济活动的生态合理性，既要满足当代人类的现实需要，又要保护资源和生态环境，不对后代人的生存和发展构成威胁。可持续发展在发展指标上不单纯以国民生产总值为衡量发展的唯一指标，而是用社会、经济、文化、环境等多项指标衡量发展，从而实现眼前利益与长远利益、局部利益与全局利益的有机结合，使资源实现永续利用。可持续发展应以自然资源为基础，可以通过适当的经济手段、技术措施和政府干预实现经济发展与环境承载能力相协调，减少自然资源的耗竭速率；可持续发展应以提高生活质量为目标，单纯追求产值的经济增长不能体现发展的内涵，经济发展应与社会进步相适应；可持续发展应承认自然环境的价值，这种价值不仅体现在自然环境对经济系统的支撑和服务价值上，也体现在自然环境对生命支持系统不可缺少的存在价值上。

二、产业可持续发展

产业可持续发展是可持续发展理论的推广和升华，与可持续发展理论的内涵一致，也是以注重保持资源和环境质量为前提，是产业由低级向高级不断演进的历史过程。D.Meadows 等（1972）指出，我们在发展世界经济以及对工业进行投资时，应该依据环境承载能力有限制地进行投入，否则无限制的工业化只会带来人类的灭亡。学者们还进一步提出，我们必须在资源合理开发并且兼顾生态环境保护的基础上开展工业化，让清洁生产的思想贯穿工业政策的全过程。在进行产业结构调整时应将可持续发展战略作为评判的依据与立足点，并把所有可能的物质与能源消耗以及对环境的影响作为重要的考虑因素，从而确保产业的发展具有可持续性。产业结构的调整和优化在可持续性发展战略实施上起着重要作用，可持续发展战略落实的好坏在很大程度上取决于产业政策和产业选择。

产业可持续发展的内涵极其丰富，与经济与社会可持续发展具有相似性，主要应在不破坏自然条件、环境与服务质量的前提下进行产业建设，不能超过资源和环境的承载能力，应遵循产业发展机理和产业长远规划，使产业持续供给当代与未来人类的发展。其中，产业发展的可持续性可以通过技术进步加大资源循环利用，积极发展清洁生产，最大限度地利用不可再生资源，改造或淘汰能耗与污染高的产业，使产业发展逐步适应生态环境的承载能力。产业发展的均衡性应实现产业间发展的平衡性，注重传统与新兴产业的平衡。产业发展的综合性是指要对经济、社会、技术、自然环境等方面进行综合考虑。总之，产业可持续发展是一个动态发展变化的过程，它按照产业发展的规律不断动态更新，在运动变化中持续发展。

产业可持续发展要求各产业均衡发展，主要需平衡工业与农业的均衡发展，解决能源工业与其他产业的均衡发展问题，要正确处理好第一、第二、第三产业均衡发展的关系。此外，还要实现产业布局与人口分布、产业发展与基础设施之间的均衡，在充分考虑地区人口和产业的容纳能力的基础上，实现产业布局与人口分布之间的均衡，保持生产性资本与社会性资本投资间的动态均衡。

产业可持续发展是建立在经济学意义上的可持续，即运用经济手段和有效制度规则引导技术进步，增强资源的再生能力，限制或合理利用非再生资源，并使再生资源替代非再生资源成为可能；产业发展还要考虑生态环境的承载能力，大力发展清洁生产，逐步淘汰一些高能耗、高污染的产业，或者对之进行彻底的技术改造。在可持续性的观念下，资源集约型产业、环境产业和知识密集型产业等将逐渐根据可持续经济发展的要求加速成长并成为主导产业，这正是战略性新兴产业发展的必然趋势。

三、战略性新兴产业可持续发展

战略性新兴产业作为我国实施产业可持续发展战略的重要组成部分，其发展也应是综合经济、生态和社会三种效益的均衡发展，要充分注重经济活动的生态合理性和经济活动对当代与未来的公平性，杜绝一切不利于环保和资源可持续使用的产业发展方式，以期实现经济、生态和社会三大可持续发展效益的统一。

首先，战略性新兴产业可持续发展应与经济系统的可持续发展相一致，以产业发展的创新动力带动经济的可持续发展，并着力发展新能源、新材料等产业，进而加大资源的使用效率，有效延缓不断增长的人口与日益紧缺的资源之间的矛盾，使人类生活质量得到不断提升。但是，战略性新兴产业在强调经济增长时应注意自然资源的优化配置、合理开发与环境保护相协调，为产业发展提供坚实的生态环境和资源基础。可持续发展的实现需要我们在做经济决策时更多地融入环境对产业的影响因素，综合考虑环境影响可以降低环境退化成本，提升相对经济增长效果。

其次，战略性新兴产业应与生态系统之间相互促进、共同发展，不能以牺牲生态平衡来发展经济效益，要促进自然、经济、社会三者之间的全面协调有序发展。战略性新兴产业要重点关注和解决由于片面追求经济效益而带来的生态环境的破坏。我们应遵循节能和减排兼顾的清洁生产原则，生产过程中要充分节能，用最少的消耗获得最大的产出，同时要注意减排，在减少废弃物排放的同时要合理回收改造污染物，坚决制止新的环境破坏与污染。总之，战略性新兴产业的可持续发展要基于自然资源的限制，要将资源的有效利用与合理保护有机地结合起来，充分认识自然资源的有限性和不可再生性。

再次，战略性新兴产业可持续发展应以社会进步和人类生活质量的提高和改善为目标，以实现社会和经济结构改变的经济发展为终极目标，而不应仅以 GDP 或人均 GDP 等经济增长指标为评价依据。我们应让“经济发展”逐步取代“经济增长”，逐步改变“没有发展的增长”这一短期产业发展的现状。因此，要通过对战略性新兴产业投入、创新机制的改进，通过制度、管理和技术多方位的创新实现以战略性新兴产业为载体的经济、社会、环境的全面协调统一发展，进而使人类生活水平得到全面改善。

第二节　战略性新兴产业选择原则

区域战略性新兴产业的选择应基于可持续发展理论，以国家战略性新兴产业为引领，在充分考虑地区的资源禀赋和区位优势的基础上进行选择。本书以战略性新兴产业的本质特征为基础，遵循以下原则：

一、结合区域发展实际原则

区域战略性新兴产业的选择不仅要符合全球技术和产业发展趋势，符合国家发展战略性新兴产业的战略布局，还要与其他区域发展状况进行比较分析，兼顾地区产业结构实际和未来发展规划。区域战略性新兴产业的选择应基于自身的比较优势，准确进行产业定位，而不是为了获取国家资金支持而盲目选择建设。

二、产业带动原则

区域战略性新兴产业的选择要充分考虑产业的关联效应，选择纵向关联度深、横向关联度广，对整个区域经济发展贡献大的产业。我们确定的战略性新兴产业要能够在区域经济结构中促进产业的创新与发展，并能引领产业结构全面升级，这种基于区域内强关联度的选择能够确保选择的战略性新兴产业具有较深厚的产业基础，利于其可持续发展。

三、可持续发展原则

战略性新兴产业作为战略产业和新兴产业的交叉，是区域经济的重要支撑，必须注重可持续发展。一方面，战略性新兴产业本身具有一定的特殊性，它有许多传统产业所不具备的特点，如产业发展处于初期、长期性、影响因素复杂等，这样我们就更有必要考虑战略性新兴产业的发展潜力和其可持续发展能力，坚持产业实力与发展潜力并重。另一方面，可持续性还表现在资源环境方面，战略性新兴产业应该是低能耗而且环境污染少的产业，尽量用更少资源和环境代价获得更多的利益，从而实现生态保护。

四、定性与定量结合的原则

从区域战略性新兴产业选择的研究看，战略性新兴产业分类刚刚形成，无论国家层面还是地区层面都缺乏统计口径完全对应的数据以供定量研究，而单一的定性分析主观性又太强。因此，区域战略性新兴产业既要以一定的定性分析为基础，又要从现有产业分类统计中尽可能运用相关数据进行定量分析，并结合全球技术、产业发展趋势和国家产业发展政策及规划做综合分析。

第三节　战略性新兴产业生态效率内涵及评价的必要性

一、战略性新兴产业生态效率内涵

对于战略性新兴产业生态效率，目前学术界没有明确的定义，本书在综合分析战略性新兴产业和生态效率概念的基础上，认为“战略性新兴产业生态效率是以重大技术突破为依托，通过产业技术进步与创新实现物质资源消耗最少、经济效益产出最大以及生态环境破坏最小三者之间的有机平衡，最终实现产业的可持续发展的”。按照生态效率的计算方法，战略性新兴产业生态效率也可以通过投入与产出比来描述，对于投入指标以往研究主要以总资产、能源消耗、人力消耗等资源作为指标值，并没有考虑技术投入的影响，而战略性新兴产业的突出特征就是重大技术创新，因此对战略性新兴产业生态效率投入指标界定时，应充分考虑技术效率和科技进步对生态效率的影响，因此本书将投入分为普遍意义的物质资源投入和具有战略性新兴产业特色的技术创新投入两类指标，其中技术创新投入是战略性新兴产业实现较高生态效率的核心竞争能力，也是改变产业生态效率低下的有力武器。对于产出指标，本书将其分为能够满足人们需求的期望产出和造成生态环境破坏的非期望产出（产生的污染物如废水、废气、固体废弃物等）。其中，四类指标的最优发展趋势应该是物质资源投入最小化，技术创新投入指标和期望产出指标最大化，非期望产出指标限额化，进而实现节能与减排。针对当前部分战略性新兴产业产能过剩的现象，我们将物质资源投入定义为限额投入指标。

二、SEI 生态效率评价的必要性

战略性新兴产业有效的生态制约有助于平衡经济效益与环境效益的综合性发展，避免因片面追求经济指标而造成生产过程中的资源浪费和环境污染，进而实现经济与环境和谐发展的目标。党的十八大报告也进一步强调要把生态文明建设与经济建设放在同等地位对待。据统计，目前我国万元生产总值的能耗是美国的 3 倍、日本的 6 倍、韩国的 4.5 倍；钢耗是美国的 5.8 倍、日本的 2.7 倍；全国每年经济建设对生态环境的破坏所造成的经济损失近 3 000 亿元，二氧化碳排放已跃居世界第一位。此外，我国石油对外依存度已经超过 55%，天然气对外依存度已超过 16%，煤炭已

经是净进口。这些不仅导致经济发展供能负担沉重，也带来一系列生态环境问题与能源安全问题。我国积极鼓励发展绿色新兴产业，通过实施《产业结构调整指导目录》和“2011—2020年新兴能源产业发展规划”，加大节能力度，提高清洁能源利用水平。当前，我国碳纤维、风电、多晶硅、光伏、LED等产业出现较严重的产能过剩问题，许多企业陷入发展困境。这些产能过剩多出现在产业链的低端环节，属于结构性、阶段性的产能过剩。

战略性新兴产业虽然以绿色经济为主，但也存在着生产结构性矛盾，因此在生产大量节能环保产品时，由于技术落后，对生态环境造成了破坏，也造成了资源浪费。例如，光伏产业的核心技术、高精度晶硅和光伏装机市场都在国外，而国内的光伏产业均处在产业链中低端，大量在消耗资源的同时产生的废弃物也对环境造成较大的破坏，而最后光伏装机率却很低，使环保产业无法实现应有的效能。但是目前我们还缺少对战略性新兴产业生态效率进行评价的研究，使很多战略性新兴产业存在产能过剩和环境污染现象，因此我们应对战略性新兴产业生态效率进行评价并提出建设性意见。

第四节　战略性新兴产业商业模式内涵及创新发展趋势

一、战略性新兴产业商业模式内涵

战略性新兴产业具有技术先导性的突出特点，而实现技术创新经济价值和社会价值，依赖商业模式的有效实施，换言之，只有商业模式运行带来经济效益，才能不断推动企业技术创新，才能实现战略性新兴产业的可持续发展。鉴于企业商业模式定义为“一个企业在动态的环境中怎样改变自身以达到持续盈利的目的”，本书定义战略性新兴产业商业模式为“战略性新兴产业在动态的社会经济环境中，以提升人们生活质量为目标，依托产业技术创新，不断改变产业自身，进而创造价值的方式”。因此，商业模式是战略性新兴产业创造价值的能力和手段，是保障战略性新兴产业经济可持续发展的有效途径。战略性新兴产业只有通过合理的利润，才能实现自身的持续发展。商业模式就是将资本、人力、产品、市场、技术有机结合，用最低的资源消耗获得最大的经济效益。商业模式创新是技术创新价值化的途径。

战略性新兴产业商业模式主要包括企业自发模式（产品模式、市场模式、收入模式、产业模式和组织模式）、政府拉动模式（政府科技计划启动模式、政府种子资金启动模式、政府市场培育模式、公共服务平台助长模式）和政府/企业一体化模式，即政府和企业联合在一起，共同促进战略性新兴产业的发展。对于战略性新兴产业的多种发展模式，我们很难确定优劣，因此无法定性或定量地对其评价，我们可以借助价值这一公共尺度，统一评价战略性新兴产业商业模式创新的能力，进而借助商业模式创新能力来评价战略性新兴产业的经济可持续和社会可持续发展的水平。

二、战略性新兴产业商业模式创新的发展趋势

战略性新兴产业商业模式创新的发展趋势与其影响和制约因素相呼应，主要体现为以下发展趋势：

（1）绿色化。SEI 商业模式创新将充分整合产业发展和生态环境，关注产品生命周期的发展，突出节约能源、清洁生产，从而实现产业在价值创造时减少对环境的影响，构建“绿色商业模式”。

（2）网络化。通过信息化网络的技术支撑，可以有效地优化、扩展 SEI 商业模式创新，优化和完善业务流程及管理体系，保证盈利的可持续性及稳步增长。

（3）国际化。积极在全球寻求更大的发展空间。延伸战略性新兴产业的战略意图、运营结构及制度安排，商业模式将会与国际接轨，实现更高的附加值，呈现国际化的特征。

（4）动态化。商业模式创新应与内外部环境变化相适应，因此在动态战略设计中要保证产业发展方向的明确性和内外部资源整合的必要性，保障企业市场运作的高效率，在动态调整中提高产业链的核心竞争力。

第六章　湖南省产业生态化水平评价与发展对策

第一节　区域产业生态化水平评价指标设计原则及思路

一、评价指标设计原则

为了对区域产业生态化水平进行评价分析，我们需要构建一系列的相关指标体系，表现产业生态化的各个方面。为了客观、全面地评价区域范围内的产业生态化的水平程度，在制定相关评价指标体系时，应遵循相关原则。

（一）科学性与易操作性相结合

必须以产业生态化的相关理论原理为指导，融入现代统计学基础理论，要能够客观地反映出产业生态化的水平。同时，在科学性的前提下，相关指标体系要能够易得，数据便于查找且可靠，建模时的数学方法也易操作，体现出指标体系的实践意义。

（二）全面性与典型性相结合

要能够全面反映出产业生态化相关的经济、社会、环境、资源等各方面特征及状态，在此基础上，又要结合评价目的、重点本质和核心内容，突出典型特征。

（三）系统性和层次性相结合

类似于自然系统，产业生态化水平需要体现出系统性和层次性。因此，选取指标时要结合各个子系统、各个要素之间的联系，体现出系统性和层次性相结合的特征。

（四）独立性与可比性相结合

产业生态化水平既要独立反映出一定区域内部的特征状况，通过纵向比较描述其现有的状态，又需要与各不同地区进行横向比较，这样才能得出相关水平测度的意义，得出产业生态化发展的借鉴路径。

（五）动态性和静态性相结合

产业生态化水平评价既要能体现出一定时点的特征，又要依靠历年变化得出发展趋势，从而在便于评价的基础上找出优化的路径和措施，因此要反映目标和过程变化。

二、区域产业生态化评价体系构建的思路

指标体系如何能够全面、准确、科学地描述区域产业生态化基本特征，并突出其内在的核心本质属性，这需要把握产业生态化与传统产业发展模式的本质不同，又要认识到评价指标体系的多层次性和复杂性。

传统产业经济模式实质是一种线性经济，即“原料—产品—废弃物”，物质和能量的特征是单向而且低效的，不可避免地形成一种“两高一低”的局面。而产业生态化倡导的是一种充分协调经济、社会、环境的发展，在作为社会经济系统中的子系统——产业系统中实现“原料—产品—废弃物—原料”的资源循环利用，直接结果能使资源和能量得到充分利用，降低污染的排放水平。从这个角度讲，产业生态化评价指标体系体现出循环经济的部分特征。

另外，各指标要建立在目标层的基础上，又要有符合路径的具体层面。因此，以目标层为指导，构建层次明晰的子系统，特别是细化到执行层面的操作指标层。

第二节 湖南省产业发展与生态环境状况

湖南省具有丰富的资源，水资源和林木资源是第一产业发展的重要条件，部分能源、矿产资源（特别是有色金属）是部分地区发展原材料工业、装备制造业等产业的基础。近年随着中部崛起战略的落实，湖南省产业产值增长迅速，产业结构趋于优化，但相对于沿海地区省份的发展还较为滞后。在这个过程中产生了大量的资源消耗，部分资源近于短缺，而且“三废”污染情况并没有得到根本扼制，这是湖南省“四化两型”的建设和产业生态化的发展需要重点予以解决的问题。

一、产业产值增长迅速

2017 年，湖南全省实现地区生产总值 34 590.56 亿元，增长 8%，与上年持平，高于全国平均水平 1.1 个百分点。

湖南省统计局局长、新闻发言人刘崇斌表示，2017 年，面对错综复杂的国内外形势和较大的经济下行压力，全省经济发展稳中向好、稳中趋优，圆满完成了全年主要经济工作目标和任务。

（一）工业加快迈向中高端，汽车制造业异军突起

2017 年，湖南第一产业增加值 3 689.96 亿元，增长 3.6%；第二产业增加值 14 145.49 亿元，增长 6.7%；第三产业增加值 1 6755.11 亿元，增长 10.3%。

全年工业经济运行总体呈探底回升态势，规模工业增加值增长 7.3%。其中，汽车制造、电子信息和通用设备制造业三大行业贡献突出，分别增长 44.8%、18.3% 和 16.9%，拉动规模工业增长 3.7 个百分点。

全省规模工业中，代表中高端水平的高技术制造业和高加工度工业分别增长 15.9% 和 12.2%，同比分别加快 4.5 个和 1.6 个百分点；增加值占规模工业的比重为 49.3%，提高 0.1 个百分点；六大高耗能行业增加值占比 30.3%，下降 0.3 个百分点；园区工业比重为 69.7%，提高 4 个百分点。

（二）创新引领动能增强，供给侧结构性改革深入推进

伴随消费升级和技术进步，新产业加快成长，新产品不断涌现，成为市场的弄潮儿。2017 年，全省高新技术企业新增 574 家，达到 3 584 家，实现增加值 8 119.95 亿元，增长 14.7%，明显快于地区生产总值增速。1—11 月，规模以上服务业战略性新兴产业营业收入增长 16.6%。同时，新产品也快速增加。新能源汽车增长 17.6%，智能手机增长 26.9 倍，数控金属切削机床增长 92%，技术陶瓷制品增长 125.8%。

新业态更是蓬勃发展。初步统计，网上零售额增长 41.8%，远高于全社会消费品零售总额增速。网上零售的高速增长也带动了快递、移动互联网等业务快速发展，规模以上快递企业完成快递业务量增长 21.8%，移动电话 4G 用户数增长 21.6%，移动互联网接入流量增长 209.7%。

2017 年，湖南供给侧结构性改革深入推进，落后产能得到清退，全省原煤、生铁、铁合金、十种有色金属同比分别减产 26.1%、0.1%、11.4% 和 5.2%。

（三）投资结构不断改善，固定资产投资首破3万亿元

投资总量迈上新台阶。2017年，全省固定资产投资31 328.08亿元，首次突破3万亿元，增长13.1%。其中，民间投资增长14.5%，同比加快10.7个百分点。

投资结构不断改善。产能过剩领域投资快速下降，黑色金属矿采选业、有色金属矿采选业、黑色金属冶炼及压延加工业和有色金属冶炼及压延加工业投资分别下降27.2%、13.5%、14.1%和17.2%。同时，高新技术产业、基础设施投资、战略性新兴产业投资分别增长24.7%、15.9%和13.5%，快于全部投资增速。

此外，进出口快速增长，增速居全国领先地位。全省进出口总额2 434.27亿元，增长39.8%。其中，进口增长53.3%，出口增长33.3%。

（四）质量效益明显提高，居民收入稳步增长

2017年，全省累计完成一般公共预算收入4 565.69亿元，同口径增长7.4%，其中全口径税收收入增长14.9%，同比提高12.2个百分点。非税收入占比36.2%，同比下降6.3个百分点，占比明显下降。1—11月，规模以上工业企业每百元资产实现的主营业务收入同比提高3元；规模以上服务业人均实现营业收入同比提高5.3万元。首次公布的绿色发展评价指数湖南位居全国前列，完成全年能耗总量和强度“双控”目标。

就人民生活水平来看，就业形势保持平稳，物价涨幅也总体稳定，数据显示，2017年，湖南省实现城镇新增就业75.13万人，失业人员再就业32.18万人，就业困难人员再就业11.29万人，分别完成年度目标任务的107.3%、107.3%和112.9%。全省居民消费价格同比上涨1.4%，全年波动幅度维持在0.3个百分点以内。

另外，居民收入稳步增长，扶贫攻坚获得有力推进。城镇居民人均可支配收入33 948元，增长8.5%；农村人均可支配收入12 936元，增长8.4%。农村危房改造23.11万户，农村饮水安全巩固提升153.13万人，农村公路提质改造12 417千米，特困移民解困避险搬迁安置3.15万人。

二、产业调整良好

近年来，湖南省在三次产业结构的发展变化中，三次产业调整逐步趋于优化，第二产业和第三产业在产业结构中的比重占据主要地位，如图6-1所示。

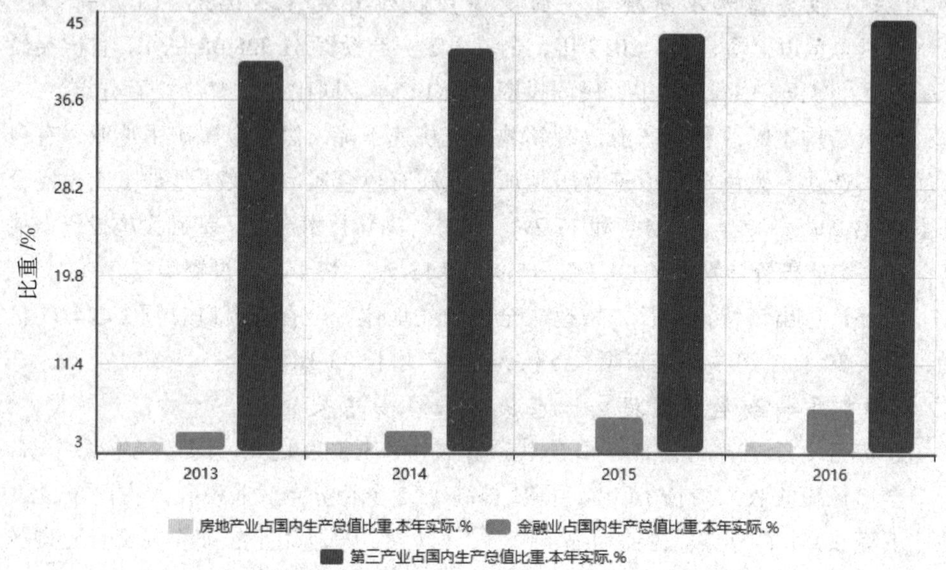

图 6-1　第二产业和第三产业占国内生产总值的比重

三、产业生态化中环境现状及问题

“十一五”期间，全省狠抓耕地保护、水资源综合治理、地质勘探、林权改革、工业污染与城市污染防治和生态环境保护等工作。耕地得到了有效的保护，基础工作进一步加强；防洪抗旱成效显著，水土保持能力增强；矿产资源勘探、地质灾害防治工作进展良好；林权制度改革逐步展开，生态建设稳步推进；工业污染治理取得明显成效，主要污染排放量有所降低；城市污染防治能力增强；主要流域水质有所好转，大气污染得到有效控制；节能减耗取得新成效；生态环境保护取得较大成绩，农村环境卫生明显改善。

与周边的省份相比较，湖南省煤炭能源的消耗占比依然较大，且工业废水和工业废弃固体的利用水平有待提升，跟广东省等较为发达的省份相比仍有相当大的距离。

从湖南环境总体状况来看，工业污染治理有所加强，但“三废”污染形势严峻；城市生态环境有所改善，城区环境状况不容乐观；生态环境保护成效明显，生态建设任务艰巨；农村环境建设有所加强，但环境保护问题突出。

全省水环境的治理虽然取得了很大成效，但水污染现象仍然很严重，主要表现在城市饮用水源存在着安全隐患、工业废水排放量大、生活污水排放量呈上升趋势、重金属排放超标。湖南工业废气排放量逐渐增加，严重影响到城市空气质量，酸雨污染问题也很突出。危险废物和医疗废物存在着安全隐患，工业固体废弃物处置率低，城市生活垃圾亟待无害化处理。

第三节 湖南省“十三五”规划战略性新兴产业发展规划

2017年初，湖南省发改委印发《湖南省“十三五”战略性新兴产业发展规划》，其中指出重点发展高端装备、新材料、生物、新一代信息技术、绿色低碳、数字创意六大产业领域。推动生物能源、新能源、燃煤发电绿色低碳发展。

战略性新兴产业代表新一轮科技革命和产业变革的方向，是构建现代产业体系、培育新经济的关键。为加快发展壮大湖南省战略性新兴产业，培育经济新动能，推动产业迈向中高端水平，根据《湖南省国民经济和社会发展第十三个五年规划纲要》总体部署，制定本规划。

一、发展基础

（一）产业现状

“十二五”以来，湖南省先进装备制造、新材料、文化创意、生物、电子信息、节能环保、新能源等战略性新兴产业呈现出规模化、高端化、集聚化的发展态势，增加值年均增长 17.4%，2015 年实现增加值 3 335.31 亿元，占 GDP 比重达到 11.5%，成为支撑我省经济转型升级，保持经济中高速增长的核心力量。

（1）自主创新成果丰硕，前沿科技不断突破。一批具有战略性、前瞻性的核心技术和高端产品取得新突破，产业创新能力和市场竞争力明显提升。“十二五”期间，全省共获国家科技奖励 107 项，每万人发明专利拥有量达到 3.29 件，创新综合能力排名全国第 11 位。“天河二号”超级计算机、超级杂交稻、高铁牵引系统、炭刹车材料等重大成果国际领先。IGBT 芯片、特高压输变电设备、增材制造装备等产品实现重大突破。大数据、互联网 +、云计算等领域加快融合和渗透，涌现了大批新技术、新产品。智能制造、基因检测、现代中药、北斗导航等领域形成了一批全国制造和应用示范中心。

（2）市场主体加速成长，领军企业不断涌现。战略性新兴产业企业数量和规模不断扩大，竞争优势逐步增强。全省工业领域战略性新兴产业超过 2 500 家，企业平均产值达 5.03 亿元。骨干企业对战略性新兴产业支撑作用明显，产值过亿元企业超过 1 110 家，增加值和利税额占全部战略性新兴产业企业比重均为 97% 左右；过 10 亿元企业 73 家，增加值和利税额占比均达 60% 以上。其中，三一集团、中联重科、中车株机等发展成为世界级装备制造企业，隆平高科、博云新材、长城信息、杉杉新材等成长行业领军企业，湘电集团、时代新材、蓝思科技、中南传媒、永清环保、力合科技等成为行业龙头。

（3）集聚态势初步形成，特色优势逐渐凸显。环长株潭城市群作为主要集聚区，占全省战略性新兴产业增加值比重超过 84%，其中长株潭城市群核心区的营业收入、利润总额和增加值占全省的比重均超过 55%。株洲市轨道交通装备产业集群产值突破千亿，打造了从整机、核心零部件到配套设施和运维服务的完整产业链。长沙市智能成套装备产业集群形成了关键零部件和控制系统、智能建筑机械成套装备和智能车间与自动化生产线产业体系。株洲市、湘潭市风电装备制造业构建了从控制系统、风力发电机组、叶片到整机系统集成的产业体系。以广电、出版、动漫、娱乐、创意为核心内容的文化湘军品牌集群稳步崛起，在全国具有较大的影响。湘南地区和洞庭湖生态经济区战略性新兴产业营业收入占全省比重均为 21% 左右，逐渐形成了生物育种、生物制造、新材料、电子信息等新兴产业特色集群。

（4）开放合作持续深化，国际地位不断提升。通过主动对接“一带一路”战略，积极融入国际产业分工体系，一批骨干和优势企业成功走向国际市场，产业向海外拓展。中车株机公司动车组整车打入欧洲市场，在马来西亚建立了我国首个轨道交通装备海外制造基地，打破了全球轨道交通装备领域高端市场被欧美垄断的局面。三一集团收购全球混凝土机械第一品牌德国普茨迈斯特公司，有力提升了公司品牌形象和国际影响力，改变了该行业的全球竞争格局。中车时代电气依托车载电气系统集成优势，通过收购海工巨头 SMD 公司，积极打造陆海两栖产业集群的新格局。隆平高科发挥育种技术优势，积极推进杂交水稻国际化布局，在东南亚、非洲、美洲等地设立了研发中心和育种基地，在壮大产业的同时，造福了世界人民。

（二）发展形势

从国际看，新一轮科技革命和产业变革正加速演进。以万物互联、大数据、云计算、人工智能等为代表的信息技术跨界发展，加速了全球经济格局和生产生活方式的重构。基因组学、增材制造、超材料、低碳技术、数字创意等前沿技术实现群体性突破，推动了传统工业体系分化变革。同时，全球经济贸易格局、产业分工格局、能源资源版图正发生重大调整，发达国家制造业回归、新兴经济体同构竞争，使战略性新兴产业成为全球竞争的主战场。

从国内看，我国战略性新兴产业的基础地位和支撑作用不断凸显。创新驱动发展、供给侧结构性改革、大众创业万众创新、中国制造 2025、互联网 + 等重大战略的深入实施，“一带一路”、长江经济带等区域发展的全面推进以及经济、社会、科技等领域改革的不断深化，为战略性新兴产业带来了更大的发展空间。但同时，国内经济下行压力持续加大，战略性新兴产业作为产业转型升级突破口的作用更加凸显，区域竞争将更加激烈。

从省内看，机遇与挑战并存。未来 5 ~ 10 年，是湖南省战略性新兴产业发展壮大的机遇期，也是改革攻坚的关键期。湖南省第十一次党代会提出，将大力实施创新引领、开放崛起战略，重点突出“三个着力”，推进建设“四大体系”和“五大基地”。这为战略性新兴产业发展提供了广阔空间。但也要看到，湖南省战略性新兴产业整体创新水平不高，现有政策体系和体制机制还不能完全适应战略性新兴产业发展的要求，制约了新技术的应用、新业态的培育和新模式的推广。面对外部环境变化和自身发展的要求，需要找准战略定位，保持战略定力，抓住战略机遇，积极应对挑战，推动战略性新兴产业成为经济社会发展的主动力和新引擎。

二、总体要求

（一）指导思想

牢固树立创新、协调、绿色、开放、共享发展理念，准确把握新一轮科技革命和产业革命重大机遇，按照创新引领、开放崛起总体要求，以培育新动能、发展新经济为目标，建立面向国际国内的创新网络体系，推动新技术、新产业、新业态、新模式蓬勃发展，加快壮大高端装备、新材料、生物、新一代信息技术、绿色低碳、数字创意等战略性新兴产业，培育战略性新兴产业策源地和产业集群，引领全省经济实现创新驱动、内生增长的根本性转变，为建设创新型湖南和富饶美丽幸福新湖南提供有力支撑。

（二）基本原则

（1）创新驱动，开放融合。进一步突出原始创新，强化集成创新和引进消化吸收再创新，全面提升人才、技术、资金供给质量，构建创新驱动发展的良好体制机制。加快理念创新，以更包容的方式高效利用国内外创新资源，大力推动优势产业领域的技术和标准应用，加快产业链、创新链和价值链全球配置。

（2）市场主导，政府引导。充分发挥市场配置资源的决定性作用，强化企业在技术创新和产业发展中的主体地位。更好地发挥政府在战略性新兴产业发展中的引导和推动作用，加强潜在需求政策引导，推进新产品、新服务应用示范，培育和带动新消费、新业态发展，营造公平竞争的市场环境，激发市场活力。

（3）重点突破，多点支撑。科学把握地域特征、区位特点、资源禀赋以及资源环境约束，充分发挥比较优势，选择重点区域、优势产业和关键环节作为突破口，集中力量，重点突破。突出优势互补，合作互动，特色发展，实现多点支撑。突出与传统产业的融合发展，促进新理念、新技术、新工艺向传统产业的渗透，实现产业整体协同发展。

（4）集聚集约，梯次推进。积极构筑更高层次的基础环境，促进资源优化配置和产业融合集聚，推动战略性新兴产业集聚发展。加快长株潭自主创新示范区战略性新兴产业策源地建设，提升原始创新能力和国际竞争力。推进产业链创新协同发展，培育各具特色的战略性新兴产业集聚区和集群，支撑区域经济转型升级，形成创新经济集群发展的格局。

（三）发展目标

到2020年，战略性新兴产业发展实现以下目标：

（1）引领发展作用明显增强。全省战略性新兴产业年均增长16%，增加值超过7 000亿元，占地区生产总值比重力争达到16%，战略性新兴产业成为产业转型升级、绿色发展的重要支撑，对经济发展贡献率进一步提高。

（2）产业创新能力和竞争力显著提高。研发投入占GDP比重达到2.5%，企业创新主体地位进一步强化，战略性新兴产业领域的骨干企业研发投入占销售收入比重超过3%，每万人口发明专利拥有量达到6件，发明专利拥有量年均增速达到15%。

（3）现代产业新体系基本形成。长株潭国家自主创新示范区成为新兴产业技术创新中心和策源地，建设一批特色鲜明、水平较高的战略性新兴产业集聚区，形成统筹协调、布局合理的产业发展格局；培育一批原创能力强、具有国际竞争力的行业龙头企业；涌现一批创新活跃、潜力大的中小微企业；搭建一批公共平台；产业服务体系更加完善。

三、发展重点

重点发展高端装备、新材料、生物、新一代信息技术、绿色低碳、数字创意六大产业领域，加快培育经济持续健康发展的新动能。

（一）高端装备

顺应制造业智能化、绿色化、服务化、国际化发展趋势，加快突破关键技术与核心部件，推进重大装备与系统的应用和产业化。重点发展轨道交通、高端工程机械、航空航天、制药机械、增材制造、海洋工程、高端农业机械等产业，推动高端装备与信息技术融合，提高核心技术装备的性能、质量和市场占有率。

增强高端装备基础制造能力。着力提升核心装备与部件的性能和质量，强化基础支撑。推动制造业与新一代信息技术深度融合，大力发展智能制造系统。探索构建贯穿生产制造全过程和产品全生命周期，具有深度自感知、智慧优化决策、精准控制自执行等特征的智能制造系统，推动机器人自动化生产线、数字化车间和智能工厂建设，提供重点行业整体解决方案。重点突破高精度减速器、高性能控制器等关键技术与核心部件，加快高档数控机床与智能加工中心研发和产业化，开发和推广精密、高效、柔性并具有网络通信功能的高档数控机床、机床制造装备及集成制造系统。发展与主机技术水平相匹配的专业化、规模化配套企业，提升基础元器件、核心零部件及关键系统的配套能力。建设测试验证平台，完善工业互联网体系和信息安全系统，推动建立完善的产业体系。

（二）新材料

顺应新材料高性能化、多功能化、智能化、绿色化发展趋势，重点发展先进储能材料、硬质材料、复合材料、新型合金材料、陶瓷材料、化工新材料六大新材料，加强前沿材料布局，加强新材料产业化及应用环境建设，推动新材料融入高端制造供应链。

提高新材料基础支撑能力。面向航空航天、轨道交通、海洋工程、新能源等产业发展需求，推进高强轻合金、碳纤维、C/C 复合材料、磁性材料、动力电池材料的规模化应用。围绕新一代信息技术、绿色低碳等产业需求，以下游应用为牵引，加强新材料产品研发设计、标准制定与下游行业设计规范衔接配套，提升新材料产品附加值。推动特色资源新材料开发应用，实现稀土、钨钼、钒钛等特色资源高质化利用，加强专用工艺和技术研发，推进复杂难冶金属共生矿的高效开采和综合回收利用。在特色新材料开采、冶炼分离、深加工等环节，推广智能化、绿色化生产设备和工艺。突破石墨烯产业化技术，拓展纳米材料在光电子、新能源、生物等领域的应用，开发智能材料、仿生材料、超材料、低成本增材制造材料，形成一批具有重大带动作用的创新成果。

（三）生物

以建设健康湖南为契机，把握生命科学纵深发展、生物技术广泛应用和产业交叉融合创新的新趋势，推进基因工程技术加快应用创新，推动生物医疗向精准化和个性化发展，加快农业育种向高效精准育种转变，促进生物工艺和产品在更广泛领域替代应用，创新生物能源应用模式，培育高品质、专业化生物服务新业态，将生物经济打造成继信息经济后的新经济形态。

（1）推动创新药物发展。开发临床重大需求的创新药物和生物制品，实现重大疾病防治药物的原始创新和临床应用。推进基因测序、多肽药物、靶向和长效释药等的研发和应用，开发新型抗体、疫苗、基因治疗、细胞治疗等新产品和新型治疗模式。加强化学药物研制和高端制剂开发，推动化学通用名药物的一致性评价，加速特色中药新药研发和中药产品标准化建设，推广个性化、绿色化制药生产技术。

（2）促进生物医学工程发展。推进生物医学与信息技术融合发展，积极开发新型医疗设备及其软件和配套试剂、远程医疗服务平台和终端设备，构建移动医疗、远程医疗等诊疗新模式，促进智慧医疗产业发展。发展高品质医学影像、高通量低成本基因测序、康复类医疗器械等医学装备。利用增材制造等新技术，加快植介入医疗器械新产品的研发和产业化应用。加速发展体外诊断设备和试剂等产品，推动高特异性分子诊断、个性化治疗生物芯片等发展，支持肿瘤、高血压、遗传病、感染性疾病的体外快速诊断筛查。

（3）加快生物农业产业化发展。开展基于基因和细胞工程技术的种质资源创新和育种应用，推进生物农业新品种创制，研制一批优质高产、营养安全的农业动植物新品种。发展基于病虫基因组信息的病虫害防控技术，开发绿色农药、生物兽药、新型动物疫苗等产品。发展基于功能分子的安全高效分泌表达与筛选技术，研制可替代抗生素的生物饲料和高效生物肥料，构建现代农业产业新体系。

（4）提升生物能源应用水平。充分利用农作物秸秆及农产品加工剩余物、林业剩余物和能源作物、生活垃圾与有机废弃物等生物质资源，加快生物天然气规模化应用、生物质成型燃料供热、生物质发电、生物质液体燃料等领域关键技术攻关，开发高性能生物能源转化系统解决方案，推进在发电、供气、供热、燃油等领域实现规模化应用。

（5）推动生物制造规模化发展。建立生态安全、绿色低碳、循环发展的生物法工艺体系。加快微生物基因组工程、酶分子机器、细胞工厂、绿色智能生产等技术的发展，推进生物制造技术向化工、材料、能源等领域的渗透应用。开发工业生物催化和转化关键技术，推动利用生物技术生产基础化工产品，促进生物基材料产业的链条化、规模化发展，提升大宗发酵产品的应用水平。

（6）培育生物服务新业态。完善生物技术服务体系，增强专业化服务能力，发展基于生物技术的基因测序、细胞治疗等服务机构，推广健康管理、医学第三方检测等专业化服务。

（四）新一代信息技术

紧紧围绕建设网络强省战略目标，重点发展核心电子器件、高端通用芯片、网络设备、信息安全、系统软件、云计算、大数据、移动服务、物联网、智能终端、北斗卫星导航、数字医疗等产业，促进新一代信息技术与经济社会各领域创新融合，培育“互联网+”生态体系，形成融合创新、智能协同、安全可控、特色鲜明的新一代信息技术产业体系，为全面建成广覆盖、高性能、多内容的“信息网”提供坚实的产业基础。

（1）培育信息技术核心产业。强化核心关键技术协同创新，重点突破新一代信息技术相关芯片、器件、软件、设备与系统的研发与制造能力，提升产品的自主、安全、可控能力。瞄准产业发展制高点，选择移动互联网、大数据、云计算、新型计算、人工智能、生物智能传感、量子计算等前沿关键技术，开展联合攻关，争取产业发展主导权。突破高端存储设备、智能传感、信息安全、新型显示、数字医疗等新技术，强化基础软硬件协调发展，构建先进核心技术体系，实现群体式创新突破。

（2）加快新一代信息技术深化应用。加速推动新一代信息技术与经济社会各领域融合发展，发挥新一代信息技术对工业、农业、能源等行业的创新促进作用，重点发展与现代农业、智能制造、能源环保等融合的新兴业态，推进产业组织、商业模式、供应链创新，推动传统产业转型升级和提质增效，构建生产型“互联网+”生态体系。培育新兴服务模式和服务业态，提升医疗健康、养老服务、文化教育、旅游交通、金融物流等领域的网络化和智能化水平，打造特色“互联网+”服务产业集群，构建服务型“互联网+”生态体系。

（3）完善“信息网”基本支撑体系。大力推进通信基础设施建设；加强物联网架构研究，提升各类传感器接口兼容性，实现跨区域、跨终端、跨应用无缝连接，促进物联网络实现万物互联；统筹省内云计算、大数据中心发展，积极探索跨区域共建共享机制和模式，在公共服务、互联网应用服务、特色行业和大型企业等领域建设一批云计算中心、大数据中心和灾备中心；鼓励大数据中心增强高性能计算、海量数据存储、大数据分析能力，拓展大数据服务；建设北斗地基增强系统，提升北斗精细化服务能力。加快构建点多、面广、高效、智能、安全的“信息网”基本支撑体系。

（五）绿色低碳

把握“两型”社会建设要求，以绿色低碳技术创新和应用为重点，引导绿色消费，推广绿色产品，提升新能源和新能源汽车应用比例，推进高效节能装备技术研发和系统集成，推动水、大气、土壤污染防治技术和装备应用、集成创新，促进节能和环保服务业发展，加快能源节约、污染排放减量、资源循环利用的产业体系建设。

（1）加快新能源产业发展。推进风电高效利用，大力发展智能电网技术，加快发展5兆瓦级以上风电机组、风电场智能化开发与运维。推动太阳能多元化、规模化发展，加强新型太阳能电池技术研发，加速高效率、低成本太阳能利用新技术、新材料、新产品产业化。推动分布式能源综合利用，加速融合储能、微网应用分布式能源发展，大力推动多能多补、协同优化的新能源综合开发。

（2）推进新能源汽车发展。把握全球新能源汽车轻量化、智能化的科技发展趋势，提升纯电动汽车和插电式混合动力汽车产业化水平。提升整车性能与关键零部件技术水平，突破车联网应用、车辆集成和协同控制、环境感知与定位、信息融合与信息安全等关键技术。

（3）推进高效节能核心装备和技术集成开发。加快高性能建筑节能材料、空气源热泵装置、低温余热发电设备、蓄热式高温空气燃烧等高效节能装备开发。鼓励试点节能技术系统集成，推动燃煤锅炉节能环保改造、电机系统节能、能量系统优化、余热余压利用等重大关键节能技术与产品规模化应用。支持合同能源管理、特许经营等节能服务新业态发展，推动节能服务商业模式创新，推广节能服务整体解决方案。

（4）加快发展先进环保产业。实施水、大气、土壤污染防治行动计划，推动区域与流域污染防治整体联动。突破工业废水、土壤农药残留、水体及土壤重金属污染等关键治理和监测技术，形成成套装备、核心零部件及配套材料研制能力。加强先进适用环保技术和装备的推广应用和集成创新，强化先进适用环保技术和装备在冶金、化工、建筑材料、食品制造等重点行业的融合和集成研究，提升环保领域信息化水平。

（5）推进资源循环利用。推进尾矿伴生有价元素回收技术应用，开发复杂多金属尾矿选冶、清洁无害化综合利用等关键技术与装备，促进共伴生矿和尾矿综合利用。促进城市矿产开发技术研究和应用，提升餐厨废弃物、建筑垃圾、园林废弃物等城市废弃物利用水平。开展畜禽粪便、残膜、农作物秸秆、林业三剩物等农林废弃物回收利用关键技术和装备开发，提升再制造产业发展水平。逐步建立光伏板、动力蓄电池、废液晶、碳纤维材料等新兴废弃物的回收利用技术体系，加快机械产品再制造无损检测、绿色清洁、表面修复等再制造技术攻关和装备研制，提升资源循环利用效率和水平。

（六）数字创意

围绕人民群众对文化生活的新需求，加快形成以文化创意、设计服务为核心，以数字技术为依托的数字创意产业集群。重点发展创意技术装备、数字出版、数字教育、数字娱乐、创意设计等产业，创造新型文化供给，形成文化引领、内容丰富、技术先进的数字创意服务体系，把湖南省打造成国内领先、世界一流的全国数字创意产业中心。

（1）构建数字创意产业无边界渗透格局。推动数字内容和技术在出版、教育、影视、设计、制造、商贸、旅游、医疗等领域的集成应用和融合发展，培育多向交互融合的新业态，提高相关产业附加值。促进传统领域的文化创意产业融合、转型和提升，强化文化创意对信息产业的内容支撑、设计提升和价值挖掘作用，提升用户体验。

（2）提升数字创意技术与装备应用水平。加强计算机图形图像、虚拟现实、增强现实、自然人机交互、智能语音、文物素材再造、交互娱乐引擎等技术在教育、娱乐、旅游等领域的应用，加速业态数字化升级，重构产业发展生态。鼓励运用数字创作、网络协同等数字化手段提升数字创意企业生产效率与能力。制定数字创意领域关键性技术标准，加快形成具有领先地位的标准体系。

（3）丰富数字文化创意内容和形式。鼓励对艺术品、文物、非物质文化遗产等文化资源进行数字化转化和开发。充分利用模式识别、语音识别、计算机视觉、智能物联网等计算机感知新技术，挖掘特色文化资源，创造具有鲜明地域特点和民族特色的数字创意产品，加快推进出版发行、影视制作、演艺娱乐、艺术展览、文化会展等行业数字化进程，不断提升文化资源快速数字化能力，努力推进出版、影视、动漫、游戏、文化等湖湘创意产品进入国际视野。

四、主要任务

为加快发展壮大战略性新兴产业，重点实施创新网络建设、新兴产业主体培育壮大、新兴产业集聚、新兴产业应用示范、新型基础设施建设、新兴产业投融资促进六大工程，助推战略性新兴产业创新、引领和集聚发展。

（一）创新网络建设工程

围绕战略性新兴产业关键技术研发和重大装备研制，推进科技与经济、金融、文化等融合发展，推动优质创新资源集聚，构建以企业为主体、高校科研机构协同参与的创新体系，形成开放融合的创新网络，努力建成优势突出、具有全球影响力的区域创新中心。

（1）推动重大领域科技创新突破。坚持需求导向原则，加强前沿技术和战略性技术研究，实现关键领域原始创新突破。实施科技创新“1105”行动计划。在生命科学、材料科学、环境科学、新一代信息技术和健康医学等基础领域开展科技前沿推进行动。在粮食安全、网络空间、能源保障、未来制造、生态治理等战略性领域实施重大科技跨越行动。在现代农业、新型工业、社会发展等事关发展全局的领域开展技术集成式协同攻关行动。

（2）加强创新网络基础能力建设。强化企业创新主体地位和主导作用，支持企业开展前沿性研究，加强颠覆性技术创新。围绕重点领域进行技术开发，建立多层次工程（技术）研究中心、工程（重点）实验室和企业技术中心。鼓励组建产业技术创新研究院和创新战略联盟等面向市场的创新研究机构，发挥科研院所和高等院校基础研究、源头创新优势，开展面向重点产业核心技术、重大装备和标准的联合攻关。全面推动开放式创新，鼓励创新主体采取共同研发、技术联盟、技术并购、股权参与、风险投资等模式，实现创新要素的互动、融合和协作，构建运行高效、开放共享、协同创新的创新网络支撑体系。到2020年，规模以上企业普遍建立技术创新机构，公共科技创新平台开放共享度达到90%。

（3）营造大众创业万众创新生态。加快落实创新驱动发展战略，深入推进政府职能转变，持续深化重点领域和关键环节改革，强化制度建设，汇聚知识、技术、资金、人才等创新要素，营造有利于战略性新兴产业发展壮大的创业创新生态环境。推进简政放权、放管结合、优化服务改革。积极探索和创新适应新技术、新产业、新业态、新模式发展的监管方式。落实财政科研项目资金管理相关政策措施，推进科技成果产权制度改革。完善科技成果转移转化制度，提高科研人员成果转化收益分享比例，加快建立科技成果转移转化绩效评价和年度报告制度。引导高校和科研院所建立专业化、市场化的技术转移机构。完善信用体系建设，充分利用全国信用信息共享平台和企业信用信息公示系统，推进各类信用信息平台建设。实施严格的知识产权保护，将知识产权侵权行为纳入社会信用体系，健全知识产权侵权查处机制。

（二）新兴产业主体培育壮大工程

完善有利于新兴产业主体发展壮大的体制机制，培育领军人才，壮大企业家队伍，培育一批具有国际竞争力的创新型企业，支持科技型中小企业健康发展。

（1）大力实施人才强省战略。针对制约人才创新活力的关键环节，加快人才发展政策和体制的优化与创新，保障人才以知识、技能、管理等创新要素参与利益分配，全面激发人才创业创新活力和动力，营造人尽其才的发展环境。推进高精尖人才培养工程，培育一批国际一流的科学家和科技领军人才，培养一批具有国际管理经验和跨文化、跨领域经营能力的企业家，培育一批高素质的专业技术人才和高技能人才。创新人才评价制度，分类制定人才评价标准，构建以创新创业实绩为导向的人才评价体系。遵循人才需求、选拔、使用规律，形成知人善用、用得其所、合理搭配的良好机制。完善人才服务和管理体系，建立柔性灵活的人才管理机制，营造自由流动、包容开放的用人环境。创新人才引进方式，加大对留学回湘人才和外省来湘人才创业创新支持力度。

（2）积极培育创新型领军企业。围绕战略性新兴产业重点领域，实施骨干企业培育计划，重点引进一批跨国公司，做强一批有一定优势的重点企业，培育一批有发展潜力、成长性好的创新型企业，带动上下游产业协调发展。支持优势骨干企业实施兼并重组、强强联合，组建大型企业集团，提高产业集中度，实现规模化、集约化生产经营。引导企业通过掌握核心技术，申请注册商标，改进产品外观、包装和服务等途径，提升品牌形象和价值。建立战略性新兴产业骨干企业评估机制，激励骨干企业增强创新主体意识，加大自主创新投入，提升自主创新能力，抢占产业价值链高端，发挥引领带动和资源整合作用。

（3）发展壮大科技型中小企业。实施中小企业“专精特新”发展专项行动计划，提升中小微企业自主创新能力，推动中小微企业建设创新机构，参与产业共性关键技术研发和标准制定，推动产业技术创新战略联盟向中小微企业扩散技术创新成果。加快建设面向中小微企业的研发设计、检验检测、信息咨询等公共服务平台。加强中小企业信用担保体系建设，加大对中小微企业信用担保机构的支持力度，提高中小微企业信用担保机构对中小微企业的融资担保能力。建立中小企业与高校、职业院校定向、定单式人才培养机制，实现技能人才培养与企业需求的紧密对接。

（三）新兴产业集聚工程

立足产业基础和特色优势，坚持因地制宜、因业布局，加快推进战略性新兴产业集聚化发展。

（1）建设长株潭战略性新兴产业策源地。发挥长株潭地区创新资源富集优势，实施一流大学一流学科建设计划，建设新兴交叉学科研究中心，促进重点领域基础研究和新兴学科交叉融合发展。推进生命、医疗、信息、材料等领域原创性、颠覆性技术研究，推动产学研用联动融合，形成引领新兴产业发展的技术辐射源。发挥长株潭国家自主创新示范区和湘江新区国家大众创业万众创新示范基地带动作用，出台一批有力度、有特色、有影响的重大改革举措，构建更加高效的科技成果转移转化机制，探索建立适应创新要素跨界流动的体制机制，促进更好地利用全球创新成果。支持国内外科研人员、高校师生开展创业创新活动，鼓励大学、研究机构、企业建设研发平台、孵化器，建设具有全球影响力的科技创新中心和具有原始创新能力的战略性新兴产业策源地。

（2）培育战略性新兴产业特色集聚区。结合区域特色和优势，在京广高铁经济带、环洞庭湖经济带、沪昆高铁经济带、张吉怀精品生态文化旅游经济带，打造一批知识产权密集的特色优势产业链条，形成战略性新兴产业特色集聚区。发挥京广高铁经济带沿线城市高端装备发展和承接产业转移的比较优势，在岳阳市、衡阳市、郴州市等地建设北斗卫星导航、特高压输变电装备、先进硬质材料等新兴产业集聚区。发挥洞庭湖经济带生态自然优势，满足生态治理工程重大需求，在岳阳市、常德市、益阳市等环洞庭湖区建设生物育种、生物制造、储能材料、高端工程机械、环保技术装备等特色产业集聚区。立足沪昆高铁经济带和张吉怀精品生态文化旅游经济带的地域特色资源和文化独特优势，在娄底市、邵阳市、怀化市、湘西自治州、张家界市、永州市等地推进现代中药、生物育种、储能材料、陶瓷材料、数字创意等特色产业集聚区建设。

（3）培育战略性新兴产业特色集群。以核心技术和关键产品为中心，实施新兴优势产业链发展计划，推进新兴产业向产业链上下游和价值链高端延伸，构建一批战略性新兴产业特色集群。通过 5 年建设，形成轨道交通装备、高端工程机械、基因工程、生物育种、C/C 复合材料、信息安全六大引领性强、在全球具有重要影响的国家级战略性新兴产业集群，培育储能材料、增材制造、数字传媒、现代中药等30个创新活跃、知识密集、带动力强的区域级战略性新兴产业集群。

（四）新兴产业应用示范工程

坚持以应用促发展，推动相关重大技术和产品的广泛应用，在统筹技术开发、工程化、标准制定、市场应用等环节，推动重大产业创新发展和重大应用示范。

（1）实施重大产业创新发展示范。围绕新一代信息技术、生物、新材料等领域，聚焦技术创新和自主发展的关键环节，组织实施高性能集成电路、基因工程药物和疫苗、关键材料升级换代等重大产业创新发展工程。围绕轨道交通装备、智能制造、信息安全、储能材料、节能环保等重点领域创新发展需求，统筹布局重大创新基础设施和生产制造中心，完善行业知识中心、数据中心、检验检测、质量认证等公共研发服务平台。

（2）实施“互联网+”应用示范。推进互联网与工业、农业、能源、医疗、社会保障、教育、政务服务、物流、文化、旅游、交通、金融、商务等领域的融合发展和应用示范。发挥互联网对行业创新的促进作用，推进产业组织、商业模式、供应链创新，推动传统产业转型升级和提质增效。培育新兴服务模式和服务业态，打造特色“互联网+”服务产业集群。

（3）实施“智慧城市”应用示范。促进物联网在工业制造、农业生产、商贸流通、公共服务等领域的应用示范。加强物联网架构研究，推进二维码、射频识别、传感器、摄像头等感知设备在公共基础设施中的应用，形成覆盖全省的基础设施物联网络。加快推进商事服务、市场监管、公共安全、疾病防治、灾害预防、社会治理等领域的大数据应用示范。推动基于北斗卫星导航和大数据的地质灾害预报预警、交通运输监管、智慧旅游等应用示范。鼓励企业研究支撑大数据的新架构、新方法，提供数据租售、分析预测、决策支持等服务。推进天河超级计算系统在大数据产业中的深化应用，在产品开发、市场及产业链分析研究、产业共性关键技术研究等环节挖掘数据资源商业价值。

（4）实施绿色发展应用示范。依托节能环保产业先进技术，开展环境综合治理应用示范。深入实施湘江保护和治理“一号重点工程”及洞庭湖水环境综合治理行动计划，提升电力、钢铁、水泥、有色、石化、化工、印刷、电子信息等重点行业的污染防治和节能减排水平，强化工业污染场地治理、耕地重金属污染治理和农村面源污染防治。依靠生物技术，开展珍贵物种遗传资源保护和培育专项行动，加大典型生态系统、物种、基因和景观多样性保护力度。

（五）新型基础设施建设工程

坚持共建共享原则，提升产业创新和发展应用的基础能力，建设新一代信息网络等基础设施，加快布局大数据、基因库、材料库等创新基础设施。

（1）提升网络基础。推进“宽带中国”示范城市群建设，实施中小城市基础网络完善工程、宽带乡村工程和电信普遍服务工程，提速扩容骨干网、城域网，优化宽带网络结构和性能，加快城市光网改造，推动光纤网络由乡镇、行政村向自然村延伸，缩小城乡宽带网络普及水平和接入能力差距，建成全光网省。到2020年，绝大部分城镇地区实现光网覆盖，提供1 000兆比特每秒以上接入能力，城市家庭用户带宽实现100兆比特每秒以上接入，农村家庭用户带宽实现50兆比特每秒以上灵活选择。加快移动网络升级，实现第四代移动通信网络（4G网络）全省覆盖，无线局域网（WLAN）广泛覆盖，积极争取长株潭城市群进入5G首批试商用范畴。推进长株潭下一代互联网示范城市群建设，超前布局下一代互联网（IPv6）。加快建成湖南省互联网国际直连通道。

（2）建设大数据平台。推进国家超级计算长沙中心、企业云计算中心、互联网数据中心（IDC）等公共服务平台建设，提高服务云计算大数据供给服务能力。布局建设医疗健康、教育等重点领域大数据中心和工程机械制造、轨道交通装备等行业大数据中心。建设湖南省电子政务云计算中心和湖南省政务大数据中心，基于云计算中心布局政务服务云、政务办公云、决策支持云、市场监管云、综合治理云、部门业务云等各类政务应用平台，依托大数据中心，布局人口、法人、自然资源和空间地理、宏观经济四大基础数据库。

（3）构建材料基因工程支撑平台。通过构建可融合发展、协同创新的高通量计算、高通量合成与表征、专用数据库三大示范平台，形成支撑材料基因工程基础研究的基本软硬件条件和数据体系。针对材料基因工程的关键基础和共性问题，研发多尺度集成化高通量计算方法与计算软件、高通量材料制备技术、高通量表征与服役行为评价技术、面向材料基因工程的材料大数据技术。

（4）完善生命科学公共技术研究服务平台。建设以大型装置为核心、多种仪器设备集成的综合研究设施，完善以规模数据资源为主的公益性服务设施，突破生命健康、普惠医疗和生物育种中的重大技术瓶颈。建设转化医学中心，促进生物医学基础研究成果快速转化为临床诊疗技术。适时启动农作物种质表型和基因、动物疫病、农业微生物研究平台建设，支撑农业生物技术和产业的持续发展以及生物多样性的保护。适时启动大型成像和精密高效分析研究设施建设，满足生物学实时、原位研究和多维检测、分析、合成技术开发的需求，探索预研生物信息中心建设，为生命科学研究提供数据、种质资源、实验样本和材料等基础支撑。

（六）新兴产业投融资促进工程

对接国家新兴产业创投引导基金，加快发展天使投资、创业投资和产业投资基金。支持企业上市，开展各类债券融资和股权众筹融资试点。

（1）培育新兴产业特色金融。优先发展科技金融，完善全省科技金融服务平台，创新科技型企业投融资模式、产品和服务，支持科技银行、保险、担保、资产评估与交易等机构发展，加快设立和发展天使投资、种子基金和科技孵化基金，为战略性新兴产业创新发展提供金融支撑。大力发展绿色金融，争取长株潭绿色金融改革试点，鼓励发展绿色债券、绿色证券、绿色保险、环保基金等创新型金融产品。加快发展文化金融，完善文化金融中介服务体系，争取文化金融合作试验区试点。积极培育互联网金融，鼓励互联网与银行、证券、保险、基金融合创新。探索发展股权众筹、债权众筹等直接融资新模式。

（2）构建多层次资本市场体系。加大企业上市培育力度，支持符合条件的企业在主板、中小板、创业板、新三板等交易融资。支持企业运用私募基金、收益债券、股债结合等融资方式进行直接融资。鼓励企业海外上市和发行债券，扩大企业债券、公司债、中期票据、短期融资券等发行规模，利用资产证券化工具盘活存量资产。支持发展区域性股权交易、产权交易市场。发起设立省级新兴产业投资基金，鼓励园区和企业参股，支持新兴产业发展和重大基础设施建设。支持设立创业投资和股权投资机构，吸引一批天使基金、风险投资基金、产业基金、并购基金、夹层资本等落户湖南，打造内陆股权投资高地。

（3）增强产业集聚区融资能力。组建省内跨行银团，采取“担保＋银行信贷”模式，推动银行投放信贷，支持产业集聚区重大招商引资落地项目建设。针对特色产业集群发展较好的产业集聚区，支持银行推广“供应链融资”模式，扩大龙头企业的授信规模，通过其供应链上企业的贸易融资，实现龙头企业及其上下游企业融资共享。建立股权投资基金拟投企业数据库和被投企业数据库，组织投资机构与产业集聚区内企业开展股权融资对接，提供多元化金融服务。

五、保障措施

充分调动各方面积极因素，不断完善规划实施的推进机制，确保“十三五”期间各项重大任务顺利完成。

（一）加强宏观统筹协调

（1）强化宏观统筹。建立健全全省战略性新兴产业发展推进机制，加强规划实施的宏观指导和统筹协调。完善战略性新兴产业专家咨询委员会工作机制。建立健全重大经济科技活动知识产权评议机制，推动技术改造、并购、转让、引进、装备进口等重大经济科技活动，开展知识产权评议工作。制定战略性新兴产业技术路线图和产品、服务指导目录，完善产业标准体系。建立健全重点产业、企业和区域发展状况的统计指标和统计制度，形成科学、完善的产业运行监测体系。

（2）完善考核评估。围绕规划制定目标和任务，合理确定部门分工，分解年度目标、工作指标和推进措施，适时纳入各级政府、相关部门和产业园区基地的综合评价考核体系。加强规划实施中期评估，定期对规划执行情况进行检查，健全评价、评估和激励机制。

（二）完善政策支持体系

创新财政资金使用方式，贯彻落实促进战略性新兴产业发展的财税支持政策，鼓励企业主体创新投入和科研人员成果转化，对符合条件的新技术、新产品、新工艺的研发费用，在计算企业所得税时予以加计扣除。

加大配套政策支持力度。探索建立有利于战略性新兴产业发展的市场准入机制，对科技型企业实施“非禁即入”的准入政策，降低民营企业的市场准入门槛。深入推进战略性新兴产业军民融合，推动“军转民”和“民参军”，完善考核机制，推动大学、科研机构和军工企业向新能源、民用航空航天、物联网等新兴领域拓展业务。实施专利导航工程，加强知识产权服务体系建设，以战略性新兴产业为重点，开展专利预警分析，确定产业专利布局。完善知识产权投融资政策，鼓励金融机构支持知识产权产业化、资本化。创新金融产品，探索建立无形资产融资风险补偿机制，鼓励金融机构加大对创新型企业的信贷支持力度，支持知识产权质押、出资入股、融资担保。

（三）推进重大项目建设

（1）加快高端项目引进。围绕促进战略性新兴产业发展的尖端前沿领域、价值链高端环节和产业链缺失环节，推进具有重大影响和引领作用的项目的引进和落实。鼓励和吸引境内外创新型企业和科研机构在湘设立区域总部或国际总部，带动省内企业参与国际分工。支持符合条件的外商投资企业与内资企业、研究机构合作申请政府科研项目，吸引一批海外高层次创新创业人才带项目来湘发展，促进外资投向战略性新兴产业。

（2）加强重大项目建设。发挥重大项目对战略性新兴产业发展的强力支撑作用，按照“成熟一批、启动一批、储备一批、谋划一批”的要求，在“互联网+”、大数据、健康保障、海洋工程、信息消费、智能制造等领域超前部署一批工程项目。加强军民融合项目建设，依托军民融合战略工程，实施一批重大项目。健全项目推进和保障机制，规范项目基本建设程序，明确项目实施主体，落实项目建设责任制度。完善项目建设跟踪、协调、服务等相关管理制度。

第四节　促进湖南省产业生态化发展的对策

一、宏观层面上充分发挥政府管理职能

（一）构建产业生态化支撑的法律法规体系

法律法规作为一种强制手段，可以有效地推动资源的合理开发、清洁使用和再回收循环利用，与产业生态化有关的立法是发展循环经济、建设“两型”社会、实现可持续发展的重要保障。目前，湖南省在产业生态化法律体系建设方面取得了一定成效，但是产业生态化的发展涉及社会、经济与环境的各个方面，需要构建更为完善的法律体系来为湖南省实现产业生态化建设提供法制保障。

因此，要认真贯彻落实《中华人民共和国节约能源法》《中华人民共和国清洁生产促进法》《中华人民共和国固体废物污染环境防治法》《中华人民共和国环境影响评价法》等有关法律。结合湖南省实际情况，尽快尽早制定能与之配套的地方性法规，研究制定《湖南省节约用电实施方法》《湖南省废旧家电及电子产品回收处理管理方法》《湖南省固体废弃物管理条例》《湖南省畜禽养殖污染防治管理方法》《湖南省商品包装管理方法》等，以推进“四化两型”湖南产业生态化的发展。抓紧制定湖南省促进绿色采购、绿色消费、资源循环利用等相关方面的针对性法规。通过建立关于生产者责任的延伸制度，对扩大生产者责任原则和污染者付费原则进行明确要求，规定生产者、销售商、消费者以及回收利用单位对废物回收、处理和再利用的相关义务。将现行的排污收费制度改为征收环境税，以便对企业的污染和浪费行为进行有效约束。

（二）加强产业生态化发展的组织管理

实现湖南省产业生态化发展是一项跨地区、跨部门、跨行业的系统工程，涉

及国民经济和社会发展的各个方面，需要各级政府整体谋划，综合协调，各负其责，齐抓共管，坚持不懈，持之以恒。组建湖南省产业生态化发展的相关负责机构，负责制定全省产业生态化的方针政策和发展规划、资金保障、监督管理等工作，下设专家咨询研究机构，负责重大事项的科学决策和统一部署，定期研究解决产业生态化发展过程中遇到的重大问题，该机构同时下设办事机构，负责协调和规划实施方案中的具体问题，各市县也要建立相应的机构。明确政府、企业和公众各自的职责，落实政府各个部门的工作职责，形成政府、企业与公众之间以及政府内部各部门之间共同促进循环经济发展的合力。建立健全决策的相应机制，进一步完善咨询制度，做好政务公开工作，扩大政务公开范围，使行政行为公开透明，依法保障群众的知情权、参与权、监督权等权利。加大对行政权力的制约力度，加强监督有效机制建设，充分发挥内部监督和外部社会媒体监督的作用。实行重大事项报告制度、质询制度、对项目设立的民主评议制度以及对可能出现环境问题的政府规章备案审查制度。逐步建立和实施绿色经济核算和考核机制，重点改革国民经济核算体系相关办法，建立一套企业方面的绿色会计制度和绿色审计制度以及政府方面的绿色审计方案等绿色经济核算制度。重点突出体制改革，理顺资源价格和排污成本标准，加快发展生态补偿立法和机制。建立资源环境责任追究制度，对于湖南省产业生态化发展的弄虚作假，并产生严重资源浪费和环境破坏后果，进而影响经济社会发展的情况，要追究有关领导的责任。

（三）产业生态化相关内容纳入湖南省国民经济和社会发展规划

湖南国民经济和社会发展“十二五”规划纲要中涉及产业和生态方面，重点包括以下几点：

（1）通过加快转变经济发展方式，进一步大力调整经济结构，优化产业结构，推进“两型社会”建设。

（2）加快生态文明建设，设立建设绿色湖南的目标，把资源节约和环境保护作为生态文明建设的重要战略任务，推动资源由三高“高消耗、高排放、高污染”的粗放型向三低“低消耗、低排放、低污染”的节约集约型转变。

（3）推进农业规模化、集约化、产业化、生态化发展，实现加快转变农业发展方式的步伐。

可以看到，产业经济的发展和对自然生态环境的保护均放在突出重要的位置。产业生态化充分有机结合了产业经济的发展和生态环境的管理，因此建议将涉及产业生态化的相关内容进行系统整合，制定相应的整体规划、指标建设方案、配套出台法规政策，作为整体纳入未来5～10年内湖南省国民经济和社会发展规划。

（四）建立政府调控与市场机制相结合的管理体制

早在20世纪70年代，美国开始执行排污制度。最先将市场机制引入水污染的治理整顿中，根据前期的充分调研，政府确定区域内排污总量，然后就排污总量进行分配，在法律上规定只有获得了排污权利的企业才有权利排放污水。这种排污权制度特点是将环境保护与企业利益相联系。在这种情况下，企业不得不转变方式，提高工艺流程，最大限度地减少排污量，另外。排污权可以转让，企业自身的排污量剩余指标的多少直接成为其自身的利益。

目前，湖南省跟国内其他省份一样，由于相关制度落后，政府相关措施并不能完全解决好新形势下环境管理的新问题。政府可以通过制度设计将市场机制运用到环境保护中，运用价格与利益机制给予经济主体充分的激励，将环境保护与企业的利润最大化相联系。当然这并不是全依赖自由的市场机制解决问题，而是将政府与市场充分结合。

二、中观层面上把握产业结构和产业生态园建设

（一）进一步优化产业结构

虽然近年来，湖南省的产业结构进一步优化并趋向于合理，但整体上与东部地区发达省份相比，三次产业结构仍处于低级程度。例如，第一产业的就业结构方面低效问题突出，第二产业主要集中在产品的初级加工业或者资本密集型的产业，而第三产业中部分地区出现虚高情况，因此我们必须高度重视这个产业结构问题。大力发展经济效益好、环境生态破坏程度低的高新技术产业，进一步拓展第三产业的形式和内容；严格按照法律法规，控制“三高”企业的规模，逐步减少其数量，特别对环境问题突出的企业进行依法整顿。农村地区的发展要在维持生态环境平衡的基础上，因地制宜，从新型的农业旅游业、生态绿色农业寻求新的突破。

（二）合理规划和建设生态产业园区

依据产业共生理论，我们可以得出产业园区的建立促进了规模经济的发展，如果能够合理整合产业园区内的物质流和能量流，就能实现其内各类企业之间的共生关系。目前，湖南省在这方面也取得了一定的成果，如岳阳汨罗循环经济产业园、株洲清水塘循环经济工业区等已经初具发展规模，但是要在全省范围内进一步发展生态产业园区，应该规划先行，抓好建设。

根据当下开发区域和产业集中地区的特征，做好全面部署规划，对目前存在的相关企业和产业进行结构调整和改造。发挥市场的作用，依照产业生态化的原则，以产业园区的龙头企业为依附，引进与之配套的原料物流企业、信息服务企业、末端产物承接消化企业等，完善整个园区的产业生态系统。例如，以钢铁企业为龙头的生态园区的模式（图 6-2）、以石油炼化企业为龙头的生态园区的模式等。

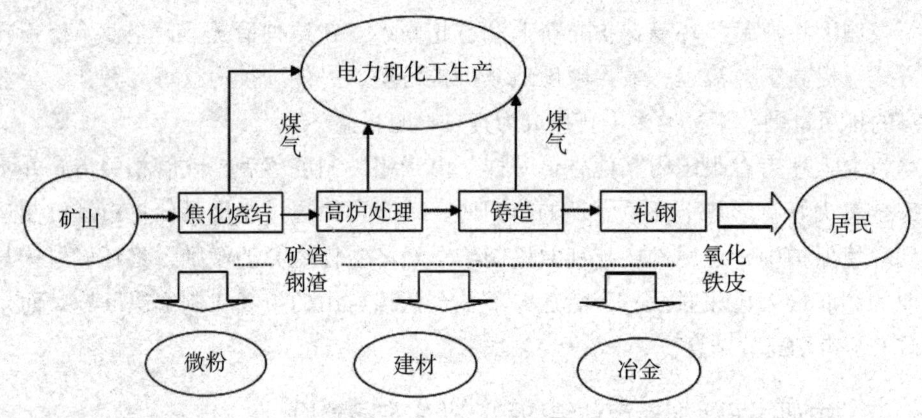

图 6-2　以钢铁为龙头的产业生态园区模式

着力于优化园区的环境，目标是营造有利于企业灵活进退、各企业之间具有明晰产权、竞争而又有序、合作紧密、充满生机和活力的园区环境，以实现不仅要在园区内建立利益共享机制，还要在共生企业之间建立风险共担机制，这样才能实现生态园区的可持续发展。

三、微观层面上对企业和民众引导

（一）加强企业的技术创新，完善管理体制

由于产业生态化发展过程中涉及工艺流程的优化、生产技术的改进，才能实现企业内部或产业园区内的多种关联衔接，以取得产业生态化的效益。因此，产业生态化发展必须有强有力的科学技术的支撑。比如，在产业末端“三废”治理中，新时期的污染物呈现出多样性，如果相关的以治污技术为支撑的解决方案不能及时出台，那么污染物得不到控制，环境也将遭到破坏。所以，应该着重做到以下两点：

第一，企业需要加强对产业生态化相关的清洁能源开发、治污技术、末端产

生物回收利用等清洁生产技术的研究，以便在市场竞争中能赢得环保高地。将环境管理办法纳入企业生产的日常管理中，在企业内部实施生产审核制度，以实现对企业的产品生产过程进行监督和评估。

第二，政府要为企业打造创新平台。加快建设资源循环利用技术研究开发平台，提供原创技术支撑。在这里需要重点抓好国家重点实验室、博士后流动站、工程研究中心、企业技术中心等科研机构建设。通过建设技术资源共享平台，提高科研综合服务水平。在硬件方面重点供给大型科学仪器设备，丰富自然科技资源、科学数据、图书文献资料等科研资源，打造科技信息网络和产业生态化网络。建设技术成果转化平台，加快科技成果产业化。加快技术创新，突破技术瓶颈。高度重视信息、先进工艺和制造技术在资源节约领域的应用，坚持引进技术与消化、吸收、创新相结合，重点突破资源循环利用技术和产业化联合机制攻关项目，特别加快推广节约技术。

（二）加强宣传，力促公众参与

实现产业生态化需要广大社会公众的积极参与，以使人们形成绿色消费和绿色生活习惯，逐步提高环境保护和资源循环利用的意识。为此，应该做好以下工作：

发展生态文化，不断提高公众对资源循环利用的认识。坚持政府引导、企业兴办、群众参与、社会教育和科学普及的原则，大力发展生态文化建设，引导全社会转变思想观念和生产生活方式，倡导和发展与产业生态化相适应的文明意识、文化氛围和舆论宣传环境。加强对绿色消费的引导，鼓励厂家和消费者优先购买经过生态设计或通过环境标志认证的产品，让更多的人参与节约使用和重复利用办公用品。通过绿色消费教育，广泛宣传绿色消费理念，引导公众积极参与绿色消费活动，使湖南省产业生态化发展的观念深入人心。

促进社会公众绿色消费和绿色生活方式的形成，主要通过三种基本途径来实现：一是法律强制手段，进一步制定明确的相关法律法规，建立底线约束消费行为；二是经济激励手段，通过利用财政、税收等手段，鼓励公众绿色消费；鼓励绿色出行活动，引导市民步行或骑自行车出行，小距离内使用公共交通工具；三是道德约束手段，通过教育和宣传使社会公众形成资源节约和环境保护的意识，并使绿色消费成为社会公众自觉的道德行为。

在公众参与的过程中，国家采用舆论传媒等多种手段加强对循环经济的社会宣传。通过立法确定公众的环境效益，广泛听取广大人民群众的意见和呼声，吸取人民群众的智慧，充分发挥人民群众参与湖南省产业生态化发展的积极性和创造性。

第七章　产业生态化发展对策研究——以湖南长沙经济技术开发区为例

第一节　长沙经济技术开发区产业生态化发展的目标和原则

一、总体目标

以长株潭“两型”社会建设为契机，依托长沙经开区产业、区位和市场等比较优势，以循环经济和生态工业理论为指导，最大限度地减少环境污染，改善社会经济发展的环境，实现区域资源充分合理利用，促进区域经济健康可持续发展；大力推行企业清洁生产，以构建基于市场机制的区域工业共生网络为途径，加强环境准入和污染控制，积极推进生态文明建设，构建生态化的行业内部以及行业与行业之间的产品代谢链和废物代谢链；促进工程机械、汽车及零部件制造、电子信息、新材料等优势行业的结构升级与生态化改造，全面增强区域可持续发展能力，将长沙经开区建设成经济高效型、资源节约型、环境友好型的产业生态化工业园区。

到“十三五”末，在长沙经开区初步建成产业生态化循环工业系统，初步构建资源、能源和信息的闭循环系统。努力延伸产业链并促进产业集群的形成，初步实现工程机械、汽车及零部件制造、电子信息、新材料等优势行业的结构优化与减污增效，市场机制作用下的区域工业共生网络基本发挥效用，同时构建和谐宜居的生态社区，区域环境得到明显改善，促进园区和周边地区的协调可持续发展，初步建成经济高效型、资源节约型、环境友好型的生态工业园区雏形。

到 2025 年，完善产业生态化工业园区运行机制，实现与长株潭城市群协调统一和全面稳定发展，进一步优化园区产业集群，使园区优势产业形成以若干产业集群为主体的产业生态化网络，进一步提高资源利用率，控制污染，优化环境，完善基础设施，初步建成经济发展与自然环境共生、产业发展与生态环境和谐共存、宜业宜居的经济高效、资源节约、环境友好的经济技术开发区，充分带动区域经济的持续健康发展。

二、基本原则

（一）生态效率原则

通过生化的循环利用，尽可能地降耗，增强园区的环境自我修复能力，尽可能生产更加丰富的产品，可以从两方面来实现：一方面，提高生产能力，增加产业产出；另一方面，实施清洁生产，降低能源消耗，减少控制污染源排放，其过程就是产业生态化过程。

（二）自然和谐共存原则

尽可能保持更多的生态功能，使区域自然生态系统与园区建设有机融合。对于长沙经济技术开发区而言，大力发展循环经济，按照生态化的要求，改造传统产业，调整产业结构，在产业系统内部按照生态系统的共生原理和能量传递及循环原理对各产业进行合理优化，促使产业发展成自然生态系统的有机组成部分，其过程形成的“产业生态链”使产业活动全过程中各个要素能够传递并循环，取得了良好的生态效益，对外界实现近零污染，达到了人与自然、人与社会的共生，使园区与周边地区友好共生。

（三）区域发展原则

贯彻长株潭城市群区域规划、长株潭经济一体化“十二五”规划、长株潭地区两型社会建设、区域环境保护规划、长沙市相关发展规划等重要区域发展规划，加强长沙经开区与区域发展的联系，做到园区建设与区域经济发展相结合，与构建区域生态环境相结合。

（四）“3R”原则

长沙经开区产业生态化发展要体现“减量化、再利用、资源化”（3R）原则。

（五）生命周期原则

所谓生命周期是指从原材料入园到加工生产产品，再到产品进入市场以至废弃再利用的全过程。生命周期原则就是要加强从原材料入园到产品、废物出园后的生命周期管理，最大限度地减少产品全生命周期对环境的影响。鼓励能源消耗低、环境污染少、可循环再生的产品和服务。

（六）高科技、高效益原则

大力采用现代化生物技术、生态技术、节能技术、节水技术、再循环技术和信息技术，采纳国际上先进的生产过程管理和环境管理标准，力求经济效益和环境效益实现最佳平衡。

第二节 长沙经济技术开发区产业生态化发展的总体框架

落实长株潭两型社会建设目标，按照国家级开发区“三为主、二致力、一促进”的发展方针，坚持走新型工业化道路，依托产业、区位和市场等比较优势，推动优势产业集群化发展。壮大工程机械、汽车及零部件产业，积极发展电子信息、新材料等新兴高科技、高附加值行业，转变粗放的经济增长方式，提高资源利用效率，减少污染物排放，大力发展现代环保产业与产业服务业，推广生态工业技术和低碳经济，完善与创新政府管理职能，促进流通消费领域的生态化建设，实现环境、经济、社会全面协调发展。重点建设工程机械和汽车及零部件两大支柱产业，打造“世界工程机械之都”和“中国汽车产业集群新板块”，实施清洁生产和资源、废物的减量化，建立和完善行业内部及行业间的产品、废物代谢链，积极发展电子信息、新材料、食品饮料等重点行业，大力发展生态工业。产业循环体系、资源循环利用和污染控制体系、保障体系三部分是长沙经开区产业生态化构建的总体框架（图 7-1）。其中，资源循环利用和污染控制体系主要是水资源循环利用与水污染物控制、固体废物的资源化与处理处置、能源多级利用等，重点在于污染物和废物的减量化、再使用、资源化和无害化。保障体系主要是充分发挥政府职能，为园区建设和发展提供环境管理、基础设施、政策措施和技术平台等方面的支持。产业循环体系包括工程机械制造、汽车及零部件制造等主导产业的共生与物质和能量的循环，通过控制生产过程的污染产生和排放、建立和完善产品代谢链与废物代谢链，促进主导产业的生态化发展。

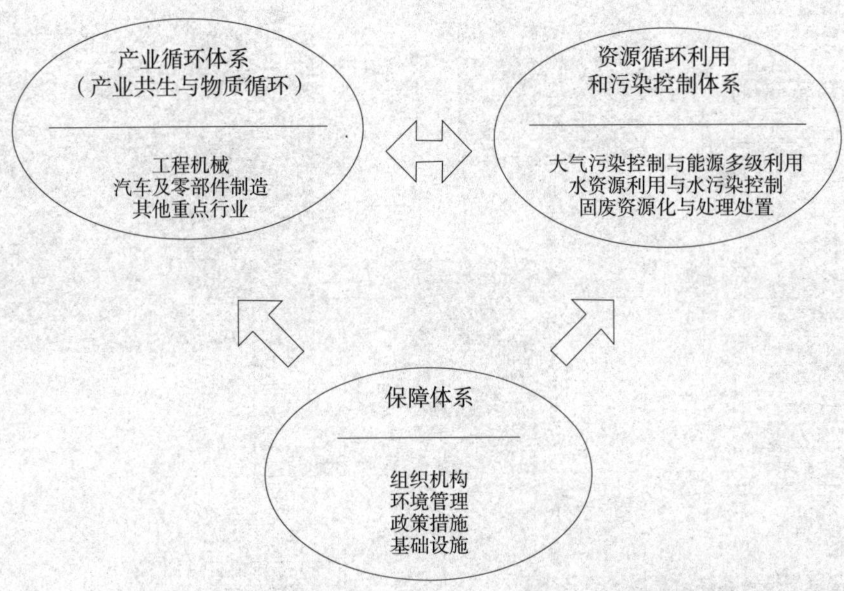

图 7-1 长沙经开区产业生态化工业园区总体框架图

这里可以对长沙经开区的产业生态链总体描述如下：

一、产品链

在工程机械制造、汽车及零部件制造、新材料、电子信息、食品饮料等主导行业内部以及行业之间，以产品流为主线，形成完整的产品代谢链，进一步巩固已经形成的工程机械产业集群、汽车及零部件制造集群和各产业内部的产品生态链网络。每一个链条（环节）所生产的产品经过产品代谢，作为下一个生产过程的“原辅材料”，形成增值的产品，最终进入市场。要以工程机械制造、汽车及零部件制造行业为依托，进一步巩固已经形成的工程机械产业集群和生态工业链网，完善工程机械销售服务保障体系，构建科技含量高、经济效益好、环境污染少、核心竞争力强的工程机械制造产业集群。发展科技含量高、环境污染小、具有自主知识产权的高附加值产品，努力延伸产业链。图 7-2 是长沙经开区产业生态化工业链总图。

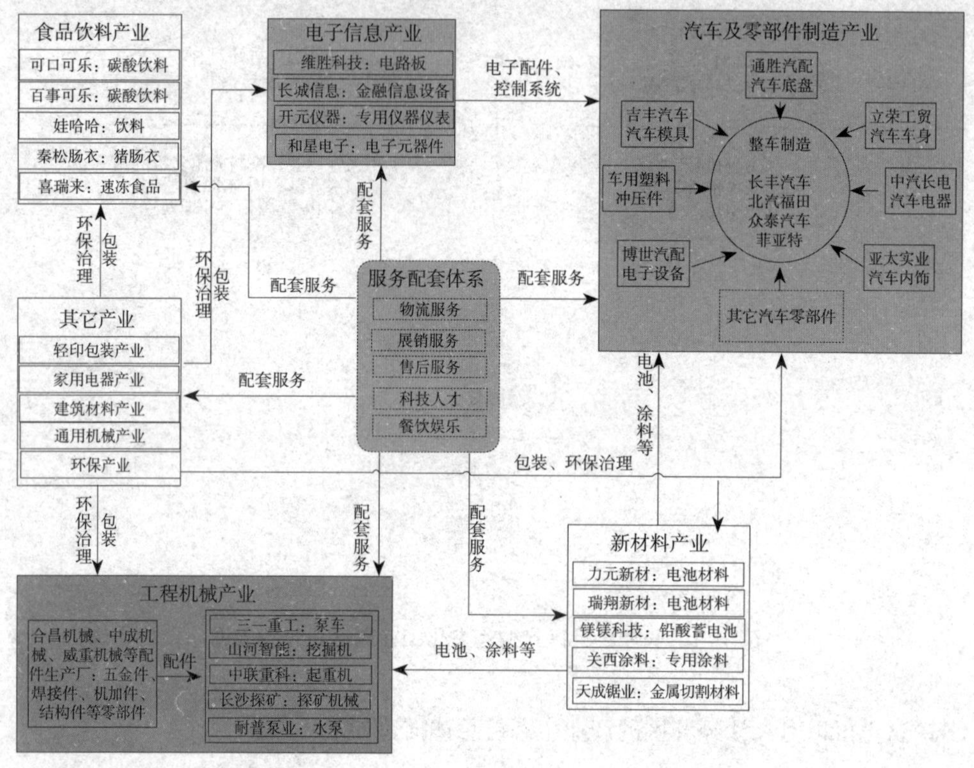

图 7-2　长沙经开区产业生态化工业链总图

二、代谢链

根据实际情况，在长沙经开区产业生态化构建过程中，企业生产排放的废水采用以下三种代谢途径：“① 经过处理或不需处理，进行车间内的原位再生、厂内梯级利用；② 经过处理或不需处理，供附近的其他企业进行循环利用；③ 经过必要的预处理，排入城市污水处理厂。城市污水处理厂的出水部分直接排入自然水体，部分经过必要的深度处理后，可以作为再生水，供给区域内的企业、公共设施。”在长沙经开区控规范围内建立工业固体废物的分类、回收和循环利用系统，少量的灰渣用于筑路或者制造建筑材料，金属、玻璃、塑料、纸张等废物进行回收利用，废电路板、废旧电子元件、废旧电器、PCB 工业废液等电子废弃物收集后进行贵金属和非金属材料提取回收再利用，废机油进行回收再生。不能回收再利用的一般工业固体废弃物送工业固废集中处理中心处置。不能回收利用的危险废物（如废乳化液、漆渣等）目前可由企业负责临时贮存，收集至一定量后交由有资质的单位合理处置，日后纳入长沙市危险废物处置中心处置。图 7-3 是长沙经开区产业生态化工业废物代谢链总图。

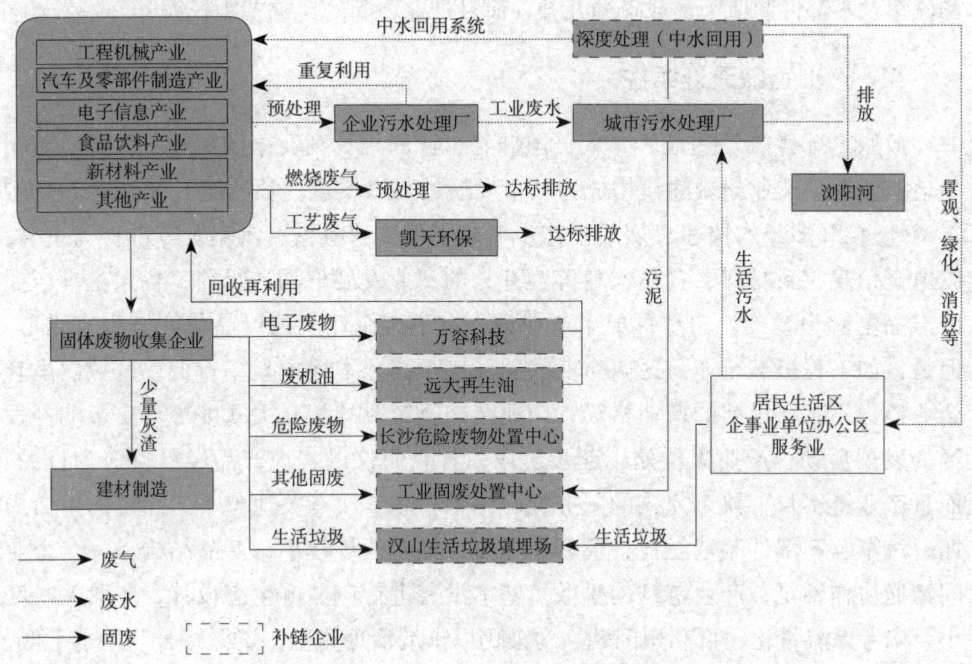

图 7-3　长沙经开区产业生态化工业废物代谢链总图

第三节　长沙经济技术开发区产业生态化发展的制约因素

一、产业结构不合理

经过 20 多年的快速发展，长沙经开区在产业规模上已经形成了工程机械、汽车、电子信息、新材料等几大主导产业集群，但是产业集群规模还不够大。而且随着开发区经济的快速发展，产业结构的问题日渐凸显，产业协同性不高、结构过于单一、单极拉动风险大；产业链不长，本地配套能力低，关键零部件受制于人；制造业原创性不强，附加值不高；服务业特别是生产性服务业发展滞后。产业结构调整、产业转型升级是目前园区产业发展十分突出的问题。目前，园区内的二产业已高度集聚，形成了规模效应，但产业内部结构不够合理，新材料、电子信息、食品饮料等产业规模不足以与长沙经开区的两大支柱产业（工程机械制造和汽车及零部件制造）形成资源互补，而且产业之间的比重差距较大。

二、产业链缺乏连续性

放眼全球经济发达地区，从美国硅谷、德国柏林到我国的天津、深圳、苏州等地，生态型产业新城建设均成为城市发展的突出重点。长沙经开区创建于 1992 年，经过 20 多年的快速发展后，初步形成了以工程机械、汽车及零部件为主导，以电子信息、新材料、食品饮料等为补充的产业发展格局。目前，各大主导产业以产品配套为基础，初步形成了产业链，上下游企业间的产品代谢链也有雏形。但是，如工程机械行业，区内企业间关联度不高，本地配套率较低，区域内配套企业能力不高，目前的产业格局、产业结构及产业的相互关联度等严重影响开发区的发展后劲，产业集群处于起步阶段，各企业仅以实现产品经济价值为目的，而且产业链不长，缺乏完善的服务配套体系，基本没有关注整个产品链的生命周期。汽车及零部件制造行业，配套企业多，但企业规模小，产品结构单一，企业间沟通协作不足，产业链结构松散，基本没有进行产品链生态设计，产业关联度小，未考虑减量化、再利用问题，污染仍以末端治理为主，资源综合利用水平低，产业链条柔性建设有待加强。再如，电子信息产业缺乏主机企业，产业链不够完整，技术老化，亟待提高自主创新能力和综合竞争能力。

三、资源能源利用率低

目前，园区物质减量效率与循环控制水平较低。在水资源方面，长沙经开区目前存在的主要问题是，污水处理设施建设滞后，园区排水体系待完善，企业污染治理待加强，废水排放量呈增加趋势，中水回用率为零。没有按照水资源的一体化管理来提升长沙经开区的水资源利用效率，没有使水资源污染造成的环境负面影响达到最小化。没有适时调整水资源管理策略，没有形成以市政供水为主、以废水再生利用为重要支撑的供水结构，污染物的排放有待进一步削减，区域水环境有待改善。

在能源方面，长沙经开区目前存在的主要问题如下：能源结构有待进一步优化；能源效率有待进一步提升；监督管理机制有待进一步完善；公众参与意识有待进一步提高；还没有形成资源利用的总体规划；还没有完全按照低能耗、低排放、低污染的要求进行资源的合理利用；产业优化、技术创新、管理升级等措施没有及时实施；在低碳产业、低碳生产、低碳产品、低碳生活等方面未能提高能源利用效率和改善能源结构。

因此，按照产业生态化的原理要求，长沙经开区应当充分考虑到资源的稀缺性和环境的承载能力，突破传统粗放的发展模式，加强低碳管理，制定相关政策，对引进项目的产业导向、用地需求、投资强度、环保要求等出台更加明确的规定，制定经开区主要行业及产品的能耗、水耗限额，提高准入门槛，使产业结构向少污染、低能耗、高效率的方向发展。

四、污染控制水平有待提高

目前，长沙经开区环境污染控制有待进一步加强。大气污染主要来自燃料燃烧过程中排放的废气和生产过程中的工艺废气。大气污染物主要有工业粉尘、烟尘、SO_2、NO_x、碳氢化合物、苯系物等。在大气方面，目前存在的主要问题是，锅炉烟气排放仍是造成大气污染的主要原因，是 SO_2 的主要来源，对其处理设施和工艺落后，导致处理效率较低。这势必要求长沙经开区要以保障空气污染排放和空气环境质量达标为基本目标，以预防、控源为主要途径，重点关注 SO_2、NO_x 等主要污染物及主要污染源，利用总量控制和浓度控制相结合、结构调整和技术改进相结合的综合防治手段，最大限度地实现经济和环境保护的协调发展。在固体废弃物方面目前存在的主要问题是，工业固废收集无序，固废综合利用率有待进一步提高，固废管理机制滞后，等等。这就要求长沙经开区要提高工业废弃物综合利用率，实现固体废物减量化、资源化、无害化，使排放量大幅度减少，综合利用率逐步提高。

第四节　长沙经济技术开发区产业生态化发展存在问题的原因分析

一、产业集群问题

（一）园区各产业之间关联度不高

长沙经开区在经过20多年的快速发展后，已经成为长沙乃至湖南工业经济的重要驱动力和核心增长极，初步走出了一条高速度、高科技、高效益的科学发展之路，正着力打造“中国力量之都”。形成了以工程机械制造、汽车及零部件制造、电子信息产业为主导，以新材料、食品饮料、轻印包装等产业为补充的产业发展格局。

然而，长沙经开区产业集群问题也成为影响园区产业结构调整的首要原因。长沙经开区产业发展的自发性是促使产业集群形成的最初特征，正因为如此，这种集群效应的政策引导不够，导致产业不尽合理，产业结构升级乏力，集群企业缺乏发展的后劲。此外，产业配套起点低，园区自身配套能力低。截至目前，尚未形成完整的产业生态链，目前除两大主导产业外，其他产业的绝大部分企业还处于低成本过度竞争阶段，导致产业链延伸度不够。

（二）工程机械产业缺乏完善的产业配套体系

（1）工程机械产业链延伸度不够。要真正发挥产业集聚效应，就必须具备较为完备的服务体系和配套体系。目前，长沙经开区是国内工程机械的集聚地，各种与工程机械相配套的社会化服务体系，如信息咨询服务、融资服务、法律服务、技术服务、物流配送等社会化服务体系，还没有建立起来，这样就会导致区域内工程机械产业抵御风险能力相对较弱，对外界的依赖性较强，这正是2012年经济发展放缓的大环境下，园区工程机械产业增速放缓的根源。

（2）工程机械企业间关联度不高。工程机械产业集群处于发展阶段，长沙经开区范围内的工程机械企业大都处于松散的、不稳定的状态，各企业之间各自为政，未形成科学有序的产业生态链。在工程机械行业中，产品出现同质化趋势，产业同构、特色重叠现象比较突出，有的企业出现无序竞争，甚至有部分企业产品大致雷同，形成恶性竞争状态，进而难以形成以龙头企业为核心、中小企业紧密配套的区域产业集群发展模式，影响了核心企业做大，中小企业做精、做专、做优、做新，更难以在激烈的市场竞争中形成整体的、可持续的合力。

（3）工程机械产业本地配套率较低。目前，长沙经开区工程机械产业的自身配套能力较低，关键零部件与核心原材料大部分需要从省外甚至国外进口，特别是依赖国外进口的核心原料和关键部件在日益复杂的国际环境下，存在较大的风险和不确定性，这就导致工程机械产业链处于相对不稳定的状态。基于以上分析，目前三一重工、山河智能等工程机械核心企业正处于这种生产经营状态中，这些企业以研发和销售为主，其生产过程主要是对核心零部件进行加工和装配，普通通用件由外协加工生产。这样的经营模式被称为"哑铃发展模式"，难以对市场做出迅速反应，也难以进一步降低成本。

（三）汽车制造产业集群产业链结构松散

（1）产业链条柔性建设待加强。由于缺乏相关的引导和科学规划设计，没有集中考虑汽车制造及零部件行业内废弃物的统一处理，没有考虑汽车报废后零部件如何拆解和处理，如何选择原材料、资源如何回收再生等，末端治理仍是汽车产业污染治理的主要方式。此外，相关企业缺乏从源头控制的意识，企业之间没有建立起废物代谢链，下脚料、废包装等可回收再利用废物基本都直接出售给经开区外的废品回收公司，废物没有在经开区汽车及零部件制造产业内部和其他产业之间得到循环利用。因此，目前长沙经开区汽车制造及零部件产业的资源综合利用率较低。

（2）产业内及产业间关联度低。一方面，汽车制造及零部件产业内关联度低，主要表现在零部件生产企业难以满足整车制造的需要，零部件生产企业在生产规模和技术水平上达不到整车制造的要求。也就是说，这个行业内还没有形成紧密的纵向产业协作关系。另一方面，汽车制造及零部件产业与区内相关产业（如电子信息产业）的关联度低，汽车产业链的核心是零部件生产与制造、整车生产与组装两大环节。同时，汽车的电子化、网络化和智能化水平是衡量汽车工业发展水平的一个重要指标，而目前长沙经开区的电子信息产业与区内的汽车及零部件制造产业的关联度极低，区内的汽车产业所需电子信息产品基本依靠外界生产，甚至国外进口，区内电子信息企业基本不能为汽车制造企业提供任何产品，也就是说，汽车制造及零部件产业与区内相关产业之间缺乏横向耦合。然而，汽车制造业产业链的三大主要环节是原材料钢铁、电子产品、橡胶产品等的生产与供应，零部件生产与制造，整车生产与组装，这将是相应汽车产业长远发展的关键因素。

此外，汽车制造配套企业规模小、产品结构单一、整体实力不强，整个零部件生产行业的产品结构和技术结构偏向低端化。

二、环境污染原因

（一）水污染问题

1. 园区排水体系待完善

目前，长沙经开区排水体系采用雨污合流制，即污水和雨水通过南干渠团结桥溢流坎进入星沙污水净化中心，导致星沙污水净化中心负荷重，而且雨污合流造成了大量的水资源浪费，同时，雨污合流还增加了后续改造的难度。此外，长沙经开区少部分地区仍然使用自然排水体系，对区域内的雨水资源没有充分利用，造成了不必要的水资源浪费。

2. 污水处理设施建设滞后

近年，随着长沙经开区的扩建，园区控规面积将达100平方公里，而目前区域内仅有星沙水质净化工程有限公司负责处理工业废水和生活污水，其不足以满足园区发展的需要。特别是新拓展的长沙经开区东片区的待开发区已有企业进驻，与之配套的榔梨污水处理厂建设明显滞后于园区开发的速度，导致该片区的生活污水等均为直接排放，对梨江、浏阳河水体造成了一定的影响。

3. 企业污染治理待加强

目前，长沙经开区仅有少部分企业具有自建污水处理设施，加大了对现有污水净化中心的处理负荷，对区域水资源造成了一定的污染。

（二）大气污染问题

1. 锅炉燃烧废气排放存在的问题

目前，锅炉烟气排放是造成大气污染的主要原因，是 SO_2 的主要来源。虽然近年来经开区禁止园区内新建燃煤锅炉，并逐步开展燃煤锅炉改造工程，但目前经开区仍有小部分工业企业使用燃煤锅炉，而且坐落于经开区内的湖南长沙县第一中学等学校和行政办公单位、居民生活小区大多仍在使用燃煤锅炉，锅炉燃烧的废气是主要的生活污染源。

2. 生产工艺废气排放存在的问题

经开区的汽车及零部件制造企业和电子信息企业在生产过程中排放大量的苯系物、工业粉尘等大气污染物，这一方面是由于生产工艺和设备造成的，另一方面是由于处理工艺和设备造成的。目前，这些企业大都购置了处理设备，采取了相应的处理方法，但由于处理设施和工艺落后，导致其处理效率较低。例如，博世汽车部件（长沙）有限公司使用活性炭净化器去除浸漆设备产生的废气，处理率仅为25.2%。

（三）固体废弃物污染问题

1. 工业固废收集无序

目前，经开区没有专门的固体废物集中处理、处置场所，工业废弃物的收集和处理处于无序状态，主要由区内企业各自委托长沙县范围内具有处置资质的企业进行收集、处理和资源化，没有形成完整的收集、处理和资源化体系，经开区对废弃物流动的监管功能没有体现。

2. 固废综合利用率有待进一步提高

目前，长沙经开区固废污染控制过多停留在末端治理上，固体废物减量化、资源化、集约化、专业化利用与处理能力亟待提高。经开区内各企业产生的废金属、废塑料、废纸等可回收再利用的固体废弃物，有的企业交由有资质的废品公司进行回收处理，有的直接运至长沙县汉山垃圾填埋场与生活垃圾一起填埋处置，未在企业内部和企业之间进行有效的回收再利用。生活垃圾未进行分类分拣，直接进行填埋无害化处置，既造成了可回收再利用资源的浪费，又增加了垃圾处置的成本。

3. 固废管理机制滞后

长沙经开区在固体废物污染控制方面存在管理机制滞后现象。例如，尚未形成一套较系统的固体废物法规、标准体系和相关的产业及经济政策；缺乏面向市场、强化环境利益的固体废物综合利用及处理运行保障机制以及固体废物物流系统和信息管理平台；管理职责缺乏整体协调，各部门之间尚未形成合力。

三、资源消耗原因

（一）资源结构方面

近年来，长沙经开区推广天然气、电力等高效清洁能源，逐步减少原煤使用，但是仍有部分工业企业使用燃煤锅炉。近几年，长沙经开区综合能源消耗总体呈递增趋势，造成综合能耗量持续上升的主要原因是能源消费结构不合理。长沙经开区工业能源消费结构仍以消费电力这些高效清洁能源为主，而选择其他新型可替代能源较少，能源消费中仍以电力等常规能源为主，可再生能源的使用比例过低，对环境承载力的考虑不够。

（二）资源效率方面

长沙经开区能源梯级利用不足，缺乏总体行动和规划，这一方面造成了能源浪费，另一方面带来了环境污染问题。粗放型的经济增长方式还没有改变，企业工艺技术装备和管理水平还有待提高，应该鼓励企业通过各种方式循环利用，使高能级的热源经上一级企业使用后将多余能量供给需求低的企业使用，进一步提升园区能源利用效率。

（三）监督管理方面

目前，长沙经开区节能降耗管理基础薄弱，能源管理制度不够健全，节能计量落后，能源管理人才匮乏，缺乏必要的激励约束机制。节能监测跟不上节能发展形势的需要，节能降耗考核体系、奖惩机制不完善，具体实施淘汰落后产能等政策过程中有些方面的执行力欠缺，各项节约专项资金落实不到位，能源管理水平较低，高能耗企业的能源管理机构、人员落实不够，管理制度不健全，节约管理基础工作不扎实，管理水平较低。

第五节　长沙经济技术开发区产业生态化发展的对策

一、宏观层面充分发挥政府职能

（一）建立完善的政策保障体系

1. 改善投资环境

在生态工业园的建设中，节能设施设计、园区水循环系统设计、材料再循环、副产品交换等策略将带来经济和环境双重利益，高效和共享的服务可以减少企业的成本，并增强整个园区的竞争力。生态工业园建设对工业园的招商引资十分重要，可以吸引那些希望在清洁园区经营的、环境绩效较好的企业以及对环境带来的潜在风险有充分认识的企业加盟。

在招商引资过程中，长沙经开区生态工业园在改善投资环境方面应开展如下几个方面工作：

制定生态型产业促进政策，在财政、税收、进出口、土地价格等方面给予优惠条件。对先进的环保、循环经济科技成果及科技人才、生态规划管理人才也应制定明确的激励措施；在项目引荐奖励方面，应考虑补充对引荐生态型企业给予奖励的具体办法；关于建筑的选址问题，应会同建设发展局、规划局、产业环保局及生态工业园建设领导小组等各相关部门共同做出决定，尤其要关注废物再循环再利用企业的布局及选址问题。

2. 完善运行机制

生态工业园区是继经济技术开发区、高新技术产业园区之后的第三代工业园区，是前两类开发区的升华和优化。它是运用工业生态理论寻求企业之间的关联，实现产业之间的链接，建立起相关工业企业之间的生态平衡，实现环境效益、经济效益和社会效益的三位一体。

在建设生态工业园区过程中，长沙经开区除应建立相应的组织机构外，还必须建立切实可行、灵活机动的运行机制。要充分发挥政府、企业、社会组织和公众等各主体的作用，明确各主体的责任和义务，调动社会各界的积极性，逐步建立和完善“政府主导、市场推进、法律规范、政策扶持、科技支撑、公众参与”的运行机制。

3. 设立专项资金

建立“长沙经济技术开发区工业发展专项资金”“长沙经济技术开发区科技发展专项资金”“长沙经济技术开发区知识产权专项资金”和“长沙经济技术开发区节能低碳专项资金”。

工业发展专项资金旨在加速推进经开区新型工业化进程，支持符合国家、省、市、区产业政策的重大工业项目建设，重点支持新型工业化建设、主导产业技术改造和产业升级以及节能减排重点项目等。科技发展专项资金旨在增强经开区自主创新能力和产业竞争力，重点支持经开区技术创新平台建设、高新技术产业创新、重大科技成果推广和科学技术普及等项目。知识产权专项资金旨在推动经开区创新型园区及国家知识产权试点园区建设，加强知识产权工作，主要用于鼓励知识产权创造、促进知识产权运用、支持知识产权保护和加强知识产权管理等工作。节能低碳专项资金旨在促进经开区资源节约和清洁生产，推进循环经济和低碳经济发展，主要用于支持支柱产业低碳技术研发及产业化、低碳建筑配套产业、资源综合利用、新能源与可再生能源开发与推广等项目。

4. 增加融资渠道

在生态工业园区建设过程中，特别关注以下几方面的融资及相应的融资管理：目前开发的可行性研究和工程技术方面的研究；与发展循环经济和生态工业建设相关的基础设施建设；项目建设融资；等等。生态工业园项目需要更多渠道的融资支持，在积极获取国内政府资金资助的情况下，长沙经开区生态工业园应积极寻求国际组织或者国外政府的资金资助；寻求世界银行、亚洲开发银行、全球环境资金等国际金融机构的援助项目；寻求来自国际组织和发达国家的国际援助项目；在国际运作的社会投资资金；来自国际环保组织的援助款项，或争取其他国家政策支持，包括绿色信贷、税收优惠、绿色投资、环境保险等。

5. 开展环境污染责任保险工作

深入贯彻落实《长沙市环境保护局关于深入开展环境污染责任保险工作的通知》（长环发〔2009〕60号），创新环境保护工作方法，深入开展环境污染责任保险工作。对辖区范围内一类环境风险企业（生产过程中涉及剧毒、危险化学、黑色金属、有色金属和涉及重金属采选、冶炼的）、二类环境风险企业（电镀、制革、医疗、有色冶金等危险废物综合利用及处置的）和三类环境风险企业（使用放射性物质和仓储有毒、有害及化学危险品的企业）逐一摸排并建立工作台账，组织一、二类风险企业购买环境污染责任险，提倡和鼓励三类环境风险企业购买环境污染责任保险。

将环境污染责任保险制度作为强化高环境风险企业环境管理的重要手段，纳入当地突发事件应急管理工作体系和日常监督管理，与各职能部门联动，将风险企业购买环境污染责任保险情况纳入银行征信系统，并在新闻媒体定期公示。将环境污染责任保险作为核发和换发排污许可证与危险废物经营许可证、危险废物转移联单管理、行业准入审查、上市环保核查、申报环保专项资金、建设项目竣工环境保护验收等工作的重要审查内容。

6. 加强人才引进与培育

通过制定各种人才政策，积极吸引国内外优秀人才从事相关工作，引入竞争机制，加快科研和技术骨干人才的发现和培养，引进园区急需的高级管理人员和高级技术人员。加快园区国家留学人员创业示范园建设，探索建立高科技人才培训基金。加速园区干部与职工培训，加速培养高素质决策管理者和高层次专业技术人才，同时加强对园区企业从业人员的可持续发展理念和生态工业园区建设相关内容的教育及培训。

7. 强化企业环境责任

经济责任、社会责任和环境责任是一个企业的主要社会责任。其中，环境责任是指“致力于可持续发展——消耗较少的自然资源，让环境承受较少的废弃物”。长沙经开区在建设生态工业园的过程中，应着力强化企业环境责任的延伸，特别是像三一重工这种大型重点企业。

此外，设立企业环境可持续发展监督员。在长沙经开区生态工业园区建设领导小组办公室，下设企业环境可持续发展监督组，监督组的监督员由工业园区建设办公室选择，负责对企业环境及可持续发展行为进行监督。

（二）搭建科学的生态技术平台

1. 建设园区信息交流平台

园区信息平台建设包含园区环境管理平台、行业清洁生产技术平台、节能管理平台、信息公开平台、固体废弃物交换平台和公众参与平台等。

园区环境管理平台的主要任务是企业情况申报、对企业的环境行为进行评价、发布园区环境质量公报、对园区的环境质量和环境污染事件进行监督等。

行业清洁生产技术平台应该提供园区主要行业的清洁生产技术信息资料，包括各行业的原材料选择、先进生产技术和工艺、行业节能技术、行业节水技术以及各行业的污染控制技术等。

节能管理平台的主要任务是发布园区主要行业的能耗指标、重点耗能设备耗能指标、建筑节能指标，发布国家有关能源管理、能源统计、能源审计、节能监测办法及最新的节能技术，动态分析园区节能和减排效果。

信息公开平台是园区向社会公开相关信息的窗口，信息公开平台的主要内容包括园区在生态工业园区创建方面开展的工作和相关进展，国家、新区政府与环境相关的法律、法规、规章、标准以及园区制定的相关制度，园区的环境质量公报，园区内企业环境行为评价的结果，园区环保基金的使用情况和获得效果。

固体废弃物交换平台主要包括固体废弃物管理政策和固体废弃物网上交易市场服务。固体废弃物网上交易市场主要提供固体废弃物产生信息、固体废弃物需求信息、固体废弃物交换流向信息、固体废弃物交易服务等内容。

公众参与平台可以让公众了解园区建设过程中的各类公告、公示内容，公众在了解相关内容后可以通过公众参与平台提出自己的意见和建议，园区管理者对采集到的公众意见、建议进行分析、调查研究，并通过公众参与平台给予反馈。公众还可以加入园区生态俱乐部，在俱乐部论坛上浏览、发表对园区建设的观点、想法，还可下载相关资料。

通过局域网的创建和上述信息平台的构建，可实现对园区环境的信息化管理与废弃物的网上交易，可在园区局域网上提供园区主导行业清洁生产技术信息（包括原材料选择、节水、节能等），可实现园区管理的公众参与。

2. 建设生态技术研发基地

长沙经开区生态工业园应该大力建设并发展循环经济产业生态化研发基地，为园区企业的工业生态化改造、构筑工业生态链条、维持工业生态系统健康运转提供技术支持。研发基地主要汇集了各个行业的高级科研人员，专门从事产品生态化设计，为产业可持续发展提供技术支撑。基地研发主要包括对替代技术、减量技术、再利用技术、再资源化技术、系统优化技术和共生链接等技术研究。通过鼓励企业引进和培养人才，增强企业生态技术的自主创新能力，并通过与国内外高校和研究院所合作等方式积极推进园区产业生态化发展。

3. 建立高新技术企业孵化器

科技企业孵化器是培育和扶持高新技术中小企业的服务机构。孵化器为新创建的科技型中小企业提供物理空间和基础设施，提供一系列的服务，以降低创业者的创业风险和创业成本，促进科技成果转化，培育成功的企业和企业家。

4. 建立废物交换集散中心

生态工业园项目领导小组可以协同长沙经开区管委会政府有关部门，创建废物交换和再生中心，不仅为整个园区及园区企业提供废物交换服务、废物再生的机会，还可以为周边地区各企业服务，创建以长沙经开区为核心的更广泛的生态工业网络。

（三）培育合理的环境管理机制

1. 完善环境监控体系

为了实现园区产业生态化，控制环境污染，有效降低资源消耗，长沙经开区有必要建立一套有效的环境监控体系来监测园区环境质量变化。通过在各污染物排放口设置在线监测装置和排污口计量装置，对监测结果及时统计，检查监测结果是否全部达标，对不达标的须查明原因，规范整改，及时准确地了解企业生产过程中污染物排放的具体情况，为环境管理提供科学的依据。

2. 建立环境准入制度

长沙经开区管委会对所有企业入区的审批环境保护指标采取一票否决制，通过强化规划和建设项目的环境影响评价工作，严格环境准入，逐步建立环境准入制度，从源头保证生态工业园区的顺利建设。环保部门按照《环境影响评价法》和《建设项目环境保护管理条例》要求，严格执行环境影响评价和“三同时”制度，对所有入区企业采取严格的入区环保指标，切实把好环保审批的第一关。

3. 完善环境管理信息系统

园区环境管理信息可明显提高园区的管理水平。园区环境管理信息系统是对为园区环境管理服务的环境数据进行收集、传递、存贮、加工、维护的工具和手段，由信息采集系统、处理系统、决策支持系统和服务系统四大系统组成，直接为园区的环境管理服务，同时为上级环境管理部门和环境管理信息系统提供信息支持。

4. 推行环境影响后评价制度

由于园区企业发展和开发深度存在一定的不确定性，所以对环境的影响也存在一定的不确定性。在园区建设发展后，其对环境的影响如何，单凭一次区域环境评价是远远不够的，各进园企业的建设项目环境影响报告也不能涵盖全貌。因此，园区推行环境影响后评价制度，在建设发展每隔 2~3 年后，园区进行环境影响后评价，跟踪评价园区环境质量的变化、主要影响因素和污染防治对策。

二、中观层面构建主导产业生态链

（一）工程机械制造产业生态链构建

工程机械制造业是长沙经开区的主导产业，集聚了三一重工、中联浦沅、山河智能、铁建重工、恒天九五等集研发、生产、销售于一体的大型企业 50 余家，区域内生产的工程机械产品占到全国工程机械产品品种的 70%。长沙经开区已形成了混凝土输送泵、隧道岩石挖掘机、静力压桩机、起重提升机等产品的工程机械制造产业集群，在国内有引导行业发展的势头。

1. 产品代谢链构建

目前，长沙经开区工程机械产业链的结构是中间强、两头弱，配件和零部件大多数来自省外或国外。三一重工等主机厂的配件和零部件主要是外购，省内配套比例低。因此，长沙经开区工程机械制造业在产品链构建方面，要建立工程机械产业创新网络，加强工程机械产业内的企业交流和合作，使产业内企业的设备、技术、信息和人员达到共享共用，把开发区潜在的工程机械优势转化为产业竞争优势。加大对三一重工、山河智能等企业的扶持力度，尽快形成“优质基础件—关键零部件—高水平辅机—整机组装”的工程机械产业链，把开发区潜在的工程机械优势转化为产业竞争优势。重点发展工程起重机械、混凝土输送设备、道路工程机械、桩工机械等现代工程机械产业，制造混凝土机械、起重机械、桩工机械、路面机械、地下工程机械、环卫机械、土方机械等产品，引导企业从生产领域向服务领域拓展，延伸和完善工程机械产业链，建成一个集研发、成果孵化、生产经营、产业配套于一体，拥有提供公共信息、物流配送、金融服务等综合功能的产业链。

2. 废物代谢链设计

工程机械制造业产品种类繁多，在生产、使用过程中能耗大、负荷重、工艺复杂。从毛坯到整机装配过程中，锻铸、焊接、热处理等工艺会产生粉尘和废气，产品金属切削过程中会产生大量的废液，在产品加工中还会产生切屑、废渣、金属边角料等固体废弃物。

建设工业废物一体化回收中心，各种废金属、废塑料、废包装等废弃物可由工业废物回收中心的各类废金属回收拆解加工系统与废塑料及废纸品粗加工系统统一分类处理后，出售给专业回收企业，再生成为金属、塑料，提供给零配件加工企业或包装企业作为原料，从而把这些塑料和金属加工成各种零配件、模具和包装用品等。低浓度废水经企业废水处理设施深度处理后由企业内部回用，高浓度废水经企业处理后，由开发区污水管网输送到城市污水处理厂处理。废油料可以由区外企业，如长沙建远工业废油回收有限公司、湘潭雄先环保废油物收集站等专业处理废油企业，进行回收处置，主要处理池中油、废油料、乳化油料、废煤油、黑油等废油料。废切削液、废乳化液等可以由生产厂家进行回收利用。

3. 工程机械产业生态链结构

通过上述工业生态链建设，在开发区内形成机械行业内部纵向闭合，机械行业与电子行业、环保行业耦合的生态产业链。

（二）汽车制造产业生态链构建

长沙经开区拥有汽车及零部件制造企业 30 多家，2012 年完成工业总产值 113 亿元，同比增长超过 90%，就业近 20 000 人，如博世汽车、广汽菲亚特、广汽三菱、北汽福田、众泰汽车等均落户于此，带动了周边汽车产业迅猛发展，聚集配套企业百余家，形成从零部件到整车生产的完整产业链。在整车制造上，重点发展越野车、轻型和中大型客车、轻重卡车，并进军轿车领域。零部件行业通过与全国甚至全球汽车产业配套，发展壮大电子电器、车身、发动机等系列产品，提升零部件产业的产品结构、技术结构，形成 3~5 个能适应国际产业发展趋势的大型零部件制造企业（集团），在关键零部件领域形成系统开发能力，在一般零部件领域形成先进的产品开发和制造能力，若干零部件企业形成模块化供货能力，并进入国际汽车零部件采购体系。加强企业间的沟通与协调，形成紧密的生产分工与协作关系，进一步提升汽车产业发展的规模和整体优势，发挥集聚效应和规模效应。推行行业清洁生产审核，从原料选用、产品设计、清洁工艺、生产加工、循环再生等众多环节推进汽车制造产业生态化建设，促进资源和能源的节约与循环利用，从而建成实力雄厚、专业化和集约化程度高、产业集聚效应显著、可持续发展能力强的国内一流、国际知名的汽车及零部件产业集群，成为长沙县的重要支柱产业和湖南省最重要的汽车及零部件产业基地。

1. 产品代谢链设计

根据园区内具有众多汽车配件生产企业的特点，应积极引进和壮大汽车整车生产企业，并致力于提高整车制造企业的自主开发能力。配套整车制造产业链，大力发展集成电路、电子元器件、配套件等电子信息产品，在汽车制造业与电子信息业之间形成产业联动互补，实现产业链企业之间的耦合共生。

2. 废物代谢链设计

结合长沙经开区各种废物的产生情况，在一定范围内建立再生资源加工区，按照生态化的要求对废金属、废塑料、废包装等各种废物进行专业分类回收统一处理，处理后的产物返回系统经加工实现循环使用。

冲压、焊接、打磨以及整车组装等工序产生的大量废金属、较好的废料可回收用于生产其他零部件。大量的水在汽车生产过程中不可少，主要是冷却水，而冷却水并不会对水质产生影响，可以回收利用；涂装过程中产生的废水也可进行回用。金属含量较高的电镀污泥可送往工业废物回收中心的工业重金属污泥预处置系统进行提炼回收利用，金属含量低的电镀污泥运往专业环保公司统一处置。

废水污染控制及资源化：所有汽车及零部件行业的企业废水必须先自行处理，达标排放。磷化、电泳废水含有 Zn、Pb、Ni 等金属污染物，采用投加石灰石及混凝剂，进行中和和混凝，处理达标后，与其他涂装废水进行进一步处理。脱脂、喷雾废水主要含石油类和有机物，集中排至厂污水处理站统一处理，经以上处理后，与其他废水混合排放。涂装车间的清洗废水集中进入污水处理站进行处理，达标后排放。纯水制备反冲洗酸碱液废水中和后排放。生活污水经化粪池处理后排放至城市下水道，进经开区污水处理厂，达标排放。

3. 汽车制造产业生态产业链结构

通过对汽车及零部件制造产业内的产品代谢链和废物代谢链的设计，使该产业与长沙经开区工程机械、电子信息等其他产业之间的产品和废物进行交换与梯级循环利用，构建产业生态化链，形成互利共生的利益共同体，提高资源利用效率。

（三）电子信息产业生态链构建

工业和信息化部有关规定指出，电子信息产业包括电子电器、电子基础材料、软件产业等相关行业。目前，长沙经开区电子信息产业集群初步形成。2011 年末，长沙经开区拥有电子信息产业企业 36 家，实现工业总产值 45.3 亿元，同比增长 18.9%，是湖南省电子信息产业的重要生产园区。2011 年，电子电器产业实现工业总产值 28.5 亿元，同比增长 16.8%，主要产品为多层集成电路板（维胜科技、凯杰）、电脑外围设备（长城信息、纽曼）、输电设备（京广、通宝）等。电子基础材料实现工业总产值 14.5 亿元，同比增长 25.1%，以瑞翔、力元、镁镁等为代表，主要生产镍、钴等新型电池原材料及其衍生产品，二次电池及电动汽车行业技术先进，符合绿色环保要求，发展空间广阔，前景好。软件产业实现工业总产值 2.3 亿元，同比增长 8.8%，宏梦卡通、隆志科技主要从事数据开发应用与研究，中大创远、一派数控等结合区内装备制造产业，从事嵌入式软件的开发与应用，其数控机床已比肩国际先进技术，获得国际相关机构认证。近年来，在蓝思科技、开元仪器等企业的带动下，电子信息产业再次迅速发展。目前，长沙经开区电子信息产业群代表性企业主要有蓝思科技、维胜科技、长城信息金融设备、开元仪器、纽曼科技等。在现有电子信息行业形成的产业链基础上，发展技术创新，提高企业核心竞争能力，围绕市场需求，推动产业结构调整和升级，延长长沙经开区电子信息产业链，加强以蓝思科技为核心的产业集群建设。在企业内部推行清洁生产，实行节能降耗，减少污染物排放量，提高企业的经济效益和环境效益。重点选择对环境影响小的材料，如更清洁的材料、可更新材料、更低能源的材料、循环使用的材料以及可再循环的材料；使用无铅焊接、无溴配线板，替代有机溶剂等有毒有害材料，以减少环境污染的可能；使用可周转包装材料，提高单位包装数量，回收包装材料。采用上述原材料，减少生产过程中的物质使用、能源消耗和废物产生。

1. 产品代谢链设计

在长沙经开区电子信息产业生态链构建方面，利用产业生态化原理和产品代谢理论，以关键环节和薄弱环节为重点，调控产品链系统，建立起行业内部的生态产业链；以产品链为纽带建立与长沙经开区其他产业之间的联系，促使跨行业的产品代谢链初步形成。

2. 废物代谢链设计

在长沙经开区范围内引入废塑料、废纸、废金属等固体废弃物再生利用企业，将该行业生产过程中产生的废橡胶、黑色金属废物、废纸等分类后由这些再生利用企业回收，并转化为资源回用。生产过程产生的废酸可以在企业内部部分回收利用，生产过程产生的各种危险化学品由这些再生利用企业集中处理。湖南万容科技有限公司作为在长沙经开区范围内电子信息产业的重点静脉企业，已经初步建立了电子废弃物分类回收系统，具备了必要的废物回收平台。同时，推行清洁生产措施，充分挖掘电子信息产业内部废物综合利用方法。

3. 电子信息产业链网设计

通过对电子信息产业内的产品代谢链和废物代谢链的设计，使该产业与长沙经开区工程机械、汽车及零部件制造等其他产业之间的产品和废物进行交换与梯级循环利用，构建产业生态化链，形成互利共生的利益共同体，提高资源利用效率。长沙经开区电子信息产业生态链构建规划如图 7–4 所示。

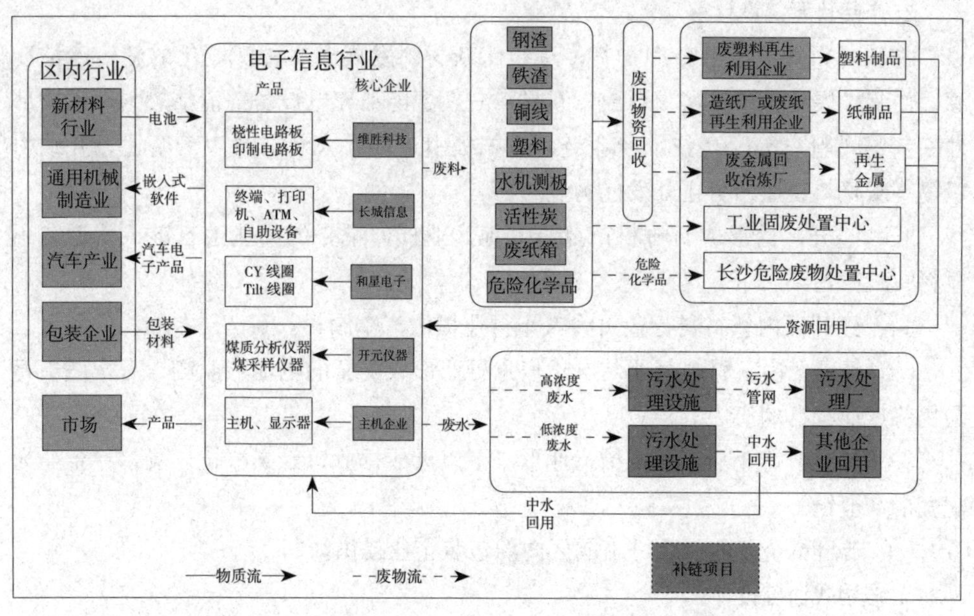

图 7–4 长沙经开区电子信息产业生态链构建规划

（四）新材料产业生态链构建

新材料产业是长沙经开区优势产业之一，2011 年该产业 20 家企业实现工业总产值 31.4 亿元，占区内工业总产值的 2.5%。区内新材料产业以先进储能材料为主，有科力远、瑞翔科技、镁镁电池等国内外知名企业。泡沫镍、锂离子电池材料等产品在全球均有较高的市场占有率。另外，如湘江关西、科星纳米的高档颜料、高档涂料，天盛的双金属复合带锯条，南方博云的碳 / 碳复合材料等产品也获得了较高的行业信誉度。新材料产业的主要特点是企业创新能力强，该产业 11 家规模工业企业中 9 家为高新技术企业，形成了以两院院士为领军、研究开发能力强的研发团队，拥有较强的产品研发能力。其碳 / 碳刹车材料制备技术、电池及材料制备技术等处于国内领先水平，近年来多次获得国家和省级科学技术奖。新材料产业应重点发展绿化环保高能电池、新型蓄能材料、汽车涂料、新型碳 / 碳复合材料、双金属复合钢条和双金属带锯等产品；培育发展新型建筑材料、纳米材料两大新材料产业类型；继续推动名牌战略，形成多个著名商标、品牌；按照“3R”原则，提高产业关联度和企业互补性。通过开发区及其企业的产业生态化建设，使经开区新材料行业成为实力雄厚、技术先进、环境友好的生态工业系统。

1. 产品代谢链设计

在新材料行业发展新型材料，逐步将新材料发展成一种产业化的新型清洁能源，使其扩展到各个领域，形成“新材料—新型电池充电设备—清洁燃料车主要部件—清洁燃料车等”高技术产业链。应积极引进和壮大新材料生产企业，并致力于提高新材料企业的自主开发能力。

长沙经开区内形成新材料产业与其他产业横向耦合的产业生态链，就近利用原料，减少污染。

（1）经开区内新材料行业可为汽车行业提供汽车涂料。

（2）经开区内新材料行业与电子信息行业形成配套的电池产业链，有发展培育为优势产业集群的潜力。

（3）新材料行业与工程机械行业形成了以天成锯业、景泰科技、飞尔特企业为配套的产业链。

（4）新材料企业的包装可由园区内的包装企业提供。

2. 废物代谢链设计

（1）引进补链企业。引进静脉产业类企业，长沙经开区内产生的各种废物（如废金属、废塑料、废包装等）经过分类回收，在资源再生加工示范区内统一进行处理，建立专门的资源再生加工示范区，处理后的产物返回系统经加工循环使用。

（2）新材料企业在生产过程中产生的大量废水（包括电镀废水）在进行处理后，均能达到排放标准，进行回用。

3. **新材料行业链网结构**

通过产品代谢链和废物代谢链的设计，初步构建长沙经开区新材料产业生态链，形成互利共生的利益共同体，提高资源利用效率。

三、微观层面严格控制环境污染和资源消耗

（一）水污染控制及水资源循环利用

目前，存在的主要问题是，污水处理设施建设滞后，园区排水体系待完善，企业污染治理待加强，废水排放量呈增加趋势，中水回用率为零。

水污染控制和循环利用的规划目标是，通过水资源的一体化管理，全面提升经开区的水资源利用效率，使水资源污染造成的环境负面影响达到最小化。适时调整经开区的水资源管理策略，最终形成以市政供水为主、以废水再生利用为重要支撑的供水结构，削减污染物的排放，提高区域水环境质量，为生态工业园区的建设提供基础保障。

长沙经开区工业废水污染源主要有长沙星沙包装有限公司、湖南金沙利彩色印刷有限公司、湖南中粮可口可乐饮料有限公司、长沙国雄饲料有限公司、长沙中富容器有限公司、长沙百事可乐饮料有限公司、湖南亚华种业股份有限公司生物药厂、湖南维胜科技有限公司、三一重工股份有限公司、湖南长沙娃哈哈饮料有限公司，这 10 个大型企业的废水排放量占经开区重点污染源废水排放总量的 70%。目前，经开区废水排放较多的企业都有废水处理装置，先在厂内将污水做处理，达到《污水综合排放标准》GB 8978—1996 中的三级标准后再排入城市下水道，经下水道进入经开区污水净化中心进行处理，污水净化中心处理后的废水再经杨家湾撇洪渠排入浏阳河下游。

1. **水资源管理方案**

积极推行清洁生产审核和 ISO 14001 环境管理体系认证。企业开展清洁生产审核，可以最大限度地挖掘企业内部的节水潜力，使水资源在企业层次得到一定程度的削减。因此，拟选择区用水量较大的企业（如印染企业等）推进清洁生产和 ISO 14001 环境管理体系认证，促进企业用水循环利用率的提高。开发区各企业结合自身的生产工艺要求和地理位置，利用市场机制，通过政策引导，在企业内部和企业之间自愿开展水资源的梯级利用。企业间通过有偿交换利用水资源而分别实现取水量和排水量的削减。另外，还可加强对蒸汽冷凝水的综合利用。

2. 水资源供应方案

目前，开发区内的用水基本由长沙星沙水厂和榔梨水厂供给，开发区内没有进行分质供水。区内企业的生产用水、工业冷却用水、群众的生活用水和市政的绿化用水等全部使用新鲜自来水，造成了一些不必要的水资源浪费。区内的景观用水主要以周边河道的地表水体为主，目前区内基本没有进行生活杂用水的循环利用。

开发区应尽快建立一套合理的分质供水系统，如可以将污染较轻的生活洗涤用水经适当处理后用于区内的景观和绿化用水等，这样既可减少水资源的消耗，也可减轻污水处理厂的负荷。

3. 水污染控制方案

① 推行清洁生产，加强源头削减。经开区内推行清洁生产，尤其是机械制造业、汽车制造业等耗水量和废水排放量较大的行业，必须将清洁生产纳入企业发展计划，不断改进生产装备和生产工艺，从源头减少耗水量和污染物。② 加快污水处理厂和配套管网的建设。完善园区污水管网建设，保证污水管道的正常维修，确保生产废水和生活污水 100% 纳管，使其进入污水处理站，防止管道渗漏造成地下水和土壤污染；按分流制要求改造排水管网；以原自来水管道为基础，平行建设低质回用水管道系统，为园区内各种水资源的有效利用奠定基础。根据分质供水用户不同的水质要求规划建设配套的终端管道系统。主要考虑居民区的生活饮用水和产业部门的低质用水（如工业冷却、绿化、市政和生活杂用等）。③ 加强排污监督。应严格验收已建企业的水处理设施，不合格的停产限期整改；对拟入区企业的审批中，要重点关注其水处理设施的设计情况，达不到标准的限制进入；经开区所有工业企业污水应经本单位初步处理至无毒后，排入城市污水管网，最后汇总于污水处理厂进行集中处理；生活污水应通过污水管网，排至污水处理厂后集中处理排放。区内工业企业处理后的污水进入污水处理厂执行《污水综合排放标准》（GB 8978—1996）的三级标准，未进入污水处理厂的执行一级标准。

推进园区重点水污染源企业废水排放口的在线自动监测，全面监控园区工业废水达标排放情况，确保企业纳管水质都满足污水处理厂的接管要求，加大对废水偷排河道企业的打击力度。园区新建企业必须实施雨污分流、清污分流；已建无污水处理设施的企业先进行企业内部雨污分流，分别纳管。

4. 水循环利用方案

厂内循环利用：长沙经开区工业废水循环利用重点要控制源头，并且要能使生产工艺流程中的废水在车间内处理后直接回用，而不是在一种废水与其他废水混合后再集中处理。一般工艺流程如图 7-5 所示。

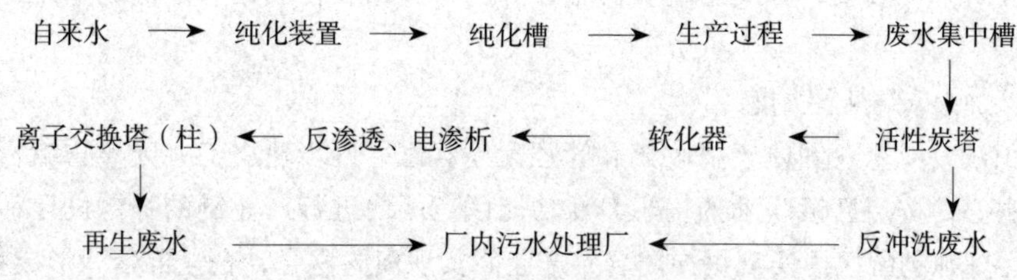

图 7-5　废水原位再生流程图

区域循环利用：从区域的范围考虑，对再生的运行成本高于末端治理的废水的循环利用。区域范围内对用水量大、离排水点距离近、对水质要求与排水水质接近的用水单元应优先考虑其废水回用问题。区内水梯级利用流程如图 7-6 所示。

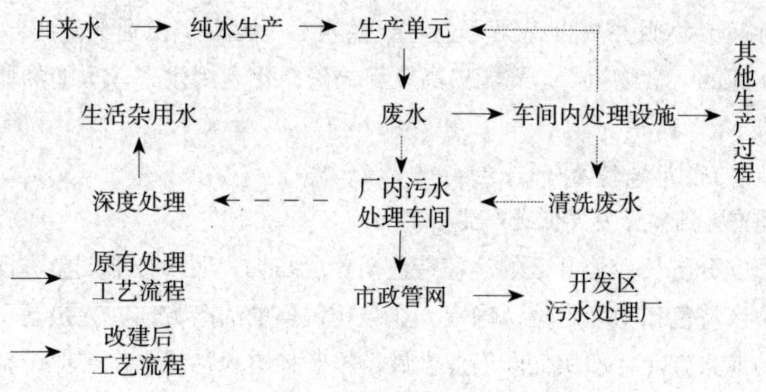

图 7-6　厂内水梯级利用流程图

（二）固体废弃物控制及循环利用

长沙经开区已形成了电子信息、新材料、印刷包装、机械制造、汽车制造等工业产业格局，是以高新技术产业为主的企业群体，这些企业基本上均属轻污染企业，产生固体废物相对较少。

长沙经开区固体废物管理实行从废弃物产生的源头到末端安全处理的全过程控制。

1. 加强固体废物的源头减量化

从长沙经开区的产业发展出发，建立固体废物收集系统，根据废物的性质、特点实行分类收集、分类运输和储存，为进一步回收再利用、资源化、处理奠定基础。

2. 加大末端处置力度

积极改变企业固体废物收集和管理无序状态，逐步建立工业废弃物综合处理利用中心，按照区镇联动的构想，在功能区范围内进行产业链的补链设计，使产业链在虚拟的园区内实现纵向闭合，产业间实现横向耦合，企业群落间形成物资、水资源、能源供给、信息共享和技术研发高度集成的系统。

3. 建立工业固废信息平台

建立工业固废信息平台，整合目前工业废弃物资源。通过政策、资金、信息、网络的支持，形成废物交换、转移、再利用、处理、处置的信息流，实现资源信息共享。不仅使信息产生单位、利用单位形成共赢，还有利于政府监管，规范工业废弃物市场。通过市场化、专业化的运作，将工业固体废物信息平台建设成集“信息中心、管理中心、交易中心、交换中心、展示中心、培训中心”于一体的多功能综合性废弃物服务平台，保证企业产生的工业废弃物找到下游的“分解者”，形成为企业间的“食物链”，既能提高废弃物资源化利用效率，也能降低信息传播和交易的成本。

（三）资源消耗控制

1. 调整产业结构，发展低碳产业

认真研究分析长沙经开区的产业特色与产业布局，明确产业调整方向，准确把握长沙经开区特色和功能定位，确定产业结构调整的战略方向，立足基于目前园区产业发展的前景方向，加快低碳产业发展，不断推进长沙经开区产业结构调整和优化，改变现有的经济发展模式，培育低消耗、低污染和低能耗的低碳发展模式。

结合经开区实际，在现有产业的基础上，顺势引导、积极培育新型战略产业，鼓励、支持发展低碳汽车、电子信息产业、低碳建筑配套产业和环保产业，促进产业转型升级，培育新的经济增长点。

（1）积极发展低碳汽车产业。坚持统一规划，加强指导，采取多种激励措施，扶持建设一批低碳汽车产业。燃料电池、电动汽车将成为低碳汽车技术的重点，因此燃料电池存在广阔的市场空间。要以战略眼光加大对燃料电池的研发力度，重点扶持力元公司、浩润公司、瑞翔公司、镁镁科技公司等企业，提高自主研发能力和制造水平，力争先进储能材料国家工程研究中心落户经开区。整车制造：依托广汽长丰集团、广汽菲亚特公司、众泰江南汽车公司、北汽福田公司等企业，一方面着力研发电力、氢气动力、太阳能动力等新能源汽车，延伸产业链条，促进低碳汽车技术的产业化和商业化发展，另一方面引导和鼓励发展节能环保的传统能源汽车。结合国家能源结构调整战略和排放标准的要求，提高传统能源汽车整车和发动机效率，采用轻量化技术，重点发展节能环保型小排量汽车、重型商用车、高效汽柴油发动机等关键技术。对使用传统能源的汽车，研究开发尾气碳捕集技术，在尾气排放口前增设碳捕集装置，切实减少二氧化碳的排放。汽车零部件：依托博世汽车公司先进的管理模式，引导胜通汽配、吉丰汽车等本土企业实行产品结构和能源结构的调整，增强经济实力和市场竞争能力，促进低碳经济的发展。

（2）大力发展电子信息产业。重点支持蓝思科技、纽曼数码、6英寸晶圆等项目建设。发展低碳建筑配套产业，坚持“壮大现有的，培育本土的，引进外来的”工作思路，扶持培育一批产业关联度大、技术水平高、经济实力强、拉动能力强、市场竞争能力强的建筑节能产业。一是建筑材料。依托经沣欧美砖公司，致力高效低排、隔热保温建筑材料项目的研发与生产。二是节能型暖通系统。依托远大空调公司，大力发展节能型取暖和制冷系统，培育经开区在低碳经济领域新的竞争优势。

（3）积极支持环保产业。支持“循环经济试点企业”万容科技有限公司，该公司作为湖南省电子废弃物处置中心，负责处置回收利用工业电子废弃物和家电下乡以旧换新的废旧家电。支持凯天环保公司等环保装备制造企业和环保咨询服务机构。引进汽车尾气净化企业进行规模化生产，配套给现有汽车主机企业，减少汽车尾气排放。

2. 加强低碳管理，制定相关政策

建立健全相关机构，全面负责全区节能降耗与发展低碳经济的工作。该机构的主要管理职能：制定节能降耗目标，切实加强能源基础管理；制定开发区节能、节水的指标体系和考核方法，并对指标任务量化分解，落实到开发区重点耗能、耗水企业；完善能源监测和统计体系，做好能源消费统计和效率分析；对固定资产投资项目节能评估进行审核；对重点企业合理用能进行监测，组织实施节能领域示范工程。

根据长沙经开区产业发展情况，制定《长沙经开区低碳经济发展专项规划》

《长沙经开区关于发展低碳经济的实施意见》等，具体包含以下几个方面的内容：其一，加强政策引导，在规划、建设和招商引资的全过程中融入低碳经济政策，争取在工程建设、资源能源等相关领域实施低碳化；其二，加强技术支持，将低碳经济发展的理念、思路贯穿于园区准入政策中，按照节能降耗的要求，制定低碳管理相关技术政策，促进和鼓励低碳技术的研发和产业化；其三，转变能源利用模式，探索利用新型能源的新路子，在园区大力推广新能源的利用理念，改变现有能源利用模式，促使开发区企业推动产业结构优化升级。

加强低碳管理应突出以下重点：

（1）提高项目准入门槛。对引进项目的产业导向、用地需求、投资强度、环保要求等出台更加明确的规定，制定经开区主要行业及产品的能耗、水耗限额，提高准入门槛，使产业结构向低能耗、低污染、低碳排放的方向发展，实行绿色招商。对不符合产业政策和环保法律法规的项目，对饮用水源地等环境敏感地区产生不利影响、群众反应强烈的项目禁止入区，加快淘汰高耗能、高排放行业的落后产能、生产工艺和用能设备。

（2）加强环境管理和污染防治。充分发挥管委会自身的带头示范作用，要求入区企业开展 ISO 14001 认证，在材料采购、能源利用、工艺技术、污染防治等方面严格贯彻执行国家环境管理的法律法规，对通过认证、效果显著的企业予以支持鼓励。

（3）支持开展合同能源管理。合同能源管理是目前在欧美国家发展得比较成熟的一种推进节能减排项目的商业模式，其实质就是以减少的能源费用来支付节能项目全部成本的节能业务方式。引进具有相关资质的合同能源管理公司，推广应用节能新技术、新产品，不断提高能源利用效率，达到节能降耗、互利多赢的效果。

（4）加强能源消耗的考核和监测。制定节能降耗目标，切实加强能源基础管理；完善能源监测和统计体系，做好能源消费统计和效率分析；制定开发区节能、节水的指标体系和考核方法，并对指标任务量化分解到重点耗能、耗水企业；对重点企业合理用能进行监测，组织实施节能领域示范工程。

3. 优化能源结构，提高能源利用率

加强太阳能等可再生能源的推广使用。率先在公共基础设施和公共建筑中推广采用感光太阳能路灯、太阳能中央空调、太阳能热水器等，并鼓励企业在厂房和办公建筑中使用清洁能源，提高清洁能源尤其是可再生能源的使用比例。实现能源结构的战略性调整，逐步减少燃料油的使用，提高天然气比重和利用效率，加速提高燃气普及率。注重推进热能资源梯级利用，鼓励企业利用现有设备的余热余压，通过各种方式循环利用。能量集成更重要的是要求企业各生产过程对能量进行有效利用。由于不同的企业对能量的等级要求不一样，所以应根据各用能企业能级需求的高低，构成能量的梯级利用关系，高能级热源经上一级企业使用后将多余能量供给需求低的企业使用。这样能够有效地满足各单位的用能需要，而不增加能源消耗，提高了能源利用率。

（四）大气污染控制

目前，长沙经开区大气污染主要来自燃料燃烧过程中排放的废气和生产过程中的工艺废气。工业废气排放总量为89.63万标立方米，年SO_2排放量为236.81吨，烟尘排放量为33.64吨。大气污染物主要有工业粉尘、烟尘、SO_2、NO_x、碳氢化合物、苯系物等。

从行业来看，工程机械、汽车及零部件制造、电子、新材料、食品饮料五个主要行业的燃烧废气排放量占全区工业燃烧废气排放量的61.86%，如图7–7所示。

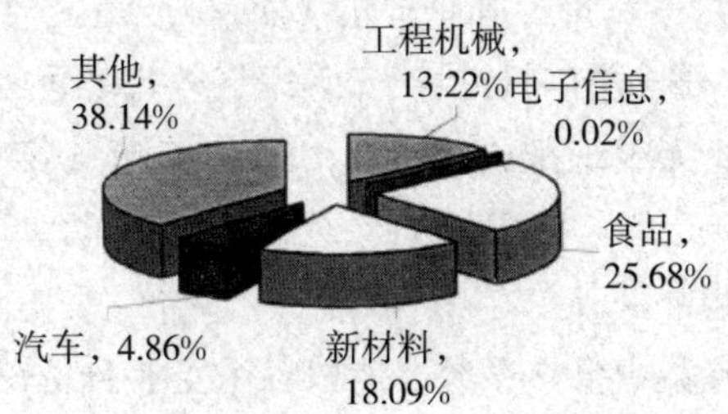

图7–7 长沙经开区各行业工艺废气排放情况

目前，入驻经开区的行业种类较多，大气污染物除了常规污染物以外，还包括由于生产过程中特殊的生产工艺和技术设备而产生的行业特征污染物，山河智能、三一重工、长丰猎豹、威重机械等工程机械制造和汽车及零部件制造行业企业在涂装工序的中涂室和面漆室产生的漆雾和二甲苯；中涂和面漆烘干产生的苯和二甲苯；焊接过程中产生的烟尘；湖南维胜科技有限公司等电子信息行业企业产生的酸碱废气，包括阳极氧化处理产生的硫酸雾、氟化氢、NO_x；在配料过程中产生的烟尘；在模具电镀过程中产生的硫酸雾、氯化氢等。

1. 加大清洁能源推广力度，改善脱硫技术

继续削减燃煤锅炉数量，推广使用清洁能源，淘汰重污染能源，逐渐用轻质柴油、天然气、电力等清洁能源替代。在使用低硫洗精煤时，必须安装脱硫除尘装置。

对现有的亚华生物制药、长沙县长沙镇余星搅拌厂等的燃煤锅炉进行整顿，应限期以燃气锅炉替代，在近 3 年内要抓住两个重点：一是对烟控区以下手烧锅炉全部禁止使用，用燃油锅炉代替；二是烟控区内的燃煤大户湖南亚华种业股份有限公司生物药厂的 3 台 20 吨 / 小时锅炉（年耗煤 5 000 吨）和长沙星沙包装有限公司的 2 台 20 吨 / 小时锅炉（年耗煤 3 500 吨），其烟气排放必须达到国家《锅炉大气污染物排放标准》。在加强监控、确保稳定达标排放的同时，迅速出台煤改油或煤改气的改造方案，并限期实施。

2. 加强生产工艺废气的减排，提高净化效率

生产工艺过程中排放的工艺废气应严格执行国家《大气污染物综合排放标准》的要求达标排放。重点整治汽车及零部件制造行业和电子信息行业工艺废气，从改进生产设备、工艺到加强废气收集和治理，有效控制各类无组织和有组织排放的废气；对机械电子行业喷漆废气、焊接废气加强监管，督促企业喷涂工艺和焊接工艺采用清洁生产技术；通过采用水性油漆、涂料等材料替代原有溶剂型油漆、涂料，减少长丰汽车和三一重工等企业的 VOC 排放量。对博世汽车部件（长沙）有限公司等生产企业，通过溶剂替代、安装废气净化装置等措施，减少 VOC 排放量。同时，加强对企业无组织排放的管理，对 VOC 废气集中收集，采用吸附焚烧等高效的净化方法进行处理，提高对 VOC 的净化效率。

3. 实施工业集中供热

目前，经开区没有集中供热系统，所以各个企业自备锅炉，造成了大气污染。建议尽快实施集中供热，优化工业企业能源供应系统，从而达到节约能源、改善环境、提高供热质量的作用，同时节约成本、提高经济效益。

第八章　战略性新兴产业可持续发展研究——以湖南农村为例

第一节　农村战略性新兴产业的内涵及相关理论

一、农村战略性新兴产业的内涵

在高新技术企业出现、发展，并不断商业化、社会化的大浪潮下，农村战略新兴产业有了大幅度的发展，也成为了农村经济发展的新平台，但挑战与竞争也随之而来，新兴产业已经进入了科学研究的领域，得到了世界各个国家的广泛关注。因此，有必要对农村战略性新兴产业进行深入的剖析。

按照行业发展的不同阶段进行分类，有幼稚产业、新兴产业、朝阳产业、成熟产业、夕阳产业、衰落产业等几种类型。战略性新兴产业是指导科技发展、生产力水平高、在整体上看是一个发展前景良好的行业，与传统行业相比，它具有技术先进、生产方式优质、材料选择高级、市场渗透性强等优势，可以更好地满足人民日益增长的更高层次的需求。

作为与新科学技术相辅相成的一个新事物，战略性新兴产业将会成为支柱产业，并带动新的科技革命。新技术、新战略、新产业是战略性新兴产业的关键和重中之重。作为从传统产业中脱颖而出的一个重要力量，战略性新兴产业将会对现产业结构产生影响，淘汰现有落后技术。同时，战略性新兴产业也更加关注国际视野和战略思维，更加具备战略眼光。在国际金融危机肆虐的今天，世界整体经济发展也受到了严重影响，因此各个国家正密切关注自身经济发展，加快发展战略性新兴产业，努力寻找新的经济增长方式，试图抢占经济制高点，维护自身经济安全。例如，美国试图抢占新能源、信息技术、航空航天方面的制高点；德国加强了对电动汽车的研究，开发投入也在不断加大；英国开始大规模、大范围生产电动汽车，用以改善目前的经济衰退；日本特别重视低碳产业、新能源、医护行业的发展。从发达国家的经历我们可以看出，战略性新兴产业因其具备的以下特点，成为选择、发展战略性新兴产业的必要条件，甚至可能成为将来经济增长的支柱产业和主导产业。

（1）扩张性和技术性。战略性新兴产业本身具备的高技术能力、高创新改革能力、强大的市场开发能力、对其他行业的强渗透能力代表了技术的形成和未来产业的发展方向，能够满足市场经济增长的需求，也将产生高于其他行业的收益增长率。

（2）效益的可延续性。战略性新兴产业具有长期的经济效益。经济效益顾名思义是指经济增长，是降低成本的依托。经过时间的不断积累、经济规模的不断扩大，本行业成本长期低于平均成本，随着政府支持、行业保护，不断增加其工业竞争力，最终使战略性新兴产业成为具有较强竞争优势的产业。

（3）渗透率和行业相关性。战略性新兴产业对经济增长的贡献率远远高于各个传统产业，同时在与其他相关专业领域协同发展时，对其他行业的发展也有一定的促进作用，因此在战略性新兴产业不断提升自身行业效率的同时，必带动其他产业发展，提供更多的就业机会。

就全球经济增长和社会发展的长远角度来看，战略性新兴产业的发展和重大技术的突破对改善经济发展态势、实现农村知识技术密集型发展、产生较大的行业综合效益具有重要意义。因此，处在当前新技术飞速发展和产业革命的历史机遇期，要坚定不移地坚持科学发展观，把握好当前社会发展、经济腾飞的需求，加快战略性新兴产业的培育，不断探索、把握战略性新兴产业的发展规律，不断优化产业结构，助推产业升级，不断改变其经济发展地位。与此同时，企业要发挥自身的主体性和主动性。政府要有所为有所不为，所谓有所为就是要加强对战略性新兴企业的政策扶持，政策上为其发展创造良好的发展环境，为企业发展保驾护航，并且高度重视相关农业产业的科研成果，加快科研产业化发展，促进战略性新兴产业的发展，抢占经济、科技制高点。

农村的基础产业是经济发展趋势和方向的反映，在农村发展战略性新兴产业的基础和前提是发展高新技术，实现农村工业发展、开发和利用农村资源，都需要将之与科学技术相联系。高新技术将会发挥重要作用，对农村资源开发和其商业化、社会化的过程产生重要影响。高新技术产业的形成有3个决定条件：一是农业技术和基础资源条件；二是农业技术商业化的程度；三是产品所占的市场份额和传输技术。农村地区战略性新兴产业的发展具有动态性和风险性两大特征，因为它是利用科学技术，充分利用陆地、沿海、海洋工业的优势，实现工业与经济的全面结合，区域特色显著，潜力大、增长快，也是集生产、服务、科技、教育于一体的行业，动态性不言而喻。同时，高投入也意味着高风险，但往往也会带来高收益。

二、农村地区战略性新兴产业的相关理论

（一）西方农村地区战略性新兴产业理论

实践的发展离不开理论的指导，整体而言，西方国家高度重视战略性新兴产业的发展，随之也就不断地完善新兴产业理论，这些理论能为农村建设战略性新兴产业提供宝贵的借鉴和经验。

1. 研究产业结构的演变规律

17世纪早期，英国著名经济学家威廉王子和他的弟弟就已经注意到收入和就业的关系，期间有着政治的重要影响。根据威廉王子所观察到的，1个海员的收入和3个农民的收入相差无几，这就是工业和商业的收入比。同时，荷兰因其发达的商业和制造业，人均国民收入远远高于欧洲大陆的其他国家，由此威廉王子推论，因为收入差距悬殊，会导致农业行业中的很多劳动力迁移到工业部门，以期获得更高的收入。威廉王子的观点在某种程度上表现出就业结构和人均国民收入之间的联系，他的弟弟补充提出了产业结构的概念，合并为“兄弟定理”。经济学之父亚当·斯密提出在农业投资的过程中，通过对直接投资的监管，投资者能够避免风险，获得预期的收益，而在商业领域和工业领域，商品和贷款损失的风险将会增加，这就是为什么在投资收入相同的情况下，人们会选择农业为第一投资产业。离开了农业的发展，工商业和对外贸易就无法得到长远的发展。史密斯进一步发展了这一理论，提出了农业是工商业发展的基础，能够协调发展工业和商业。

通过对全国20余个部门劳动输入和输出的数据进行调查、研究和分析，克拉克发现，劳动力转移是从第一产业转向第二产业，从而使经济的发展带动人均国民收入的提高，随着人均国民收入的不断增加，劳动力才向第三产业转移。这就是所谓的“克拉克定理”，即劳动力从第一产业向第二产业和第三产业逐步转移。

从这些研究中可得出两点启示：第一，经济的发展主要是经济结构的转型和

优化，而不仅仅是原始经济量的简单积累和增长；第二，作为一种内在推动力，产业结构调整将会不断促进经济的发展。西方社会对产业结构的研究极为重视，并将经济产业结构置于全社会国民经济的范围内，从市场的角度看待经济问题，工人和农民的关系，第一、二、三产业的结构。因此，主要通过实证研究的方法研究产业结构变化，重点是经济增长贡献的结构变化的测量方法。

2. 舒尔茨的农业发展理论

通过新古典主义的方法，舒尔茨再次从理论上进行了创新，指出农业发展的重要意义，并提出传统农业的本质以及如何改造传统农业。他认为，农民在传统农业中表现出来的经济行为是理性的、合理的，并分析了教育投资在提高劳动生产率、促进传统农业向现代农业发展的重大作用。传统农业生产具有农业生产率低、零农业劳动力、零隐蔽性失业且资源配置最优化的特点。由于缺乏经济刺激，才出现了农民经常性的投资和储蓄。

舒尔茨的观点是，农业发展不能一直局限于传统的经济发展理论，不能故步自封，没有农业知识的转化，就不会有农业的真正发展。我国是一个以农业为主的发展中国家，参照具体实际，舒尔茨提出的农业发展理论给了我们3个重要启示。首先，我国农业发展取决于我国的农业科技水平，因此要不断更新技术，提高农业科技水平；其次，“小康不小康，关键看老乡”，发展中国农业的一个重要环节是提高农民自身的科学文化素质，只有作为农业主体的农民自身的科学文化素质有了提高，才能真正提高农业科技水平；再次，实现农业现代化必然离不开“看不见的手”，通过市场机制才能实现资源的合理配置，助推传统农业发展。

3. 马克思关于农业产业结构调整的论述

马克思虽然没有对农业产业结构进行详细的、细节性的论述，但马克思经济理论对农业产业结构有着重要的指导意义，其中包含的农业再生产理论和劳动地域分工理论深刻揭示了工农关系、城市和农村的关系，科学地将辩证唯物主义和农村产业结构相结合。

（二）我国农村战略性新兴产业相关理论

1. 关于农村产业结构演变规律的研究

王贵宸以农业自然经济为研究对象，提出农村产业结构演变具有如下规律：在剩余劳动力从农业转向商业、运输业和饮食行业的过程中，农民的主要经济来源是农产品的销售盈余金额，因为资金积累少，所以主要资金流向投资金额少、周期短的第三产业。而在农业产业主体过渡的时期，主要的农业剩余劳动力才转向工业，之后农村剩余劳动力才会逐步转向第三产业，其中既包括农业剩余劳动力，又包括部分工业剩余劳动力。在中国，农村剩余劳动力主要呈现出2、2、3的顺序。

马晓河认为，包括生产配置和生产要素在内的中国农村产业结构具有如下4个阶段：进化过程中的早期阶段、早期阶段、递归阶段、发达阶段。在第一阶段，城市和农村差异显著，农业生产水平低，农村产业结构呈现出1、3、2的顺序；在第二阶段，农业生产力水平有所提高，农业剩余量有所增加，农民更加注重商品；第三阶段则表现为农业生产力水平进一步提高，生产要素流动加快，农村产业结构开始重组；在最后一个发达阶段，农产品质量和数量大幅度提升，农民生活大幅度改善，农村综合经济大幅度发展。

2. 关于农村产业结构变动的机理研究

以中国农村的现实为研究对象，王广森结合理论研究和实际调查，研究了产业和技术的基本结构、地区结构、就业结构、投资结构、系统结构、消费结构以及政府行为及结构的变化，中国农村经济结构的变化和基本特性，相关法律的变迁，结构性变化和农村发展系统之间的关系，并根据上述分析指出，在中国如何有针对性、有实效性地优化农村经济结构。

贾生华指出，中国农村产业的总体结构应该包括媒体组织机制、微观农村产业发展和宏观调控机制。这三大机制的功能和效率将对中国农村产业结构的整体操作产生巨大影响，并将深刻影响其变化。

根据张象枢的观点，中国农村产业结构不仅是人民意愿，还包含农村产业结构的三层结构层，并且有着复杂的结构变化路径，有自上而下和自下而上的影响途径。

在对中国农村产业结构、就业结构、农村经济结构发生的变化和国民经济的发展、农村产业结构变化周期性进行了分析与研究后，韩俊等发现：农村经济变化呈现出高度重视农村经济和优化环境，尊重不同主体的利益需求，农村产业结构变化，市场需求结构变化的趋势。技术进步成为农村经济结构优化升级的重要组成部分，同时政府宏观的产业政策也对农村经济结构的变化具有广泛而深远的影响。

第二节　湖南省农村战略性新兴产业现状

一、湖南省农村战略性新兴产业取得的成就

当前形势下，战略性新兴产业已经在湖南省农村地区基本成型，使湖南省农村地区的环境大大改善，新兴产业也有了长足的发展。由此，我们更应该注意到科学技术对发展农村战略性新兴产业、发展我国农村经济具有的深远意义。

（一）“科教兴农”战略的实施为新兴产业发展储备了技术

早在1992年，湖南省就发布了用科学和教育创新来发展农业的战略部署，经过20多年的发展，湖南已经拥有1 000多名教育和研究人员，高级研究员也达到了这一数字。农村科技不断进步、工业不断发展的一个重要原因就是高新技术的飞速发展、关键技术的不断突破，并在农村得以广泛应用。随着各个龙头企业自身创新意识的提高、对科学技术的重视，其自发建设了160个研发中心，国家级的农业技术研究和开发中心达到50个，同时各个学院成立了229个研发中心。

（二）构筑开放的市场环境，加快了高新技术的产业化进程

随着工业化进程的推进，在市场的有效调控下，高新技术得到了有效配置，并由此产生了3个子系统：第一个系统是科研院所和科研系统；第二个系统是有技术开发系统的企业主体；第三个系统是以网络为载体，社会化、专业化的技术服务体系。正是这3个系统的协调运作，使产研不断实现，并且农村技术市场的不断建立和扩大构成了技术生产的中间环节，形成了新兴产业规模化、社会化的巨大优势。

（三）农业产业化发展迅速，农业市场潜力巨大

农业总产值由1978年的82亿元增加到2017年的5 213.5亿元，增长62.6倍。主要农产品产量显著增加，粮食产量由1978年的2 088万吨提高到2017年的2 984万吨，油菜籽产量由14.9万吨增加到210.5万吨，生猪出栏由1 513.2万头增加到6 116.3万头，蔬菜、茶叶、水果等增长幅度均在10倍以上。产业结构由“粮猪独大”逐步向粮经饲统筹、农牧渔结合转变，高效经济作物发展到266.7万公顷以上，牛羊等草食动物加快发展，稻渔综合种养发展到24.7万公顷，经济作物产值占种植业总产值的72%。已建设农业标准化基地280万公顷，累计认定省级

现代农业综合园 155 个、特色产业园 486 个。农产品加工业年销售收入突破 1.5 万亿元，跻身全国七强。休闲农业、乡村旅游蓬勃发展，年经营收入已突破 400 亿元，推动了农业主体多元化、产业专业化、业态多样化。农村电商呈“井喷式”发展，县级电商服务运营中心覆盖率达 86%，农村电商营业额达到 1 200 亿元。“三品一标”农产品认证总数达 3 672 个，“安化黑茶”“湖南油茶”等农业品牌进一步做大做强。

二、湖南省农村战略性新兴产业存在的问题

立足湖南实际，不断改革创新教育体制，湖南省农村战略性新兴产业不断发展，发展喜人。湖南农村不再是过去那样交通封闭、经济落后的地方，而是成为工业发展、基本实现了“三通”的新农村。但在看到这些发展的同时，发展过程中存在的问题也不应该忽略，主要表现在以下方面：

（一）新兴产业规模小、联度低，优势产业不突出

湖南省相对贫穷的农村地区工业化难度较大，经济规模化的难度较大，主要原因有两个：一是经济体型小，综合经济实力差；二是行业领先产品较少，市场意识水平不高，特色经济不强。大部分高科技农业企业规模不大，产品核心竞争力不强，难与工业企业搭配合作，即使数量有所增加，但利润和税收不高，面临资金缺乏和支持企业规模不大两大难题，难以适应市场要求，这可能是由于金融机构服务和功能有所欠缺、规模较小等原因导致的。例如，科技民营阵营中的中小企业在发展初期因规模小很难满足银行担保、抵押的条件，因此无法获得银行贷款。此外，因为崛起时间短，行业和企业规模较小，品牌影响力和企业凝聚力不高。国内农业面积相对较少，外商投资企业比例不高。

最近，有色金属和木材是湖南省两种品牌产品，构成了农业企业利润的大部分，但参照 GDP 和其收益以及这两个产业的规模、关联度、技术和产品水平、市场份额等，都远不能达到成为支柱产业的要求。绝大多数湖南农产品都是原材料和初级产品，产品化程度较低，市场占有率低，没有形成一定的数量和规模，即使知名度高，也无法成为在市场上有竞争力的产品。因为龙头企业不足，使农业产业化发展难以为继，且农产品加工企业规模小，行业管理模式不完善，亟需农业产业链的实现，为农产品不断加码，形成独具特色的产品，实现农业特色化。

（二）体制僵化，市场机制失灵

湖南省战略性新兴产业的发展既离不开“看不见的手”，也离不开“看得见

的手”。在市场的调控下，价格机制和竞争机制能起到重要作用，不断激励实现技术和资源的优化配置。政府的宏观调控能够确保公平公正，但同时应注意到不应将战略性新兴产业禁锢在系统和制度中：第一，虽然战略性新兴产业离不开政府和政策的扶持，但中小企业是市场的主体，要避免过强的行政干预。第二，现有的旧系统无法适应战略性新兴产业的蓬勃发展，其管理体制落后、改革停滞不前甚至会带来一定的反作用，如在包含新药审批流程在内的生物医药产业、航空领域管理制度以及包含节能、环保和新能源产业在内的价格形成体制，若不改革必然会制约战略性新兴产业的发展。第三，战略性新兴产业的发展需要大量的资金，但其本身融资渠道窄，资金来源不足。就湖南而言，有两大资金来源：一是银行融资，国外战略性新兴产业的资金来源主要是风险投资资本，但我国商业银行发展不足，风险投资制度本身有一定的缺陷和不足，对新兴企业缺乏了解，因此产生的障碍会限制战略性新兴产业从银行获得资金支持，对高科技成果的产生和产业化会产生严重影响；二是政府支持，战略性新兴产业资金的主要来源是政府的农村资金。而目前我国政府对关键行业的市场关注不够、了解不足，使“好钢没有用在刀刃上”，关键行业没有得到足够的重视和关注，不能实现战略性新兴产业的整体化和结构优化。举例而言，随着风力发电的兴起，各地开始狂热融资，但不一定符合当地实际情况，不仅没有回报，甚至可能消极影响其他行业，限制其他新兴产业的发展。第四，人才的培养和技术使用机制有待完善。不但我国现有创新人才的规模和结构无法满足飞速发展的战略性新兴产业对创新创业人才的需求，而且发达国家对核心技术的把控使战略性新兴产业的发展更是难上加难，盲目地引进人才无法保障我国战略性新兴产业的发展，我国亟需培养自己的高端的创新创业人才团队。

（三）政策体系不健全，相关制度有待完善

湖南省政府高度重视并支持战略性新兴产业的发展，已经建立起专业的团队进行湖南省农村综合管理，开展了一系列生态农业、绿色农业和一些关键项目，有些才刚刚起步，有些已经取得了累累硕果。但是，战略性新兴产业的发展仍需要一系列政策保障，现有政策还有待进一步完善。比如，整合现有资金并设立战略性新兴产业专项基金；拓展战略性新兴产业的融资渠道，并加强财政和税收的双重支持；建立人才培养模式，引进和培养相结合，多措并举，实现湖南省战略性新兴产业的蓬勃发展。

三、发展湖南省农村战略性新兴产业的重要性

湖南省虽然拥有丰富的自然资源，但是随着经济的发展，生态环境相对脆弱，农业发展受到自然环境的限制，因此在湖南发展农村战略性新兴产业有着重要的意义。

（一）提升农业科技竞争力的必由之路

即使中国早在“第九个五年计划”就已经提出要转变经济增长模式，但基本的经济发展方式并没有改变，基本物质条件也未改善。同时，沦为世界加工厂，缺乏自主创新能力的发展模式难以为继，无法帮助中国真正屹立于世界，因此调整经济结构、促进经济增长是中国发展的必由之路。战略性新兴产业就是在这样的背景下应运而生，能够促进农村的产业升级与消费升级。科学技术的不断突破和发展意味着战略性新兴产业在全世界的蓬勃发展态势，但竞争相当激烈。根据中央部署，中国的经济发展主要依托包括节能环保、新一代信息技术在内的7个战略性新兴产业，湖南必然立足本地实际，扬长避短，有的放矢，创造有湖南特色的农村战略性新兴产业，获得自主权，抢占制高点。

（二）推进农村产业结构调整的重要引擎

传统的粗放型经济增长模式过分依赖物质，会导致生产成本过高，资源、环境约束趋紧，湖南农村产业结构不合理。为适应新形式下的经济发展要求，响应国家建立资源节约型、环境友好型社会的号召，湖南省提出要建立新型工业化、城市化、信息化、技术化的社会，并希望找到一条适合湖南省情的转型发展之路。从长远角度和全局发展而言，湖南农村战略性新兴产业的发展能够提高工业技术，培育人才，实现湖南省转经济、调结构，带动经济增长。

（三）战略性新兴产业将改善民生，提高资源利用效率

随着经济的不断发展，农民对生活质量的要求不仅局限于增加收入，提高消费水平，他们渴望有更好的生活环境、更高的教育水平、更优质的卫生条件。包括农民生活、服务、消费在内的环境保护等产业从实际上满足了农村战略性新兴产业的市场要求，符合现实需要，因此具有广阔的市场。它们能够改善生活环境，提高生活质量，满足农民日益增长的物质和文化需要，并且能够促增长、保消费、拓宽就业渠道。例如，生物育种产业采用转基因技术，并将之应用于食品，对农业的发展有着显著的促进作用，从而真正改善了农民的生产和生活。

第三节　湖南省农村战略性新兴产业的发展规划

一、湖南省农村战略性新兴产业规划的发展思路和目标

（一）湖南省农村战略性新兴产业的发展思路

对于湖南省农村战略性新兴产业的发展，国家建立了这样一条发展思路：充分利用国际、国内两个市场，充分利用资源，以改革创新为内在驱动力，实现重点产业和龙头企业的率先发展、率先突破，在市场机制的调控下，实现新型工业化、产业化，把握当今新一轮科技革命和产业革命的机遇期，不断提升自身产业规模与竞争优势，实现更好、更快的发展，以先进的技术、飞速的发展，让湖南省农村战略性新兴产业成为既立足本省，又面向全国甚至全世界的主导力量。

（二）湖南省农村战略性新兴产业的发展目标

至今，湖南省农村战略性新兴产业已基本成型，对其他农村产业的发展不断促进，并对农村产业升级产生了巨大且深远的影响，年均增长率达 25%，附加值高达550亿元，占GDP的30%以上。预计到2020年，作为农村经济的重要推动力量，战略性新兴产业将会以 25% 的年均增长率达到 1 000 亿元。包括生物制药、工业微生物学、生物育种产业在内的微生物产业已经成为农村经济的主导产业，这一趋势告诉我们，要构建战略性新兴产业，势必要掌握核心技术，不断创新，在创新型中小微企业形成后组成一个完整的产业链。湖南农村经济成为战略性新兴产业的创新基地，这对新兴产业的发展具有里程碑的意义。

二、湖南省农村战略性新兴产业规划的发展趋势

战略性新兴产业和高新技术产业代表着全球技术发展与工业创新的方向，虽然其技术和市场存在一定的不确定因素，技术复杂，行业协会影响不大，但仍然在湖南省得到了大量的资金和政策的支持，成了不同领域的主导产业、支柱产业。湖南省农村战略性新兴产业发展具有以下趋势：

（一）战略导向性

具有环保、低碳、可持续优势的战略性新兴产业代表着技术革命的前进方向，是工业竞争力的一个重要体现，在未来可能替代房地产泡沫产业和其他传统支柱

产业。同时，战略性新兴产业拥有的策略会不断优化产业结构，创造就业岗位，实现强大的辐射。战略性新兴产业是那些驱动力强、能耗低、就业机会多、综合效益好的产业。

（二）科技创新性

战略性新兴产业本身具备重大技术突破的能力，代表着科学技术的前进方向。农村地区要想发展，必然抢占科学技术的制高点。在经济危机对世界经济形势产生消极影响的今天，依靠科学技术，依赖战略性新兴产业，是直面危机、保增长的内在驱动力，甚至可以化危机为动力，实现新形势下的经济发展与繁荣。因此，战略性新兴产业要求利用、引进并吸收国内外创新资源，提高产业技术水平，实现自身创新能力的跨越式、突破式发展。并且，以自主创新、原始创新为长久发展之计，加强技术集成和联合研究，突破核心技术，提高自主研发能力，抢占经济制高点，实现中国知识产权，不断培养中国的创新创业人才，成就新农村产业化的龙头企业。

（三）低碳环保性

战略性新兴产业的实现是一个逐步发展的过程，不可能一蹴而就，不可能全部一概而论，必须选择一个灵活的有潜力的小型企业。战略性新兴产业在发展初期可能会出现在某地影响有限甚至不完善的情况，但技术不断发展、管理不断创新、市场需求日益完善，战略性新兴产业将会从初级不断走向成熟，并不断影响、覆盖其他行业。世界各个国家、各个地区都意识到绿色能源的研究和开发的重要性，认识到它是经济复苏的关键，是投资的主要领域，因此不断加强对包括风能、核能、太阳能和生物质能在内的新能源技术的研究、推广和应用。新材料技术因具有节能、绿色、环保、低能耗、低排放、可回收、可循环的特性，逐步改变着我们的生产和生活，并逐步成为现代工业发展的主流。包括转基因在内的现代生物技术也在不断引领生物产业发生深刻变化，实现更健康的发展，以更好地满足人们的需要，更好地服务人民。

（四）集群发展性

战略性新兴产业，顾名思义，具有战略属性，这就意味着产业集群发展战略的发展，意味着战略性新兴产业在自身发展的同时，可以促进其他传统产业的优化升级。战略性新兴产业的集群发展模式和规模经济的需求效应能够使区域经济不断创新与发展，并不断提升中国企业的核心技术，提高中国企业的整体竞争力。

三、湖南省农村战略性新兴产业规划的重点行业

（一）生物医药技术产业

充分利用本地资源和生物医学，对中医给予了足够的关注。中医苗药（中药）在得到国家和湖南省重点实验室的大力支持下，结合中医和高技术创新，扎根于浏阳生物医药园、中草药种植基地，成了国家临床研究基地，是一个集中医药种植、研发、推广为一体的场所，是开发、生产和出口的重要基地，推出的产品包括中药材、饮片、中药、植物提取药物、生物材料等一系列自然健康的产品，并拥有一大批生物医学技术的自主知识产权与大型企业品牌核心竞争力。

（二）生物育种产业

湖南的生物育种产业不断取得核心技术的突破，创新能力不断增强，技术优势明显，使得湖南省农业育种（包括动物和植物的品种）具有品质高、产量大的优势，如超级稻的出现、超级鲤的养殖、超级猪的培育和产业化都使湖南成为中国乃至世界的超级物种王国。

（三）油茶产业

作为中国特殊的木质燃料，山茶花具有巨大的市场，湖南拥有中国最大的油茶自然面积，是最大的茶油地区，虽然历史悠久，但并未形成产业化。因此，应充分利用湖南省山茶花优势，建立茶花研究中心和基地平台，以加工创新为主线，形成超级山茶的培育、种植、提取和深加工，建构茶花现代工业体系和相关产业链，创造出一系列的食用油、美发护发和微分肥料等产品，并不断加强龙头企业、科研机构、微分种植基地、石油工业园区、茶油交易市场的建设，让茶花成为湖南省的新兴支柱产业，打造有影响力、有竞争力的湖南品牌茶油。

（四）微生物产业

微生物能够提升土壤肥力、维护土壤中的资源、转化营养元素、破解环境污染难题、维护生态系统平衡，因此成了微生物农业工业化、可持续化的重要研究方向。微生物产业具体包括微生物肥料、微生物农药、微生物食品研究与开发、环境生物技术等核心技术产品，微生物产业也是建设资源友好型、环境节约型社会的必然要求，因此前景广阔。

第四节　湖南省农村战略性新兴产业的发展策略

湖南作为一个传统的农业大省，要想发展战略性新兴产业，是一项艰巨却意义重大的任务，需要多措并举，多元共治。为了落实战略性新兴产业在湖南农村地区规划和建设，必须采取法律手段、行政手段、经济手段、科技手段和教育手段等其他各种方式，保证政策、法规的落实，管理制度的完善，投资、融资渠道的落实，科学决策系统的构建，保证公众的参与权与监督权，保证战略性新兴产业发展的全面落实。

一、政策、法规保障体系

（一）健全地方有关政策规章

在湖南农村战略性新兴产业的发展中，为了保证战略性新兴产业的权威性，建设的连续性、庄重性和严肃性，不能违背国家政策和相关的法律法规，并且需要制定相配套的目标、计划、总体规划、分阶段实现的相应政策、项目管理的解决方案等。并且，不同的农村战略性新兴产业本身具有其独特性，必须有针对性地建设相应的规章制度、跟踪系统、操作系统，使农村战略性新兴产业体系充满活力，焕发蓬勃生机，和谐、有序、健康地发展。

（二）规范行政管理行为

为了统筹城乡管理，构建简洁且高效的有机战略性新兴产业，适应其在湖南农村的发展，政府应不断完善行政管理制度，增强办事人员的管理意识、服务意识，简化办事流程，创建服务农村经济、服务人民的廉洁型、法治型、服务型、便民型的政府。

（三）实施领导管理体制法制化

战略性新兴产业发展必须遵守相应的法律法规，搭建一个有明确责任人的决策群体和领导班子，构建一个省、市、县、乡多层级领导的管理系统，为战略性新兴产业的建设和发展提供科学决策。

二、组织机构与管理保障体系

在认识到农村战略性新兴产业对农业、农村发展的重要性之后，湖南省、市、县、乡各级政府和各有关部门理应制订一个长期的工作计划和任务，保证新兴产业的落实。

（一）组织机构建设

湖南各级政府应努力搭建农村建设领导管理机构，省、市、县、乡、村联动管理，配套相应的推进机制，成立相应的专家小组，推进战略性新兴产业的协同发展。要加强领导组织，成立由省级政府主要领导人牵头的农村战略性新兴产业领导小组。领导小组成员应该包括财政、规划、城建、科技、农林、水利、房地产或其他相关部门，多元共治，确保农村战略性新兴产业的落地生根能真正落到实处，具体表现如下：由规划部门进行统筹和协调，进行组织和协调工作；金融、管理、科技等部门根据战略性新兴产业所需提供相应的技术支持；城建、农林、水利部门对战略性新兴产业提出建设性意见。因此，每个农村地区在发展战略性新兴产业时，应根据本地的具体实际，因地制宜，在农村建设领导小组的指导下，认真学习、规划、实施和建设，并根据相应的法律法规建立行政问责制，明确各个部门在建设农村战略性新兴产业过程中的权利和责任，保证人各有事，事各有责，多元共治，避免了“九龙治水”，十几个部门“管不了一只鸡，做不好一桌菜”的情况出现，加强各部门之间的协调配合。在发展农村战略性新兴产业的过程中离不开社会各界的支持与配合，应该加强对科学知识的普及，在社会上宣传相关的、有利的政府政策，增强对社会组织和农村地区的教育和培训，加强各协会间的学术交流和其他各种形式的公益活动。

（二）管理体制建设

战略性新兴产业的目标责任制是管理体制建设不可或缺的一个关键环节。战略性新兴产业的发展目标应列入各级政府的经济和社会发展的各项计划中，并根据设立的相关任务和目标进行考核，确保各项工作能够按期、保质保量地完成。各级政府应实施一把手负责制，由市委书记等亲自主持农村战略性新兴产业的发展工作，明确责任人后，建立合作联动机制，确保责任、措施和投资到位，并明确各部门在农村战略性新兴产业的发展中应完成的目标，设立科学的评估体系，在年度考核中对各负责人的工作完成情况进行科学的评估。不断完善相应的综合决策机制，对经济和社会发展进行科学决策。发展农村战略性新兴产业要配套制定国民经济和城市总体规划，既要成立专家咨询小组，建立和完善相关制度，也要确保各部门和公众的参与，保障人民的监督权和决策权，不断完善科学的民主决策。根据规划的性能、实施以及管理，各级政府应参照当地农村战略性新兴产业的实际情况，严格执行规划和管理，保证各项事务的透明化和严格性，同时要建立有效的投资评价体系和科学的专家咨询体系，加强组织和管理，对策划、融资、资金和财物进行统一的管理和调配。农村战略性新兴产业的发展必须按照相应的规定和标准进行落实，对于工程的监督、管理、招标制度，必须严格检查监督，保证农村战略性新兴产业的透明化、高质量发展。同时，对于取消和否决农村战略性新兴产业要有严格的制度。在初始的项目审批时，不符合湖南农村发展实际与人民切实需要的规划要切实否决，不能照搬照抄，各地区也不得因农村战略性新兴产业可能会造成的事故而否决农村战略性新兴产业的发展，在之后的考核和认证过程中，不能因某一方面而一票否定农村战略性新兴产业的发展。

（三）资源与环境保护管理制度建设

任何发展都离不开资源和环境的约束，湖南农村战略性新兴产业发展需要构建一个整体系统，用以保持农村绿色经济的发展。既需要根据土地承载能力分析和规划战略性新兴产业的强度和区域，也需要了解当地的气候和沙坪保护以使农村战略性新兴产业的资源得到合理配置，实现可持续发展；既需要建立环境评价制度，从严执行，也要对重大建设项目采取听证制度，对农村战略性新兴产业进行安全和风险评估，保护农村资源和环境，避免农村战略性新兴产业对当地造成不可挽回的损害；既要建立完善的自然资源许可制度，加强对自然资源的合理配置，避免从源头上的污染和破坏，又要完善环境补偿制度和破坏限期回收制度，谁破坏，谁补偿，对污染环境者绝不手软，对违法犯罪者绝不姑息，并根据当地具体实际制定赔偿制度、财政转移支付制度等。

三、文化教育和社会监督体系

（一）培养专业人才

湖南农村战略性新兴产业本身要求的技术水平高，而当地农村经济困难，这就决定了在湖南要想实现战略性新兴产业的蓬勃发展，必然要有强有力的行政领导机制、充足的资金保证以及高科技的投入。在发展农村战略性新兴产业的具体实际中，更需要培养和造就一支强大的人才支持团队，或称农业战略性新兴产业科技团队，旨在不断提升科学研究水平，为农村战略性新兴产业的发展提供技术支持，并监管和引导农村战略性新兴产业的发展。

要面向湖南、面向全国、面向全世界吸引和招募具有创新能力、创业意识的新型人才，建立新型人才流动机制，并加强对现有管理人员和施工人员的培训、管理和选拔，形成一个良性的人才循环模式，满足人才和产业发展的双重需要。第一，提供优厚的条件，吸引高校各学科带头人、优秀企业家和高级管理人员，对目前大学的人才培养模式进行改革，联合学校进行人才培训，保障后续优秀人才的培训，实现专业人才的技术化、年轻化，并对该人群进行跟踪服务，提供相应的政策支持。面对不同企业、不同地区、不同国家的优秀人才，采用灵活的激励机制，实现本地人才与国际的深度接轨，培养人才的国际视野、敏锐的判断力、优秀的创新创业能力以及对国际先进技术的把握能力，促进农村战略性新兴产业的发展。第二，要引进产业所需的团队或领导者，大力实施科研团队、学生出国深造、人才引进等三大计划，如湖南现在已经引进院士和长江学者，湖南省“百人工程”和“国家千人计划”的海外项目，都是为了培养高端人才，发展新技术，并将这些项目用在湖南的创新中，直接参与重大项目和关键技术产业化研究。第三，落实和完善创新创业的相关机制，建立知识产权教育体系，对高校和科研机构进行系统评价及管理，完善社会各界的创新激励机制，对技术人才、管理人才进行直接、有效的物质或精神奖励，鼓励他们不断创新，为湖南农村战略性新兴产业奉献自己的力量。加快形成一个具有开放性、多层次的人才引进和人才横向流动机制，为湖南农村战略性新兴产业提供人才保证和智力支持。在过去的10年里，引进和培训了1 000名高级管理人员和技术人才以及10 000名优秀人才作为人才储备和人才后备军。

（二）加强宣传教育

采取多种宣传方式构建一个公共信息网络来进行宣传教育，在农村地区通过广告、广播、粘贴标语、现场宣传等方式，结合实际下乡讲解、开设宣讲会来进行多层次、多方式的科普宣传和普法教育，使广大民众对农村战略性新兴产业有较高的认识，调动群众积极性，让民众广泛、积极、自觉地在农村战略性新兴产业的建设和发展中产生配合甚至主导作用，并能让农村战略性新兴产业拥有较好的社会氛围。当湖南省农村战略性新兴产业的目标和计划确立后，应该通过各种宣传渠道、各种宣传方式和各种媒体让广大农民对农村战略性新兴产业拥有广泛的理解和认识，提升社会各界对农村战略性新兴产业的关注度和重视度，带动人们的热情和激情，有意识地让农村战略性新兴产业对农村建设和发展产生带动作用。农民是农村战略性新兴产业的主要力量，是农村建设和发展的主力军，因此用各种有活力、有创造力的方式组织广大农民群众积极地投身到、参与到农村战略性新兴产业的发展和新农村建设中，唯有这样，才能实现湖南农村的规划目标，才能汇聚起强大的力量推动农村发展、社会进步，汇聚起实现中国梦的磅礴力量。

政府和企业也应不断加强各种网络宣传和教育，重点关注对农村战略性新兴产业的了解，并对农村干部加强培训，提升各级领导的决策能力和综合管理能力，发挥政府在促进农村战略性新业产业发展的过程中的示范和带头作用，使其更好地服务于农村战略性新兴产业的发展。同时，建立农村发展的信息公开网络和群众意见反馈机制，参照西方先进国家的做法，对违反农村战略性新兴产业部署的行为及时进行公开披露，保证过程的透明性，避免暗箱操作。

（三）公众参与制度建设

为保证公众的参与度，形成相应规范的制度，要加强对农村战略性新兴产业的专业队伍建设，保证社会组织和公众的积极参与和监督，保证农村战略性新兴产业对环境保护工作的监督权，让保护环境和促进发展成为公民的有意识的主动行为。成立相应的监督机构、举报投诉中心等，鼓励公众对破坏环境、阻碍发展的行为进行举报，加强对各企业的产业信息以及环境行为的监管，保障广大公民在农村建议和发展中的知情权与监督权。

四、资金筹措与投资保障体系

（一）畅通多元化投融资渠道

农村战略性新兴产业的发展离不开资金的支持，因此要将市场和计划相结合，建立一个多元化的投资、融资机制。国家要成立农业专项资金，以政策的形式鼓励农村战略性新兴产业的规划、建设和发展；充分发挥世界银行、亚洲开发银行以及国内各大银行的贷款融资渠道、信用机制和金融体系，充分发挥各种渠道的融资作用，满足农村战略性新兴产业的资金需要。同时，构建各大基金的联系渠道，加快建设金融中介服务机构，加强对外开放和交流，发挥他国政府、企业或外商投资企业对农村战略性新兴产业的促进作用。可以以证券市场融资或BOT（建设、管理和运输一体化）间接融资渠道等多种方式和渠道进行融资，有利于促进农村战略性新兴产业的发展与农村地区的建设，加快城市化进程。企业也可以通过企业或公司债券、股权认证或其他理财产品来收集发展所需的资金。同时，鼓励创业板上市，利用中小板、中小企业的发展优势，满足企业在不同阶段的发展需求，推进大型企业统筹利用国内国外两个市场。

（二）设立农村战略性新兴产业建设基金

各级政府应加大对农村战略性新兴产业的专项资金投入，并建立一个多层次的政府管理机构。随着农村战略性新兴产业基金和风险投资的扩大，农村战略性新兴产业的发展规模将会不断扩大，战略性新兴产业占国内生产总值的比重会逐步提升。以信息、新能源和生物技术为例，随着风险投资基金的不断发展，使各国能够加大对节能环保、现代农业、高端装备制造业的投资，吸引和促进其他企业的创新，推动省级甚至国家级投资基金的发展。

（三）加强资金监管

政策的落实离不开监管，要保证资金的到位与落实，需要制定一个高效的资金专款专用制度，保证投资和基金管理及使用的跟踪管理与检查，了解资金的来源、使用与开支情况，构建配套的审计监督体系，加强对项目施工、质量和信息的动态监测，确保农村战略性新兴产业发展过程中的资本监管、审计，检查资金使用的效率，错误使用的责任落实。

五、实施手段与技术保障体系

（一）特色化的地方科研基地

农村战略性新兴产业的研究与开发需要对农业、农村景观设计、绿色先进制造业进行深入的了解，并将产学研结合起来，让研究成果切实转化为生产力。作为湖南科技的枢纽，湖南科学技术研究所在农村战略性新兴产业的发展上，以湖南农村地区为着眼点，充分参与各项科研和建设，在各地区设立试验示范区、示范村或示范乡镇，在利用各种先进科学技术（如信息技术、材料技术、应用生物技术和其他高新技术）的同时，不断推广和宣传先进的实用型技术，如生物农药、节水灌溉技术、小流域综合治理技术，从而保证高质量的施工。

（二）名牌产品创建工程

企业要想获得长久发展，占据竞争的有利位置，必须加强自身品牌建设，因此农村战略性新兴企业要想发展，必须综合利用政策、资金和宣传，把握市场机遇期与湖南特色，创建自身特色的名牌产品，具体要做到以下几点：第一，加强农村名牌产品的建设与保护。在提高产品科技应用水平的同时，鼓励知识产权创造、应用和保护，使有自主知识产权的农村战略性新兴企业广泛地参与到国际、国内的标准研制中，让农村企业不断提升创建本土品牌的能力，要支持地方搭建专利共享平台和产业技术标准联盟，使农村本土品牌在技术上达标，扩大专利的影响面，并走出国门，向国际市场进军。第二，扩大农村品牌的市场影响力。农村企业的产品和品牌可以通过重组和收购等方式进行扩张，通过宣传和推广抢占市场份额。第三，加强对已有农村品牌的管理。这是发展农村战略性新兴企业的重要内容。在品牌产品开发后，要加强市场准入，制定严格的行业标准，保证产品质量，并且以优质的售后来满足用户日益增长的需求，提升品牌内涵、知名度、忠诚度、口碑等无形资产。

（三）优势企业培育工程

优势企业培育工程包含以下三方面：一是加强对重点、高端企业的支持，保证重大科技项目的实施，现阶段已有超过 20 个重大产业项目，投资超过 5 亿元；二是支持优势企业，对优势企业提供资金、政策支持，并实现资源的优化配置，使农村战略性新兴产业成为经济的主导产业，以促进经济发展和产业结构优化升级；三是支持跨国企业的发展，加强合作机制和国际交流与合作，与国内的大企业、外企和各研发机构进行学习和交流，支持和鼓励本省企业引进国际上的核心技术或先进设备，并出台一系列政策，营造“走出去”和“引进来”的良好发展氛围，支持多地区、多行业的兼并、重组和收购。加强战略性新兴产业产品、技术和服务在农村地区的推广，并帮助其走出省门，走出国门，走向世界。

参考文献

[1] 仲雯雯 . 我国战略性海洋新兴产业发展政策研究 [D]. 青岛：中国海洋大学，2011.
[2] 袁中华 . 我国新兴产业发展的制度创新研究 [D]. 成都：西南财经大学，2011.
[3] 宋歌 . 战略性新兴产业集群式发展研究 [D]. 武汉：武汉大学，2013.
[4] 邱跃华 . 科学发展观视域下我国产业生态化发展研究 [D]. 长沙：湖南大学，2013.
[5] 陈爱雪 . 我国战略性新兴产业发展研究 [D]. 长春：吉林大学，2013.
[6] 王延伟 . 新兴产业动态战略研究 [D]. 哈尔滨：哈尔滨工程大学，2013.
[7] 王世杰 . 战略新兴产业科技人才集聚与内育双螺旋耦合模式研究 [D]. 武汉：武汉理工大学，2014.
[8] 李鹏梅 . 我国工业生态化路径研究 [D]. 天津：南开大学，2012.
[9] 李媛 . 中国战略性新兴产业的成长机制与实证研究 [D]. 天津：南开大学，2013.
[10] 曲永军 . 后发地区战略性新兴产业成长动力机制研究 [D]. 长春：吉林大学，2014.
[11] 韩跃 . 战略性新兴产业空间布局研究 [D]. 北京：首都经济贸易大学，2014.
[12] 杨宏呈 . 基于突破性创新视角的战略性新兴产业发展研究 [D]. 武汉：华中科技大学，2013.
[13] 王剑 . 我国战略性新兴产业的融资模式研究 [D]. 苏州：苏州大学，2013.
[14] 张文龙 . 城市化与产业生态化耦合发展研究 [D]. 广州：暨南大学，2009.
[15] 陈洪涛 . 新兴产业发展中政府作用机制研究 [D]. 杭州：浙江大学，2009.
[16] 康明晶 . 湖南省产业生态化水平评价与发展对策研究 [D]. 湘潭：湘潭大学，2013.
[17] 荣小培 . 河北省产业生态化水平评价与影响因素研究 [D]. 石家庄：石家庄经济学院，2014.
[18] 周梦媛 . 产业生态化对城镇化与生态环境协调发展的影响 [D]. 上海：华东师范大学，2016.

[19] 傅晓 . 我国产业生态化政府规制问题研究 [D]. 南昌：江西财经大学，2013.
[20] 赵林飞 . 产业生态化的若干问题研究 [D]. 杭州：浙江大学，2003.
[21] 周利梅 . 产业生态化对企业竞争力的影响研究 [D]. 长沙：长沙理工大学，2007.
[22] 童辉 . 我国产业生态化的问题及路径选择 [D]. 天津：天津商业大学，2008.
[23] 唐雪丹 . 产业生态化对企业竞争力的影响研究 [D]. 宁波：宁波大学，2009.
[24] 唐辰华 . 产业生态化与区域经济协调发展的理论与实证研究 [D]. 杭州：浙江理工大学，2011.
[25] 戴锦 . 产业生态化理论与政策研究 [D]. 大连：东北财经大学，2004.
[26] 虞震 . 我国产业生态化路径研究 [D]. 上海：上海社会科学院，2007.
[27] 张欲非 . 区域产业生态化系统构建研究 [D]. 哈尔滨：哈尔滨工业大学，2007.
[28] 傅月云 . 产业生态化对企业竞争力构成因素的影响研究 [D]. 杭州：浙江大学，2006.
[29] 梁威 . 战略性新兴产业与传统产业协调发展研究 [D]. 南昌：江西财经大学，2016.
[30] 刘春江 . 中部地区战略性新兴产业发展研究 [D]. 武汉：武汉大学，2014.
[31] 王静 . 战略性新兴产业协同创新实证研究 [D]. 南京：南京理工大学，2017.
[32] 吴巨培，彭福扬 . 产业生态化发展及其实现路径 [J]. 湖南社会科学，2013（5）: 149–151.
[33] 肖兴志，姜晓婧 . 战略性新兴产业政府创新基金投向 : 传统转型企业还是新生企业 [J]. 中国工业经济，2013（1）: 128–140.
[34] 陈寿雨 . 发展新兴产业背景下的传统产业升级研究以绍兴为例 [J]. 商业经济，2013（8）: 12–14.
[35] 顾强，董瑞青 . 我国战略性新兴产业研究现状述评 [J]. 经济社会体制比较，2013（3）: 229–236.
[36] 程贵孙，芮明杰 . 战略性新兴产业理论研究新进展 [J]. 商业经济与管理，2013（8）: 75–83.
[37] 董明放，韩先锋 . 研发投入强度与战略性新兴产业绩效 [J]. 统计研究，2016，33（1）: 45–53.
[38] 殷军，皮建才，陈旭阳 . 供给侧改革背景下的产业选择 [J]. 财经科学，2016（3）: 58–68.
[39] 吕岩威，孙慧 . 中国战略性新兴产业技术效率及其影响因素研究 [J]. 数量经济技术经济研究，2014，31（1）: 128–143.

[40] 喻登科，涂国平，陈华．战略性新兴产业集群协同发展的路径与模式研究 [J]. 科学学与科学技术管理，2012，33（4）: 114–120.

[41] 霍国庆．战略性新兴产业的研究现状与理论问题分析 [J]. 山西大学学报，2012，35（3）: 229–239.

[42] 陆立军，于斌斌．传统产业与战略性新兴产业的融合演化及政府行为 : 理论与实证 [J]. 中国软科学，2012（5）: 28–39.

[43] 周晶．战略性新兴产业发展现状及地区分布 [J]. 统计研究，2012，29（9）: 24–30.

[44] 彭福扬，彭曼丽，龚金国．长株潭城市群生态化产业集群发展战略研究 [J]. 长沙理工大学学报，2012，27（6）: 90–93.

[45] 张敬文，李晓园，徐莉．战略性新兴产业集群协同创新发生机理及提升策略研究 [J]. 宏观经济研究，2016（11）: 106–113.